Roberto Giardina
Anleitung, die Deutschen zu lieben

Roberto Giardina

Anleitung, die Deutschen zu lieben

Aus dem Italienischen
von Christiane v. Bechtolsheim

Argon

© 1994 by Rusconi Libri s.r.l.
Titel der Originalausgabe: Guida per amare i Tedeschi
© 1996 für die deutschsprachige Ausgabe
by Argon Verlag GmbH, Berlin
Aus dem Italienischen von Christiane v. Bechtolsheim
Umschlaggestaltung: Rainer Groothuis, Berlin
Satz: LVD GmbH, Berlin
Druck und Bindung: Clausen & Bosse, Leck
Alle Rechte vorbehalten

ISBN: 3-87024-791-6

Inhalt

Sollen wir sie wirklich gern haben?

Die *Anleitung, die Deutschen zu lieben* wird einiges Achselzucken hervorrufen. Manch einer wird lächelnd den Kopf schütteln. Das kann ja nur ein Scherz sein. Wer kann schon die Deutschen lieben? Sie lieben sich ja nicht einmal selbst! Gewiß, lieben ist ein starkes Wort. Man sollte nie ein ganzes Volk lieben, und das eigene schon gar nicht.

Sagen wir, die Deutschen sind mir sympathisch. Und sie sind den Italienern ähnlicher, als wir meinen, wir, die Italiener, und sie. Ich fürchte, daß jetzt die Deutschen an der Reihe sind, die Achseln zu zucken. »Italienische Verhältnisse«, das ist ein Begriff, der in Deutschland Furcht auslöst. Man denkt an Unordnung und Chaos, Streik und Inflation, politische Instabilität und Mißwirtschaft. So wie für uns »teutonisch« synonym ist mit Ordnung, Genauigkeit, Zuverlässigkeit, hoher Qualität. Und mit Grausamkeit natürlich. Mafia und Nazismus.

Aber in dem Vierteljahrhundert, in dem ich die deutsche Gesellschaft aus nächster Nähe kennengelernt habe, haben sich ihre Vorurteile gegen uns gemildert, während die unseren eigensinnig dieselben geblieben sind. Wir haben sie nicht allein, um ehrlich zu sein. Auch die anderen Europäer nähren solche Vorurteile gegen die Deutschen, mit nur wenigen Nuancen. Es ist so, ob man will oder nicht: Die Beziehungen innerhalb Europas sind von Vorurteilen durchwoben. Sie sind gewissermaßen ihr Bindemittel, und im Grunde ist es gar nicht wünschenswert, sie aufzugeben.

Die Briten rauchen Pfeife und sind unerschütterlich, sie stehen Schlange und kochen schlecht. Die Spanier bringen um fünf Uhr nachmittags Stiere um, nur selten ist es umgekehrt. Die Holländer sind geizig, die Belgier können nicht Auto fahren, die Schweden sind freizügig in der Liebe, wir Italiener singen »O Sole mio« und essen dabei Pizza und Spaghetti. Nichts Schlimmes im Grunde. Allein die Vorurteile gegen die Deutschen bilden eine mehr oder weniger unerklimmbare Mauer zwischen Deutschland und dem Rest Europas an der östlichen und der westlichen Front (dies ist der geeignetste Ausdruck). Paradoxerweise sind es vor allem die positiven Vorurteile, die zu Distanzierung, Mißtrauen und Antipathie führen. Die nahezu unermüdlichen und beinahe perfekten deutschen Arbeiter flößen anderen Furcht ein. Das *Made in Germany* ist noch synonym mit besserer Qualität, und die D-Mark gilt wegen ihrer außerordentlichen

Stabilität als Ursache all unserer finanziellen Nöte. Im tiefsten Innern fürchten wir, besiegt, zermalmt zu werden, gestern auf dem Schlachtfeld, heute im Kampf um Wirtschaft und Industrie. Und wir reagieren mit nicht immer gerechten Angriffen, die oft ganz und gar unmotiviert sind. Die Deutschen sind selbst auch ein wenig verantwortlich dafür: In Deutschland bildet man sich etwas darauf ein, ordentlicher, zuverlässiger, fleißiger, fortschrittlicher und ehrlicher zu sein als die Nachbarn. Man hat dort so etwas wie einen Klassenprimus-Komplex. Einigen Umfragen zufolge halten sich knapp 80 Prozent für die Besten der Besten. Und sie belügen sich damit selbst: Die Deutschen fürchten, die Tugenden von früher verloren zu haben und ins Chaos zu stürzen. So wie die Italiener.

Der Grund für die schwierigen Beziehungen zwischen ihnen und uns liegt in einem Mißverständnis. Wir werden ihnen gegenüber grob, weil wir uns schwächer fühlen. Die Deutschen fühlen sich angegriffen und verraten, im ungünstigsten Augenblick, denn sie befinden sich gerade in einer schwierigen historischen Phase, hervorgerufen durch die unerwartete Wiedervereinigung. Sie verstehen nicht, was man ihnen vorwirft, reagieren mit Härte, und schon werden die Vorurteile wieder genährt.

Die Deutschen sind nicht die perfekten Ungeheuer, für die wir sie halten. Vielleicht waren sie es nie. Fleißige Arbeiter? Sie haben die kürzeste Arbeitszeit der Welt, und außerdem werden sie am besten bezahlt. Arbeiten sie weniger als andere, sind aber qualifizierter? Das scheint nicht der Fall, wenn man ihre eigene Beurteilung und die steigenden Schwierigkeiten berücksichtigt, sich gegen internationale Konkurrenz zu behaupten. Deutsche Produkte sind, verglichen mit denen aus dem Ausland, immer weniger perfekt. Diese sind oft solider und billiger und behaupten sich besser auf dem Markt.

Ehrlich und korrekt? Im Bereich von Politik und Wirtschaft werden die Deutschen täglich von Skandalen erschüttert. Gewerkschaftsleute treiben Börsengeschäfte mit geheimen Informationen, anstatt sich um die Interessen der Arbeitnehmer zu kümmern.

Es gibt Schwarzarbeit und Steuerbetrug.

Nicht einmal die Deutschen sind vollkommen, und deshalb kann man sie auch gern haben. Oder versuchen, sie gern zu haben. Auch in unserem Interesse. Wenn sie das Gefühl haben, daß man sie versteht und akzeptiert, werden die Deutschen zu wunderbaren Partnern, sei es auf europäischer Ebene oder im Schlafzimmer. Und sie haben

Fähigkeiten, von denen sie und wir vorher selbst nichts wußten. Die Deutschen sind weder besser noch schlechter als ihr Ruf. Sie sind einfach nur anders. Es gibt in Europa kein unbekannteres Volk.

Die Deutschen von heute – dazu gehören auch die Kinder von 68, die heute oft schon Großeltern sind – haben ein halbes Jahrhundert lang die besondere Aufmerksamkeit der ganzen Welt auf sich gezogen, die bereit ist, beim geringsten Anzeichen für einen Rückfall in die Übel das Nazismus Alarm zu schlagen. Man staunt, daß die Deutschen zutiefst pazifistisch sind, skrupulös auf die Demokratie achten, daß sie ihre besseren Tugenden von früher wiederentdeckt haben und sich heute von moderneren und viel weniger gefährlichen Lastern hinreißen lassen.

Die Deutschen wollen geliebt werden. Kein anderes Volk kümmert sich mit solcher Besessenheit um die Frage, was man im Ausland von ihm denkt. Zeitungen zitieren mit masochistischer Genauigkeit Artikel über den »häßlichen Deutschen«, die in New York, Paris und London geschrieben werden. Warum urteilt das Ausland so negativ über uns? Was können wir tun, um unser Image zu verbessern? fragen sie sich mit rührender Verzweiflung. Versuchen wir, sie zu lieben, und sehen wir zu, was dann geschieht.

Die Deutschen haben eine liberalere Demokratie als die Amerikaner und das fortschrittlichste Sozialsystem der Welt, auch für solche, die von außerhalb kommen. Hier und da haben sie auch Fehler, aber weniger und auch weniger schlimme als ihre Partner. Sie sind die letzten, die an die europäischen Ideale glauben. Sie lehnen sich gegen die Eurokratie auf, sind zornig, daß sie mehr für ihre geliebten Bananen zahlen oder die Steuern erhöhen müssen, aber sie öffnen die Grenzen für alle. Sie weigern sich, französisches Bier zu trinken und italienische Würstchen zu essen, aber sie vertrauen uns ihre größten Orchester und den Wiederaufbau ihrer Hauptstadt an. Sie sind unorganisiert, chaotisch, ungenau, bequem und verschwenderisch, gerissen und laut, geschwätzig, eitel und unzuverlässig. Wie wir Italiener eben. Und ob ihnen dies zum Vorteil gereicht oder nicht, ist eine Frage des Geschmacks. Im Grunde liebt man einen Menschen wegen seiner Fehler, nicht wegen seiner Tugenden. In einem Witz heißt es, die Deutschen liebten uns Italiener, aber sie schätzten uns nicht. Wir schätzen sie, ohne sie zu lieben. Warum versuchen wir nicht, zu beweisen, daß diese Allgemeinplätze nicht stimmen? Fangen wir an, denn für uns ist es leichter als für sie.

Die Nation

Was ist Deutschland? Wohin treibt Deutschland?

Solchen Überschriften begegnet man immer wieder in renommierten Zeitungen wie *Le Monde* oder *The Times*, der *Neuen Züricher Zeitung* oder der *Zeit*. Sie stehen über einer ganzen Seite, die mit winzigen Buchstaben eng bedruckt ist und nicht einmal ein Photo oder eine kleine Landkarte findet sich hier, um auch ja keinen Zweifel an der Seriosität der sozioökonomisch-ethnopolitischen Analyse aufkommen zu lassen (wie Sie sehen, lassen sich im Italienischen genauso lange Wörter bilden wie im Deutschen).

Ich reagiere auf zweierlei Weise. Es schaudert mich, weil mein gefürchteter früherer Chef bei *La Stampa* jedem mit Entlassung drohte, der eine Überschrift mit einem Fragezeichen versah, und dann reiße ich die Seite heraus und lege sie in meinem ungeordneten Archiv ab. Kein Journalist kann dieser Versuchung widerstehen. »Wohin geht Belize?« Weg mit dem Artikel in eine Extramappe, man kann ja nie wissen, ob man ihn nicht morgen braucht, wie ein Eichhörnchen, das Nüsse für den Winter beiseite legt. Wird man dann nach Belize geschickt, um darüber zu berichten, findet man den Artikel gewöhnlich nicht, oder man hat keine Zeit, ihn zu suchen, oder man nimmt ihn mit und liest ihn nicht. Für den Journalisten ist das Archiv ein Talisman und kein Werkzeug.

Meine Schubladen quellen über von Artikeln über den Begriff Deutschland, und meine Bücherregale beherbergen schwierige Essays über die deutsche Nation in vier Sprachen. Aber zurück zu den Vorstellungen meines Chefs. Es ist ja nicht so, daß diese Artikel keine Antworten geben würden. Viel schlimmer: Sie geben ihrer zu viele, sie beantworten alle. Deutschland schwebt irgendwo zwischen dem Atlantik und dem Ural, ausgepreßt, konzentriert oder verwässert, ein Cocktail, in dem wir Wagner und Hitler, Heine, Goethe, Mercedes, Beckenbauer und den Alten Fritz, Luther, Bier und Würstel finden. Das Ergebnis des Zaubertranks ist, weil garantiert seriös, meistens todlangweilig. Also erspare ich Ihnen eine weitere prätentiöse Abhandlung, die sich diesen Fragezeichen widmet. Man kann ja sowieso alles und jedes und auch das Gegenteil beweisen. Ein tüchtiger Journalist kann Sie auch davon überzeugen, daß Frankreich irgendwo zwischen dem Rhein und den Pyrenäen oder zwischen dem Mittelmeer und dem Ärmelkanal liegt. Für eine deutsche Zeitschrift habe ich sogar einmal geschrieben, »mein« Palermo sei eine mitteleuropäische Stadt, was widerspruchslos hingenommen wurde. Es stimmt ja auch, ist aber irreführend.

Mein Palermo ist habsburgisch oder normannisch, so wie mein Deutschland mediterran sein kann. Meine Antwort auf die Fragezeichen ist bestimmt ebenso subjektiv, unvollständig und wenig glaubwürdig wie die seriösen Essays von Historikern und Soziologen, und daher kann ich Ihnen auch so manches Zitat ersparen, das nur beweisen würde, daß ich meine Hausaufgaben gemacht habe.

Nach der Wiedervereinigung sind Zahlen noch trügerischer geworden, und die von Durchschnittswerten und Prozentsätzen verschreckten Deutschen verkomplizieren die Sache, indem sie sie manchmal »vereinigt«, manchmal getrennt nach dem früheren Westen und dem ehemaligen Osten angeben. So werden sie, was das »BSPpK«, Bruttosozialprodukt pro Kopf, anbelangt, auf den dritten oder aber einen verschämten sechzehnten Platz gesetzt, nach Italien und Österreich. Die Franzosen sagen sogar, Deutschland sei »ein Ölfleck im Zentrum der Landkarte Europas«. Mit klaren Grenzen wie Ostsee und Nordsee oben, den Schweizer Bergen unten, dem Rhein links und Oder/Neiße rechts? Natürlich ist nicht die geographische Landkarte, sondern die Landkarte des nationalen Bewußtseins gemeint. Und Zitate (das eine oder andere wird es doch geben) sind dazu angetan, hinsichtlich der nächsten Frage Zweifel aufkommen zu lassen: Man weiß nicht, wo dieses Deutschland liegt, man möge also aufpassen, auf was es sich zubewegt. Dabei denkt man an den Osten. Die ewige Versuchung Deutschlands zwischen den Wonnen der Villa Lumière als Symbol des Westens und der auch vom Rheinländer Adenauer gefürchteten sibirischen Tundra. Die Deutschen schwanken, weil sie nicht besonders selbstbewußt sind, nicht so selbstbewußt wie die Briten, Franzosen oder Spanier. Auch wir Italiener schwanken, nicht horizontal, sondern vertikal, zwischen dem europäischen Norden und dem tiefen arabischen, afrikanischen Süden.

Deutschsein ist nicht das Resultat eines »Bewußtseins an sich«, sondern nur das Ergebnis eines »Bewußtseins gegen«. Die Deutschen als Nation sind geboren gegen Frankreich, gegen Napoleon. Nicht zufällig wurde das Zweite Reich im Spiegelsaal von Versailles ausgerufen, was das besiegte Frankreich zusätzlich demütigte. Sogar die Wahl des Saales ist sinnträchtig, mit diesen dunkel gekleideten Herren – nur Bismarck in schneeweißer Uniform wie eine schnurrbärtige junge Braut vor dem Altar –, die von Spiegel zu Spiegel reflektiert werden, schillernd und trügerisch.

Eine Doppeldeutigkeit, die keines der Themen ausläßt, vor denen man auf der Hut sein sollte, wie Volker Elis Pilgrim in seinem Buch *Muttersöhne* aufzeigt. Napoleon und Hitler waren Muttersöhne, und Bismarck auch. Sie zweifeln an ihrer Männlichkeit und neigen dazu, grausame Diktatoren oder Massenmörder zu werden.

Beiden deutschen Staaten wurde fast ein halbes Jahrhundert lang das Bewußtsein vorenthalten, eine Nation zu sein. Die DDR mußte sich nationale Wurzeln in der Ideologie erfinden, im Sozialismus, den sie auf mehr oder weniger logische Weise mit älteren Wurzeln zu vermischen suchte; Martin Luther machte sie zu einem Marxisten *avant la lettre*, obwohl er am Ende die Bauern an die Fürsten »verraten« hatte, im Gegensatz zu Thomas Müntzer, der dafür seinen Kopf verlor; und hatte Friedrich II. etwa nicht gesagt, daß »alle geboren werden, um auf dieser Erde glücklich zu sein«? Eines der Marxschen Prinzipien!

Der Maler Werner Tübke, der Guttuso der DDR, wurde mit der Aufgabe betraut, ein Fresko à la Sixtinische Kapelle (auch wenn die Technik, Öl auf Leinwand, eine andere ist), mit fast 1500 qm das größte der Welt, auf dem Hügel zu malen, auf dem die letzte verzweifelte Schlacht der »Proletarier« gegen die Herren stattgefunden hatte, dem Kyffhäuser, nicht weit von der Stelle, an der sich das finstere Denkmal für Barbarossa erhebt, ebenfalls ein Heiligtum der deutschen Geschichte.

»Honecker hat mir freie Hand gelassen«, erzählte er mir in seiner Leipziger Villa, wo er in den Monaten der sogenannten friedlichen Revolution möglichst unsichtbar zu bleiben versuchte. »Ich habe alles allein gemacht, weil ich keine Mitarbeiter gefunden habe, die mich zufriedengestellt hätten. Ob ich jetzt etwas ändern würde? Nicht einen Quadratmeter. Mein Werk ist dem Aufstand des Menschen gegen die Unterdrückung, der sozialen Gerechtigkeit gewidmet.«

In der Bundesrepublik war der Begriff der deutschen Nation jahrzehntelang aus jedem Gespräch verbannt. Das Volk fand seine Identität in der wirtschaftlichen Stärke, was weniger vulgär und banal ist, als es auf den ersten Blick erscheinen mag. Prosperierende Staatskonten, eine Inflation, die bis unter Null sank, ein Plus im Import-Export, das einen Rekord von 110 Milliarden DM erreichte und den Triumph des *made in Germany* bekräftigte, waren der Beweis für die alten deutschen Tugenden Strebsamkeit, Fleiß, Sparsamkeit. Mercedes liefert manchen Kunden Modelle ohne Angabe der Motorleistung, die als disqualifizierende Prahlerei gelten würde: Was zählt, ist die tatsächliche Stärke, die im Inneren der Karosserie steckt.

In den Spiegelungen, die auf die Wiedervereinigung folgten (auch hier wieder Anklänge an Versailles), haben die Reichen aus dem Westen in den Städten des Ostens ein »märchenhaftes« Deutschland wiederentdeckt. Von den sozialistischen Planern im Stich gelassen, drohten die Städte zwar zu verfallen, waren aber nicht, wie in Hamburg oder Düsseldorf geschehen, von postmodernen Architekten verschandelt, und mit ihnen das Deutschland der Kindheit (es gibt einen Boom von Büchern über Reisen in Zeit und Raum, die den wiederentdeckten Regionen und noch immer verlorenen Gegenden wie Schlesien und Ostpommern gewidmet sind). Tugenden der Vergangenheit. Und im Osten mischt sich trotz des immer offensichtlicheren Hasses auf die *Besserwessis* in den Neid der Wunsch hinein, den kapitalistischen Tugenden des wirtschaftlichen Erfolges, dem Zynismus des Geldes nachzueifern.

Diese beiden unterschiedlichen »Nachkriegsnationen«, Ersatznationen, verhaspeln sich in einem neuen Nationalgefühl, das wenig mit dem klassischen zu tun hat, höchstens nach außen hin und auf trügerische Art und Weise. Und es wirkt sich auf alle europäischen Völker aus. Fritz Stern, Professor für Zeitgeschichte an der Columbia University, meint, Deutschland verlasse dieses Jahrhundert so, wie es hineingegangen sei: als große, beherrschende Macht im Zentrum des Kontinents. Nur müsse es jetzt seine Rolle besser spielen. Und Wolf Jobst Siedler meint, die kleine Bundesrepublik habe nun Chancen, die das mächtige Kaiserreich, zu dem halb Polen gehörte, und das Dritte Reich, das einige Jahre lang den Kontinent beherrscht habe, niemals gehabt habe. Der russische Gegenspieler sei gelähmt, das britische Imperium existiere nicht mehr ...

Natürlich sieht die Wirklichkeit nach den triumphalen Prophezeiungen vom 3. Oktober 1990 anders aus. Wolfgang Herles schreibt in *Geteilte Freude*, die erste Republik sei gescheitert, dann sei das Dritte Reich gekommen. Die zweite Republik werde der Einheit geopfert, und das erste Jahr der dritten Republik mache skeptisch.

Die Deutschen fürchten, es nicht zu schaffen: Die Kosten der Wiedervereinigung übersteigen jedes pessimistische Kalkül. Zweihundert Milliarden DM jährlich. »Achtzig Millionen Deutsche, die in einer

13

Welt ohne Geländer, wie sie sich abzuzeichnen beginnt, auf unseren Köpfen spazierengehen, sollten niemanden in Sicherheit wiegen, auch ohne daß die Gespenster der Vergangenheit auf den Plan gerufen werden müßten«, schreibt Saverio Vertone in *Il ritorno della Germania (Deutschland kehrt zurück)*.

Jetzt darf nur nicht der Fehler gemacht werden, die Bundesrepublik des stattlichen Kohl Viertes Reich zu nennen, weil man am Ende mit etwas zu tun hätte (oder sich mit etwas auseinandersetzen müßte), das gar nicht existiert. Hitler verkündete, man solle ihn nicht lieben, sondern fürchten. Die Deutschen von heute sind wie ein riesiger hl. Bernhard, der vor seinen Zuhörern um Verständnis ringt.

Ein Titelblatt des *Spiegels* zeigt unter der Überschrift *Die unbeliebten Deutschen* einen Turner in dreifarbigem Trikot (schwarz, rot, gold); mit ratloser Miene hält er die Welt im Arm. Wir halten die Welt aufrecht, und ihr seid böse auf uns? scheint er zu fragen.

Die Welt habe Angst vor den Deutschen, und die Deutschen hätten Angst vor der Welt, schreibt *Die Zeit*. In *Le Monde* stellt Daniel Vernet fest, die Deutschen seien unbeliebt. Was auch immer sie tun würden, gebe Anlaß zu Kritik, ob sie sich nun heraushielten wie im Golfkrieg oder sich einmischten wie in Jugoslawien. Ihre neue Macht verwirre die Deutschen. Deutschland dürfe sich nicht kleiner machen, als es ist. Es müsse seine Stärke akzeptieren, jedoch ohne sich schulmeisterlich zu gebärden.

Müssen wir befürchten, daß die Deutschen uns wieder lehren wollen, was gut und was schlecht ist, wie es ihre Gewohnheit war? In Wirklichkeit wissen sie es selbst nicht mehr. Und ihre Schuld ist, wie in den 30er Jahren, auch die Schwäche der anderen, im Westen wie im Osten. Die eigentliche Gefahr besteht nicht darin, daß die Deutschen, unlösbarer Forderungen müde, früher oder später fragen könnten: Wieviel kostet Königsberg? Schließlich ist es Kants Geburtsstadt. Die Gefahr liegt darin, daß ihnen jemand ein Preisangebot macht.

Im Augenblick gehen die 80 Millionen Deutschen nicht »auf unseren Köpfen« spazieren. Sie sitzen niedergeschlagen in ihren Reihenhäusern, mit Gartenzwergen vor der Haustür, die als einzige alle Stürme der Zeit überstanden haben, und Parabolantennen auf dem Dach. Sie gehen weder nach Osten noch nach Westen, kehren nicht in die Vergangenheit zurück und erfinden auch nicht die Zukunft. Sie drehen sich nur im Kreis. Hoffentlich wird ihnen dabei nicht schwindlig.

Ein Kürzel zuviel

Welche nationale Identität kann ein Land haben, das sich fast ein halbes Jahrhundert lang im Osten wie im Westen schamhaft hinter einem Kürzel versteckt hat? Drei Buchstaben, wie IBM oder KLM. Es stimmt, auch die Vereinigten Staaten werden aus Bequemlichkeit zu den USA, aber das sind sie dann auch für alle. Die deutsche Abkürzung ist vergänglicher, weniger stabil und sicher, und muß jeweils der Sprache des »Benutzers« angepaßt werden.

Westdeutschland wurde von den Ostdeutschen BRD für *Bundesrepublik Deutschland* genannt. Das andere, das »rote« Deutschland war für die Deutschen DDR (*Deutsche Demokratische Republik*), von der Springerpresse jahrzehntelang mit Gänsefüßchen gedruckt. Wer weiß, wie viele Tonnen Blei und welche Unsummen diese typographische Betonung eines *Provisoriums,* der *sogenannten Sowjetischen Besatzungszone,* das Verlagshaus gekostet hat.

Als ich (ich gehörte zu den ersten), zu einer Reise durch dieses zwischen »Mauer« und Gänsefüßchen eingesperrte Gebiet eingeladen wurde, schickten die Ostdeutschen, internationale Gepflogenheiten achtend, die Einladung an meine Redaktion in Mailand und nicht nach Hamburg, wo ich lebte. Mein damaliger Chef, der immer so tat, als habe er keine Ahnung von Geographie, und sich weigerte, ein Flugzeug zu besteigen, weil er Neapolitaner war, rief mich an: »Du bist eingeladen, aber was soll das? Du bist doch schon dort.« Ich gab mir große Mühe, ihn davon zu überzeugen, daß die DDR nicht die BRD war, aber die Einladung war auf englisch, und was war denn nun GDR? Schließlich gab er mir recht, aber in seiner Stimme klang neapolitanischer Argwohn mit: Diese Kürzel waren eine Nebelwand, hinter der ich eine meiner Launen verbergen konnte, vielleicht wollte ich einfach Ferien machen, und vielleicht steckte gar eine Frau dahinter.

Was die anderen von ihnen halten

Jedem ausländischen Korrespondenten, der in Deutschland akkreditiert wird, schenkt (oder schenkte) das Bundespresseamt zusammen mit den besten Wünschen für erfolgreiche Arbeit ein Büchlein mit dem Titel *Tatsachen über Deutschland.* Ich habe verschiedene Ausgaben bekommen. In der Einleitung zur ersten Ausgabe hieß es, die Bundesrepublik sei ein Land, das mit seinen Nachbarn immer friedliche Beziehungen unterhalten habe. Auf diesen Hinweis bin ich später nicht mehr gestoßen.

Dem einen oder anderen mag dies paradox erschienen sein, auch wenn man nicht leugnen kann, daß die nach dem Krieg entstandene Bundesrepublik während ihrer Lebenszeit von nicht einmal einem halben Jahrhundert ganz und gar friedlich war. Aber kein anderes Land in Europa hat so lange Grenzen wie das wiedervereinigte Deutschland, und kein Land der Welt hat so viele Nachbarn. Und die Deutschen sorgen sich immer ganz besonders darum, was man jenseits der Grenzen von ihnen denkt.

Dem Anschein nach achten auch wir Italiener, die wir doch immer leidenschaftlich auf *bella figura* aus sind, auf die Meinung, die man im Ausland von uns hat. Und dann pfeifen wir hochmütig darauf: Wir sind überzeugt davon, sympathisch und unwiderstehlich zu sein, betrachten die Lobgesänge als selbstverständlich und bezichtigen jeden Kritiker rassistischer Voreingenommenheit.

Ganz anders die »arroganten« Deutschen, die krampfhaft und masochistisch nach der Bestätigung des Urteils über den *häßlichen Deutschen* suchen und dabei nichts anderes tun, als die Ansichten von Europäern, Amerikanern oder Japanern wiederzugeben; fällt das Urteil positiv aus, wundern sie sich darüber. Wie bitte? Sie urteilen nicht schlecht über uns? Wie kommt das?

Mit leichten Nuancen stimmen die positiven und negativen Ansichten von der Wolga bis zur Seine, vom Golf von Neapel bis Westminster überein. Nachbarn und solche, die keine sind, wie Filipinos oder Brasilianer, sind felsenfest überzeugt, daß »die Deutschen« die besten und fleißigsten Arbeiter sind und daß *made in Germany* technisch hochwertig ist. Eigenschaften, zu denen sich die ewigen Fehler gesellen: Genauigkeitsfimmel, Arroganz des Klassenprimus, Unbeweglichkeit, Sparsamkeit bis hin zum Geiz, schließlich Gewalttätigkeit, Kriegstreiberei, Militarismus, Autoritarismus und Rassismus.

Was sind typisch deutsche Eigenschaften? fragen sich die Südamerikaner. 60 Prozent der Uruguayer, 63 Prozent der Kolumbianer, 71 Prozent der Bolivianer, 56 Prozent der Peruaner, 43 Prozent der Brasilianer nennen an erster Stelle Fleiß, an zweiter Ehrlichkeit, an dritter Kultur. Auf dieselbe Frage antworten die Asiaten in genau der gleichen Reihenfolge: »Tüchtige Arbeiter« sind sie für 64 Prozent der Thailänder, 53 Prozent der Malaien, 54 Prozent der Inder, mit dem einzigen Unterschied, daß vor der Ehrlichkeit noch der Mut kommt. Die Antworten ändern sich weder mit der Zeit – alle zehn Jahre seit den 50er Jahren bis zum Ende des Jahrhunderts wird nachgefragt – noch mit dem Breitengrad.

Wirklich einzigartig ist, daß die Meinung der anderen exakt mit dem übereinstimmt, was die Deutschen von sich selbst denken. Wie heißen die nationalen Tugenden? Fleiß, Stolz, Intelligenz, antworten 46 Prozent, gefolgt von 19 Prozent mit Gründlichkeit, Sauberkeit, Sparsamkeit. Wie perfekt, also unsympathisch. Und das wissen sie auch. Als Antwort auf die Frage: »Oft heißt es, die Deutschen seien in der ganzen Welt unbeliebt. Warum ist das Ihrer Meinung nach so?«, die das Allensbacher Meinungsforschungsinstitut kontinuierlich seit 1955 bis in unsere Tage stellt, glauben 17 Prozent, das liege an der mangelnden Offenheit gegenüber Fremden. Für vier Prozent (in den 50er Jahren waren es noch doppelt so viele) sind es die »schlechten Manieren« im Ausland. Die deutschen Touristen, die mit nacktem Oberkörper und Latschen an der Piazza del Popolo sitzen oder in Sankt Peter im Chor singen, wissen, daß sie sich schlecht benehmen, aber wie Schüler auf einer Klassenfahrt meinen sie, das sei in der Eintrittskarte inbegriffen und gehöre zum Vergnügen dazu. Schuldige mit Schuldgefühl.

Jeder fünfte (22 Prozent) glaubt jedoch, es sei der deutsche »Fleiß«, weswegen der Deutsche jenseits der Grenze als unsympathisch gelte, und 19 Prozent behaupten kühn, es sei Neid auf die Industriemacht Deutschland. Unbeliebt, weil zu tüchtig, wie der Klassenprimus. Aber wir drücken uns um das Problem: Der Schlüssel sind Krieg und Nationalsozialismus. Merkwürdigerweise wird die Erblast des Dritten Reiches immer schwerer, je mehr Zeit seit Kriegsende vergeht. 1955 gaben 45 Prozent das Verhalten der deutschen Truppen im Krieg als Ursache für die Antipathie gegen die Deutschen an; dreißig Jahre später sind es 61 Prozent.

1955 geben nur 13 Prozent den Nationalsozialismus als Grund an; diese Zahl verdreifacht sich bis 1985. Die Generationen, die die Kriegsjahre und den Holocaust nicht miterlebt haben, fühlen sich verantwortlich, sind betroffen. Die Kinder mehr als die Eltern. Und aus dem Ausland erreichen uns Zahlen, die ebenfalls zu denken geben. Prägt der Holocaust das Deutschlandbild? In Frankreich bejahen dies nur 20 Prozent, in Spanien sind es 35 Prozent; wir Italiener sind mit 43 Prozent am meisten davon überzeugt. Mehr als Engländer, Holländer und Amerikaner. Vielleicht weil auch wir wohl oder übel etwas zu verbergen haben, ein schlechtes Gewissen haben, weil wir Verbündete waren? Davon distanziert man sich lieber.

In der Tat bestätigt dies die nüchterne Frage: Mögen Sie die Deutschen, ja oder nein? 56 von 100 Holländern und Schweden, 52 von 100 Franzosen sagen ja. Und wir? Mit 34 sind wir an letzter Stelle. Auf die Frage: Fühlen Sie sich den Deutschen nahe? steht Holland mit 44 Prozent an erster Stelle, gefolgt von Frankreich mit 39 Prozent. Die Italiener mit 15 Prozent wie immer an letzter Stelle, überrundet sogar von den fernen Japanern mit 18 Prozent.

Wir gehören also zu denen, die sie am wenigsten mögen und sich ihnen am wenigsten nahe fühlen, obwohl es nie so enge Beziehungen gegeben hat wie zwischen Italienern und Deutschen.

Dieser scheinbare Widerspruch verdient eine eigene, ausführlichere Behandlung.

»Die Deutschen sind Kriegstreiber, sie sind arrogant, wollen die Welt kommandieren und sind rassistisch.« Dies glauben die holländischen Schüler zwischen 15 und 19 Jahren einer Umfrage zufolge, die die Universitäten Leiden, Utrecht und Groningen an 52 Schulen durchgeführt haben. Ein radikales Urteil, das in der völligen Unkenntnis des Gegenstandes begründet liegt.

Auf die Frage, wie viele Einwohner der umfangreiche Nachbar habe, gaben die meisten zwischen 20 und 30 Millionen an, zwei- oder dreimal soviel wie in Holland, anstatt achtmal soviel.

Der Unterricht in deutscher Geschichte beschränkt sich im allgemeinen auf die Zeit zwischen 1940 und 1945, 40 Prozent der holländischen Schüler wußten nicht einmal annähernd darüber Bescheid, und nur 16 Prozent zeigten sich an Deutschland interessiert, gegenüber 26 Prozent in Frankreich. Die holländische Schriftstellerin Renate Rubinsten bemerkt spöttisch, alle Deutschen seien schlecht, außer denen, die sie kenne. Nachdem Holland besetzt war, traf Generalfeldmarschall Hermann Göring mit dem Amsterdamer Faschistenführer Anton Mussert zusammen und entschuldigte sich bei ihm, daß er nicht Holländisch mit ihm spreche. Er könne sich nicht alle deutschen Dialekte merken. Und Himmler wollte die sogenannten »Niederdeutschen« ins Reich integrieren. Zu ähnlich, wie Vettern, um gegenseitige Zuneigung zu hegen, und zu nah, um nicht miteinander zu verkehren.

Göring mag übertrieben haben, aber die holländische Sprache klingt wirklich manchmal, als spräche jemand Deutsch, der gerade erwürgt wird; wer des Englischen und des Deutschen mächtig ist, kann versuchen, eine Amsterdamer Zeitung zu lesen, auch wenn man manches mißversteht. Die Beziehungen sind schlecht, und nicht erst seit gestern. Das Schmähwort *Moffen*, mit dem die Holländer ihre zahlenstärksten Nachbarn belegen, geht auf den Dreißigjährigen Krieg zurück, und 1976 wurde in Amsterdam der Straßenname »Moffendijk« geändert, weil dort niemand wohnen wollte. Ein altes Sprichwort warnt: »Auf der einen Seite haben wir das Meer, auf der anderen die Deutschen, früher oder später können sie uns überschwemmen.«

Die Nazis haben 100 000 Holländer umgebracht, und doch waren die aus Holländern bestehenden Abteilungen der Waffen-SS die zahlenstärksten und begeistertsten. Die Überlebenden, die am Ende des Krieges von der Front zurückkehrten, wurden in den Kanälen ertränkt. Es ist verständlich, daß die Untertanen die Heirat von Königin Juliana mit dem deutschen Prinzen Bernhard zu Lippe-Biesterfeld, dem »Naziprinzen«, der in der SS gedient hatte, nicht gern sahen.

Je mehr man fürchtet, ihnen ähnlich zu sein, um so mehr beteuert man, »die Deutschen zu hassen«. Im argentinischen Córdoba schießt 1978 der Österreicher Hans Krankl wenige Minuten vor Schluß das entscheidende 3:2 gegen Deutschland und ebnet damit Bearzots Azzurri den Weg ins Halbfinale. Die Wiener Zeitungen schreiben, daß »Krankl die Deutschen bestraft hat«. Bestraft wofür, weswegen?

Die Beziehung zwischen sieben, acht Millionen Österreichern und 80 Millionen Deutschen sei eine merkwürdige Mischung aus Minderwertigkeitskomplex und Rachegefühlen, schreibt das Wiener Wochenmagazin »Profil«. Es ist zwecklos, die Geschichte zu bemühen, den Krieg zwischen dem Alten Fritz und Maria Theresia oder Hitler. Ein alter Scherz: Die Österreicher haben das Wunder vollbracht, den Rheinländer Beethoven zu einem Wiener und den Österreicher Hitler zu einem Deutschen zu machen, aber laut einer Umfrage aus dem Jahr 1994 ist die Hälfte der Landsleute von Mozart und Adolf tatsächlich überzeugt, dies sei die Wahrheit.

Österreich ist das Lieblingsziel der deutschen Touristen, die die Zahlungsbilanz des kleinen Nachbarn aufrechterhalten. Kreisky erinnerte daran, daß es in Österreich »im Verhältnis« mehr Parteigenossen gab als in Deutschland. 1938 begrüßten Millionen Österreicher begeistert den Anschluß und die Ankunft des »Landsmannes« Hitler in Wien, aber sieben Jahre später haben sie nach dem Beethoven-Wunder noch ein Wunder vollbracht und es geschafft, von den Siegern als »Opfer des Nationalsozialismus« anerkannt zu werden.

Eines der entschiedensten Argumente gegen den Beitritt Österreichs zur Europäischen Gemeinschaft war die Vorstellung, daß »wir letztendlich vom allzu starken Deutschland verschluckt würden«. Jenseits des Brenners ist es die schlimmste Beleidigung, wenn man einen Österreicher als »deutsch« bezeichnet, eine Sünde, die die leichtfertigen Italiener allzuoft begehen. Sogar die Tiroler, ob aus dem Norden oder dem Süden, sind nicht besonders gern gesehen: Wegen ihrer historischen Beziehungen zu Bayern werden sie weniger als Österreicher denn als »falsche Deutsche« betrachtet.

Hören Sie sich einmal die Lieder an, die in Westernfilmen im Saloon gesungen werden, und deutsche Volkslieder aus dem letzten Jahrhundert: Sie sind ausgesprochen ähnlich, aber nicht, weil sich alle Volksmelodien ähneln.

Die Mädchen, die unbeholfen für *Billy the Kid* und *Doc Hollyday* hopsten, und die Tingel-Tangel-Mädchen waren fast alle pausbäckige Deutsche, die vor dem Hunger im ländlichen Sachsen und Pommern geflohen waren, wo Schädlinge die Kartoffelernte zerstörten. Nashvilles Wurzeln reichen bis in die endlose Heidelandschaft rund um Hamburg zurück.

Diese Verwandtschaft, die im Unterbewußtsein gärt, erklärt die widersprüchlichen Urteile der Yankees über die Deutschen. 72 Prozent finden die Deutschen sympathisch, aber 41 Prozent sehen sie immerhin als eine Gefahr für den Frieden an und 54 Prozent halten eine Rückkehr zum Nationalsozialismus für möglich. *The ugly German* (»Der häßliche Deutsche«) taucht in der amerikanischen Presse immer wieder als Titel auf, und *Time* vergleicht sogar den Angriff der Skins auf die rumänischen Zigeuner in Rostock mit dem Überfall der Serben auf Bosnien. Und um ein Haar wäre in den Vereinigten Staaten anstelle des Englischen, der »Sprache des britischen Feindes«, Deutsch offizielle Sprache geworden, so wie in Argentinien Italienisch hinter Spanisch den kürzeren gezogen hat.

Wie Marlene Dietrich im *Blauen Engel* singt Helmut Kohl, angetan mit schwarzen Strümpfen und Strapsen: »Ich bin von Kopf bis Fuß auf Liebe eingestellt . . .«. Aber der Kartoonist der britischen Zeitung *Sunday Telegraph*, William Rushton, fügt die nächsten Zeilen hinzu: »Das ist meine Welt, und sonst gar nichts«, und kommentiert damit die Gleichgültigkeit der Deutschen gegenüber den Schwierigkeiten, welche die Bundesbank den europäischen Partnern beschert hat.

Die Deutschen kontern mit einer Margaret Thatcher, die wie ein wildgewordener Stier das rote Tuch der europäischen Währungsunion auf die Hörner nimmt. Das sind zwei Beispiele aus einer vom Land Niedersachsen in Bonn organisierten Ausstellung; gewidmet ist sie den »bilateralen Beziehungen in der Karikatur«, wenn man so sagen kann, zwischen Großbritannien und dem großen Deutschland seit den 50er Jahren bis in unsere Tage.

Sense of humour ist schwer zu übersetzen. »Wenn man trotzdem lacht« kommt dem schon sehr nahe. Der liberale Außenminister Klaus Kinkel geriet in Zorn und protestierte vehement gegen die Ausstellung des von Sozialdemokraten und Grünen regierten Niedersachsen, während der deutsche Botschafter in London, Peter Hartmann, gänzlich anderer Meinung als sein Chef war: Natürlich sei die Karikatur eine Kunstform, die von Gemeinplätzen und Klischees lebe, nicht immer zur Freude der Betroffenen, aber nach einem alten deutschen Sprichwort sei Lachen ja immer noch die beste Medizin.

Nationale Stereotypen seien weder neu noch leicht aus der Welt zu schaffen, antwortete ihm sein britischer Kollege in Bonn, Sir Nigel Broomfield, das Bild des Engländers mit Melone und Schirm unter dem Arm, das des Würstel verschlingenden Deutschen in Lederhosen oder das des Franzosen mit Baskenmütze und Baguette habe vielleicht wenig mit der Realität von heute zu tun, sei aber überall in der Welt tief verwurzelt.

Beim Besuch der Ausstellung ist der erste Gedanke, der einem in den Sinn kommt, daß sich nach Meinung der Humoristen in vierzig Jahren die Dinge nicht geändert haben. Der Kartoonist Vicky porträtiert für den *Evening Standard* im Jahr 1959 einen »Doktor« Adenauer, der ein grimmiges blondes Kind untersucht., Der Körper ist mit Flecken übersät, als hätte es Masern. Es sind aber winzige Hakenkreuze. »Kein Grund zur Sorge«, versichert der Kanzler, »der Fall ist nicht schwer und auch nicht ansteckend.« Dieselbe Diagnose stellte Kohl zumindest zu Beginn der Gewalttätigkeiten der Neonazis.

Der *Daily Star* vom 4. Juli 1990 zeigt Adolf Hitler, wie er sich während der Weltmeisterschaft das Spiel England – Deutschland im

Fernsehen ansieht. »Bitte regen Sie sich nicht auf, mein Führer«, sagt ein SS-Mann zu ihm, »das ist nur ein Fußballspiel.« Nicht zufällig zitiere ich lieber die antideutschen Zeichnungen als die gegen das »perfide Albion«. Die Engländer sind ungerechter und böser und deshalb amüsanter. Das deutsche *fair play* wird irgendwann langweilig und schlägt sich mit der arroganten, zackigen Eisernen Lady herum.

Nach der gefürchteten Wiedervereinigung (Kohl verschluckt die Demokratische Republik) werden die Engländer wegen der Bundesbank und der allzu starken Mark noch bissiger. Elizabeth, von der Zentralbank in Frankfurt zum Abendessen eingeladen, wird gefragt: »Zahlen Sie in Pfund oder in DM?« Die Zeichnung, die Kinkel erzürnt hat, bezieht sich auf den Golfkrieg: Ein SS-Mann marschiert im Jahr 1941, *Deutschland über alles* auf den Lippen, Seite an Seite mit einem dicken Manager der heutigen Bundesrepublik im Gleichschritt, ein großes Waffenpaket für Saddam unter dem Arm.

Von Satire darf man nicht Kohärenz verlangen, aber es ist paradox, wenn Zeichnungen, die den deutschen Militarismus anprangern, neben solchen hängen, die Deutschland kritisieren, weil es sich nicht am Krieg beteiligen wollte. Thatcher, diesmal mit einer Brille, deren dunkle Gläser mit Hakenkreuzen bedeckt sind, erwidert dem protestierenden Kohl: »Na ja, unsere Mittel erlauben es uns eben nicht, alle vierzig Jahre die Brille zu wechseln.«

Im Mai 1989, als niemand auch nur daran dachte, daß im Herbst die Mauer fallen würde, und Helmut Kohl sich hartnäckig weigerte, in der Bundesrepublik Kurzstreckenraketen zu installieren, die nur andere Deutsche oder die anderen Deutschen treffen würden, erklärte Thatcher: »Was wollen sie denn? Schließlich haben sie den Krieg verloren.« Amüsant, aber kein Scherz.

1990 behauptete Minister Nicholas Ridley, Thatchers Liebling, die Bundesbank wolle die Resultate des Zweiten Weltkriegs anzweifeln, und die deutsche Presse »wagte« den Kommentar, er müsse betrunken gewesen sein. Nicky bleibt dabei, Europa sei der übelste Trick der Deutschen gegen Großbritannien. Das ist selbst seinen Landsleuten zuviel. Anthony Catterell, Journalist des *Observer*, bemerkt kritisch, viele Engländer dächten, sie hätten den Krieg gewonnen und den Frieden verloren. Zu fragen, ob die Briten eine richtige Meinung von den Deutschen haben, schreibt sein Kollege Neal Ascherson, ist, als fragte man, ob Herodot eine rechte Vorstellung von den Skythen gehabt habe. Die Antwort laute nein.

Die Gegenwart werde auf unzulässige Art und Weise mit dem Deutschlandbild aus dem Krieg verschmolzen, bemerkt Michael Burleigh, Experte der *London School of Economics*, wobei die Bundesbank die Rolle von Görings Luftwaffe spiele. Diesem Gedanken widmet David Marsh, früherer Korrespondent der *Financial Times* in Bonn, ein dickes Buch mit dem Titel *Die Bundesbank*: 445 Seiten, die beweisen sollen, daß die Zentralbank von ehemaligen Nazis verwaltet wird.

Diese Idee verfolgen die Romanciers jenseits des Ärmelkanals seit dem Klassiker *Das Rätsel der Sandbank* von Erskine Childers aus dem Jahre 1903; er war Parlamentssekretär und fiel 1922 im Krieg gegen Irland (sein Sohn wurde Premierminister). Zwei Jungen aus gutem Hause segeln in den Ferien in der Nordsee und entdecken zufällig, daß sich die deutsche Marine Wilhelms II. auf eine Invasion Großbritanniens vorbereitet.

Ein paar Jahrzehnte später beschreibt Len Deighton in *SS = GB* ein von den Braunhemden besetztes Großbritannien, und in *Fatherland* erklärt uns Robert Harris (der sich übrigens einer alten Idee bedient), wie Europa aussehen würde, wenn Hitler den Krieg gewonnen hätte. Nicht viel anders als heute: Die südlichen Länder sind für die Ferien der Sieger in Kolonien verwandelt, und eine europäische Zentralbank hat ihren Sitz in Deutschland. Das Buch hatte in der Bundesrepublik keinen großen Erfolg, und ein Richter hat die englische Ausgabe beschlagnahmen lassen, mit der Begründung, auf dem Buchdeckel sei das Hakenkreuz abgebildet, was gesetzlich verboten ist. Aber das Buch mit den hinterlistigsten Freudschen Implikationen ist *Prime Minister Spy* des konservativen Abgeordneten Michael Spicer aus dem Jahr 1986. Hier ist der Premierminister nicht nur Spion des KGB, sondern auch ein unehelicher Sohn Hitlers, der in einem Augenblick der Leidenschaft für die vegetarische Köchin im Führerbunker »zustande gebracht« wurde.

Die Beziehungen zwischen Frankreich und Deutschland erinnern mich an Truffauts unvergeßlichen Film *Jules et Jim*. Der Deutsche Jules und sein französischer Freund Jim, entzweit und vereint durch die Liebe zur rätselhaften, kapriziösen Kathe mit dem Lächeln einer griechischen Statue. Es ist eine wahre Geschichte, die der Kunsthändler Henri-Pierre Rocher in hohem Alter schrieb und der Regisseur zufällig an einem Bücherstand an der Seine entdeckte. Im Kino verzweifeln Jules und Jim wegen der unwiderstehlichen Jeanne

Moreau, aber die echte »Kathe« war keine Französin, sondern die Deutsche Helene Hessel, Ehefrau des Dichters Franz Hessel, der auch Freund und Liebhaber der Schriftstellerin Franziska zu Reventlow war.

Kathe löst die unmögliche Dreiecksgeschichte, indem sie den Franzosen Jim mit sich in den Tod reißt; sie ertrinken mit dem Auto im See. Hier sind Helenes Todesdrohungen gegen Henri übertragen, der, wie sie fand, zu viele Freundinnen hatte. In Wirklichkeit hat sie alle beide überlebt; inkognito war sie bei der Premiere des von ihr inspirierten Films anwesend, und anscheinend hat er ihr gefallen.

Frankreich und Deutschland lieben sich also, aber ihr Verhältnis ist immer konfliktbeladen und von einem erotischen Todesgefühl beseelt. Trotz Napoleon und drei Kriegen in hundert Jahren geben sich Franzosen und Deutsche einander »vor jedem anderen europäischen Volk« den Vorrang. François und Helmut duzen sich und lassen sich, am 22. September 1984 in Verdun, unverfroren Hand in Hand photographieren, wie Jules und Jim leicht gealtert, halbkahl und dicker geworden. Aber das macht nichts.

In den Bunkern der Maginot-Linie, die nichts brachte und die zu entfernen unmöglich ist, werden Pilze gezüchtet, Champignons, die auch in deutschen Restaurants serviert werden. Die Amerikaner und Engländer, ganz ohne *fair play*, wollten Kohl bei den Gedenkfeiern anläßlich der Landung der Alliierten an den Stränden der Normandie nicht dabeihaben; Mitterrand hat ihn mit einer glanzvollen Einladung getröstet und die deutschen Truppen am 14. Juli unter dem Arc de Triomphe hindurchmarschieren lassen.

Die gemischte deutsch-französische Brigade, die unweit vom Rhein in Böblingen stationiert ist, gilt als Vorbild für das zukünftige europäische Heer. Natürlich dient die Brigade *eins-deux*, wie sie spöttisch genannt wird, auch dazu, die Deutschen »im Zaum zu halten«, zumindest in ihren Absichten, aber Argwohn ist in einer leidenschaftlichen Beziehung ja auch unverzichtbar. Paris sieht die Ausdehnung Deutschlands nach Osten mit Sorge, aber Frankreich hat von allen Ländern am meisten in der früheren DDR investiert. Ob sie nun Deutsche oder Französin ist, die rätselhafte Kathe macht Jules und Jim unzertrennlich.

Der Osten ist hin- und hergerissen zwischen der Leidenschaft für die Deutsche Mark und der Angst, en bloc vom allzu reichen Deutschland aufgekauft zu werden. Deutsche Manager investieren, angelockt

24

von niedrigeren Löhnen, viel lieber in Mitteleuropa und den baltischen Staaten als in der früheren DDR. In allen Ländern des ehemaligen kommunistischen Blocks steht die Bundesrepublik mit Investitionen und Joint-ventures an der Spitze, und der Tscheche Eduard Goldstücker fragt sich, ob sein Land seine Identität bewahren oder in zwei oder drei Generationen in die deutsche Nation eingehen will.

Am Vorabend der Vereinigung reiste ich ins Gebiet jenseits von Oder und Neiße, hinter der Grenze, welche die Alliierten erfanden, als man den neuen Revanchismus der Deutschen fürchtete. Hatten diese vor, sich mit Ostdeutschland zu begnügen, oder wollten sie die an Polen und die Sowjetunion abgetretenen Ostgebiete zurückfordern? Die Polen in der Nähe der Grenze waren bereit, Deutsche zu werden, den schwachen Zloty ohne jegliche nationalistische Gewissensbisse für die starke Deutsche Mark preiszugeben. Sie stammten aus den an die UdSSR abgetretenen Ostgebieten und waren nach dem Krieg zwangsweise »etwas weiter Richtung Westen« umgesiedelt worden.

Im Dezember 1970 fiel Willy Brandt vor dem Denkmal der Opfer des Warschauer Ghettos auf die Knie (was 60 Prozent seiner Landsleute mißbilligten), aber die Polen mögen Helmut Kohl lieber, der laut Umfragen populärer ist als Gorbatschow und ebenso populär wie Wałęsa zu jener Zeit, als der Held von Solidarność höchstes Wohlwollen genoß.

Nur zwei Prozent der Polen erklären, die Deutschen »sehr zu lieben«, was diese mit etwas großzügigeren drei Prozent erwidern. Für einen von fünf Polen »ist die Vergangenheit noch sehr wichtig«, »ziemlich wichtig« für weitere zwei von fünf, und trotzdem würden 25 Prozent sofort nach Deutschland ziehen, »wenn es nur möglich wäre«. »Wir sollten wirklich vergessen«, erklärt der Warschauer Manager Slavomir Osczeda, »vielleicht nicht richtig vergessen, es aber nicht übertreiben mit der Vaterlandsliebe.«

Die deutsche Seele sei der russischen näher als der amerikanischen, schreibt Klaus Liedtke. In der Phantasie der Deutschen spielen die Russen schon immer eine besondere Rolle. Und umgekehrt auch. Dieses Ergebnis einer jahrhundertealten komplizierten und intensiven Beziehung. Die Deutschordensritter leiteten die Christianisierung Rußlands mit dem Schwert ein. Iwan der Schreckliche lockte die geschätzten deutschen Handwerker, seine Gefangenen aber ließ er köpfen oder mit bloßen Händen gegen Bären kämpfen. Martha mit

Goldmünzen, die Tochter eines deutschen Bauern, der so arm war, daß er nicht einmal einen Namen besaß, wurde erst Hausmädchen von Ernst Glück, dem Pastor in Marienburg (Aluksne) im heutigen Lettland, der als erster die Bibel ins Lettische übersetzte, dann heiratete sie den Schweden Johannes, gelangte als Kriegsbeute nach Rußland, heiratete einen Koch, zog schließlich die Aufmerksamkeit Peters des Großen auf sich und wurde die große Katharina, die Russisch zeitlebens mit deutschem Akzent sprach.

Der Deutsche Hulrich von Oldenburg wurde Peter III.; er war ein großer Bewunderer des Alten Fritz. Die Rote Befreiungsarmee ist fast ein halbes Jahrhundert lang als Besatzungsmacht in der einstigen Deutschen Demokratischen Republik geblieben; als einziges Heer in der Geschichte hat sie durch die Wiedervereinigung der beiden Deutschlands einen Konflikt verloren, ohne daß ein Schuß gefallen wäre.

Deutsche Ingenieure und Architekten haben jahrhundertelang Häfen und Kanäle und die Paläste und Schlösser von St. Petersburg und Moskau gebaut. Boris Godunow verließ sich nur auf deutsche Ärzte, und er hatte ihrer nicht weniger als sechs.

Die Ehefrau Nikolaus' I. war eine preußische Prinzessin, die Frau Nikolaus' II. stammte aus dem Hause Coburg. Lenin kam im gleichen Jahr zur Welt, in dem das Deutsche Reich entstand, seine Mutter war die Deutsche Maria Blank, und mit der (eigennützigen) Hilfe der Deutschen kehrte er in seine Heimat zurück, um die Revolution anzuführen.

Otto von Bismarck war lange Zeit Gesandter in St. Petersburg, Siemens errichtete in Rußland die erste Telegraphenlinie, und andere Gesellschaften wie Daimler-Benz, BASF, Bayer und Thyssen waren von Anfang an in Rußland präsent.

Allein im letzten Krieg hat die Sowjetunion 27 Millionen Menschen verloren, und der Dichter Ilja Ehrenburg schrieb 1945: Die deutschen Städte brennen, und ich bin glücklich. Heute denken 49 Prozent der Russen an den Krieg, wenn sie an Deutschland denken, und 59 Prozent glauben nicht vergessen zu können, obwohl 38 Prozent der Russen die Deutschen »lieben«; fast genauso viele Deutsche (35 Prozent) »lieben« die Russen. Eine Leidenschaft, die bei jungen Leuten unter dreißig noch stärker ist: 44 Prozent der jüngsten russischen Generation ziehen die Deutschen den Amerikanern (34 Prozent) vor. Die Deutschen haben die positive Haltung Gorbatschows zur Wiedervereinigung Deutschlands nicht vergessen, und Gorbi ist in der Bundesrepublik immer noch sehr beliebt, mehr als Bush gestern und Clinton heute.

Diese Dankbarkeit hat sich in konkreter Wirtschaftshilfe niedergeschlagen. Die Hälfte ihrer Schulden beim Westen hat die ehemalige UdSSR in Deutschland, das sind mehr als dreißigtausend Millionen Mark. Russische Manager, aber (nach alter Tradition) auch Offiziere werden in Deutschland ausgebildet, sie lernen Deutsch und »deutsch zu denken«. Diese Investition ist wichtiger als Milliarden von Dollar und Mark.

1914 gab es bei Kriegsausbruch etwas weniger als zwei Millionen deutschstämmige Russen, und 138000 Russen lebten in Deutschland. In den 20er Jahren kamen die Revolutionsflüchtlinge zunächst in Berlin unter, und viele blieben hier, wie Vladimir Nabokov, der Autor von *Lolita*. In den 20er Jahren waren es über 300 000 allein in der Hauptstadt, in der über 80 Zeitungen auf russisch erschienen. Der Bezirk Charlottenburg wurde scherzhaft in »Charlottengrad« umgetauft. Als Hitler an die Macht kam, machten sich die russischen Flüchtlinge, größtenteils Juden, auf den Weg in die Vereinigten Staaten oder nach Palästina; jetzt, nach dem Fall der Mauer, findet wieder ein Exodus aus dem Osten statt. In Berlin gibt es wieder mehr als 15 000 russische Juden, in Rußland haben über zwei Millionen Einwohner, die im Gebiet der Wolga konzentriert sind, deutsche Vorfahren und können von einem Tag auf den anderen »in die Heimat zurückkehren«. Dem Gesetz nach werden sie in jeder Hinsicht mit allen entsprechenden Rechten wieder Deutsche, sobald sie die Bundesrepublik betreten; sogar Offiziere der Roten Armee bekommen eine Rente, als hätten sie schon immer unter der Bonner Flagge gedient.

Landkarten täuschen, das geographische Zentrum Europas (vielleicht ein bißchen weiter rechts oder ein bißchen weiter links) liegt in der Gegend von Riga in Lettland. Die preußische Ebene endet am Ural, und der Rheinländer Adenauer behauptete, man fühle in Berlin schon den Steppenwind.

Trotz aller Erklärungen und Versicherungen fürchten die Europäer in ihrem tiefsten Inneren doch immer, die Deutschen könnten früher oder später »die unwiderstehliche Verlockung des Ostens spüren«. Es ist in Vergessenheit geraten, daß zu Zeiten von Reagan und Bush die Annäherung zwischen den Vereinigten Staaten und der UdSSR dem deutschen Außenminister Hans-Dietrich Genscher zu verdanken ist, als Kohl Gorbatschow noch stur als »Schüler von

Goebbels«, dem nationalsozialistischen Propagandaminister, bezeichnete. Aber bei jedem Händedruck zwischen Deutschen und Russen schlagen die Engländer, Amerikaner und Franzosen Alarm »wegen eines zweiten Rapallo«.

Von den Italienern lernen

Was die Deutschen auszeichne, sei die stetige Frage, was ein Deutscher sei, meinte schon Friedrich Nietzsche, der beileibe nicht zimperlich mit seinen Landsleuten umging. Sie seien widersprüchlich, unfähig, unberechenbar, flößten sich und den anderen Angst ein und hätten vergessen, sich des Lebens zu freuen, worin die Italiener Meister seien. Und Immanuel Kant schrieb, die Deutschen sorgten sich mehr als die Franzosen und Engländer darum, was die anderen von ihnen dächten.

Also fragt man sich, was denn eigentlich *typisch deutsch* ist.

In *De l'Allemagne* (das man auch heute noch lesen sollte, bevor man in die Bundesrepublik reist) stellt Madame de Staël fest, daß die Deutschen im Bereich der Literatur und der Politik zuviel Respekt vor dem Ausland und nicht genug nationale Vorurteile haben und daß den Menschen die Achtung des Nächsten als Tugend gilt. Oft wird ihre Äußerung zitiert, die Deutschen seien ein Volk von Dichtern und Denkern, im Spott als »Volk der Richter und Henker« wiedergegeben.

Urteile und Vorurteile, die sich über die Jahrhunderte halten. Iwan Gontscharow, der Autor von *Oblomow*, ist der Ansicht, für die Deutschen sei Arbeiten der Inhalt, die Essenz und das Ziel des Lebens, eine bis zur Perversion verschärfte Tugend.

Der japanische Arzt Kazuo Kani, der in den 30er Jahren lange Zeit in Berlin gelebt hat, widmet den Deutschen einen Essay, von dem man nur den Titel zu nennen braucht: *Gewissenhaft bis zur Grausamkeit*. Er fügt jedoch hinzu, sie hätten trotz ihres üblen Rufs viele gute Eigenschaften, sie seien fleißig, intelligent, energisch, vernünftig und pünktlich, wenn es nur nicht aus diesem Wahn der Gewissenhaftigkeit heraus geschähe …

Der Deutsche gilt als überheblich, chauvinistisch, nationalistisch und überzeugt von der angeborenen Überlegenheit der deutschen »Rasse« über den Rest der Welt.

Wirklich? Auf die Frage: Sind Sie stolz darauf, Amerikaner zu sein? antworten 96 Prozent mit »Ja«. Ein wahrer kollektiver Aufschrei nationalistischen Stolzes. An zweiter Stelle stehen die Iren mit 91 Prozent, die Engländer folgen mit 86 Prozent, und sogar wir Italiener plazieren uns mit 80 Prozent in der Spitzengruppe. Die Deutschen sind mit 59 Prozent die letzten.

Auf die nächste unvermeidliche Frage: Und worauf sind Sie stolz? verstecken sich die Deutschen im Oktober 1984 hinter dem strapazierten Thema Kultur; mit 71 Prozent nennen sie an erster Stelle Goethe, Schiller und die anderen großen Dichter, für ebenso viele sind es die schönen Landschaften. An dritter Stelle, mit 63 Prozent, stehen Beethoven, Bach und Brahms und heben den Nationalstolz. Dann werden noch die leistungsstarke Industrie, die deutsche Wissenschaft und Forschung genannt sowie die mittelalterlichen Städte, der Kölner Dom, der Fleiß des Volkes, die Philosophen, die Autos, die deutsche Treue und Zuverlässigkeit; sogar der Fußball mit 20 Prozent steht noch vor »Preußen und dem Kaiser«.

Wir wollen diese Antworten mit den Antworten in anderen Ländern vergleichen: Die Amerikaner loben mit 85 Prozent an erster Stelle ihr politisches System und die Institutionen; die Briten haben denselben Grund, stolz zu sein, aber nur mit 46 Prozent. Wir Italiener sind nur zu drei Prozent stolz auf unser System, und zwar aus den unterschiedlichsten Gründen: an erster Stelle, mit 25 Prozent, steht die natürliche Qualität des Landes, eine etwas vage Antwort.

Ohne sich um Nietzsches Warnung zu kümmern, lautet die Frage weiterhin, was denn nun typisch deutsch sei. Im April 1989 sucht *Die Zeit* mit einer kleinen Anzeige eine Antwort: »Typische Deutsche« gesucht. Hier sind einige Beispiele.

Hermann Seidenberg aus Essen ist mit einer türkischen Lehrerin verheiratet. Typisch deutsch sei ein Kompliment, versichert er, es bedeute ordentlich, treu, ehrlich, mutig und perfektionistisch. Aber er ist mit 41 Jahren schon pensioniert.

Helmut Wirzberg aus Köln hält sich selbst für pünktlich, gründlich und offen, aber er findet nicht, daß der andere Helmut, der Kanzler, ein typischer Deutscher ist. Er sei nur Rheinländer, behauptet er, und Hitler sei kein Deutscher gewesen und habe eine typisch deutsche Eigenschaft mißbraucht: den Gehorsam. Der Kölner ist ärgerlich auf die Polizei, meint, es sei mehr Nationalbewußtsein gegen die Neonazis vonnöten und liebt arabische Landschaften.

Ulrike Martinius, 60, ist in Ostpreußen geboren und lebt in der Nähe von Bremen. Sie ist überaus höflich – das sind ihre eigenen Worte –, pünktlich und fleißig, benutzt keine Kosmetika und trägt schlichte Kleider, die sie selbst näht, sie bäckt ihr eigenes Brot und kocht Marmelade aus den Früchten des Gartens. Sie wählt die Sozialdemokraten, und ihr Freund ist bei den Grünen, deren Haltung ihrer Meinung nach zu wenig klar ist. Typisch deutsch in puncto Frauen? Sparsamkeit, Toleranz, Treue, Zuverlässigkeit. In Afrika, wo sie jahrelang als Krankenschwester war, sagte man im Krankenhaus zu ihr, wenn alle Deutschen so arbeiteten wie sie, würde man nicht nach Deutschland kommen.

Mit Befriedigung, gemischt mit mehr oder weniger uneingestandener Furcht, sorgt sich jeder Deutsche darum, seine Landsleute und die Ausländer könnten entdecken, daß »nur er« nicht dem nationalen Ruf entspricht. Käme der Bluff heraus, brächte er Schmach über das ganze Vaterland. Er ist gezwungen, eine Rolle zu spielen, und nie verläßt ihn ein tiefes Schuldgefühl ob der Lüge, die gegen jene andere Nationaltugend, die Wahrheit, verstößt.

Ein gewissenhaftes, zuverlässiges, pünktliches Volk setzt sich in Wirklichkeit aus Millionen von Einzelwesen zusammen, die für diese Rolle ungeeignet und unordentlich, ungenau, nicht besonders zuverlässig und nicht fleißig genug sind oder sich dafür halten (was auf dasselbe herauskommt). Es ist dasselbe Phänomen wie bei Rudolf Heß, wie mir Albert Speer erzählte, der zwanzig Jahre lang sein Mithäftling in Spandau war und ihn nicht besonders mochte. Heß sei nicht verrückt gewesen, als er nach England flog, um einen separaten Frieden vorzuschlagen, aber als Churchill ihn ins Gefängnis geworfen habe, habe er so tun müssen, als sei er verrückt geworden. Er habe es so gut gemacht, daß er tatsächlich verrückt geworden sei.

Wenn das Sprichwort *in vino veritas* stimmt, dann braucht man nur die Deutschen zu beobachten, wenn sie einen über den Durst trinken. Ein betrunkener Engländer wird finster, einen Russen packt destruktive Fröhlichkeit, der Amerikaner wird gewalttätig, die Deutschen verwandeln sich: Sie werden zu grölenden Kumpeln, sind laut und albern, sentimental und romantisch und singen im Chor Liebesschnulzen. Schon die italienische Luft wirkt sich bei vielen wie eine ganze Flasche Chianti aus: Kaum haben sie die Grenze passiert, machen sie es sich bequem, in kurzen Hosen zeigen sie behaarte Waden und dicke Bäuche, lassen sich entspannt und friedfertig den Wind um die Nase wehen, oder sie brechen in Geschrei und Gelächter aus, wenn sie auf den Autobahnen unterwegs sind oder sich mit dem Schlauchboot auf dem Wasser tummeln. Die Italiener sind gekränkt und finden, daß sie sich wenig respektvoll verhalten, wie Touristen, die eine mit Deutscher Mark aufgekaufte Kolonie bereisen. Die Deutschen wundern sich über diese Reaktion. Sie verstehen nicht: Sie versuchen doch nur, so zu sein wie wir, so wie sie sich uns vorstellen.

Außerhalb Deutschlands müssen sie nicht mehr unbedingt so tun, als seien sie typisch deutsch. Nimmt man ihnen ihre kurzärmeligen karierten Hemden und ihre Hosen, ob aus Leder oder nicht, weg, hat man einen neapolitanischen Gassenjungen vor sich. Wenn sie aber versuchen, den *Italian way of life* zu imitieren, dann tun sie dies immer mit einer Art Schuldgefühl, wie viele von Don Giovanni verführte Zerlinen, die zwar begehren, aber nicht fähig sind, sich ganz und gar der Lust hinzugeben. Es ist ein Zwischenspiel, eine Art Urlaub von sich selbst. Schon denken sie an den Augenblick, da sie nach Hause zurückkehren und sich wieder verstellen müssen.

Die Deutschen sind das einzige Volk der Welt, das noch an den Karneval glaubt, wie Kinder, die beharrlich an das Christkind oder den Weihnachtsmann glauben. Für die Bewohner von Venedig oder Viareggio ist der Karneval nur ein touristischer Vorwand, um auch im Winter noch Geld zu machen. Für die Deutschen nicht, für sie ist Fasching ein durch und durch ernsthaftes Ritual. Wer bei uns politische Karriere machen will, wird Präsident einer Fußballmannschaft; in Deutschland wird er Faschingsprinz, was beileibe kein Ehrenamt ist, denn er muß tief in die Tasche greifen. Und die amtierenden Politiker beugen sich geschlossen den Bräuchen ihrer Wähler, sie hopsen mit treuherzigen blonden Mädchen einen rührseligen Cancan oder marschieren zwischen Gladiatoren und napoleonischen Gardisten einher.

Aber nicht überall in Deutschland, sondern im Süden am Rhein, also in jenen Gegenden, die den mediterranen und charmanten Nachbarn am nächsten sind. Die Ausschweifung, die daheim auf dem Programm steht, ist eine lebensnotwendige Pause, um nicht verrückt zu werden. Auch das Münchner Oktoberfest ist eine Art Fasching ohne Masken, ja sogar ohne Kleider, denn das Bier liefert das Alibi, sich der Gewohnheiten und Hosen zu entledigen und sich gehenzulassen. Nicht eine Minute eher und keinen Augenblick später. Es ist wie Ausgang zu haben, ohne kontrolliert zu werden.

Am Wochenende ist man dann in der Wirtschaft oder im Restaurant von Tischen umgeben, an denen laut geredet und gegrölt wird. Es ist ein Mittelweg: Man ist frei, aber nicht ganz, wie das Gelächter der Tischgenossen verrät, das zu laut, zu schrill und leicht hysterisch ist. Das Lachen setzt sich von Tisch zu Tisch fort, wie eine Rollbrandung steigt es und zieht sich wieder zurück und erlischt in einem halb überraschten, halb verlegenen Schweigen, um dann pünktlich, anhaltend, aufdringlich wieder anzuheben. So lachen Jugendliche bei einem verbotenen Spiel. Sie begehen keine Sünde, sie tun nur so, so wie sie für den Rest der Woche, den Rest ihres Lebens die Rolle des Deutschen von echtem Schrot und Korn spielen.

Der Deutsche ist ein Prozentsatz

Die Deutschen sind maßlose Individualisten, mehr noch als die Italiener, aber sie wissen es nicht und wollen es auch nicht wissen, und wer es argwöhnt, hat Schuldgefühle. Aus Angst, sich dessen bewußt zu werden, versuchen sie immer, sei es in der Schule, im Büro oder in der Freizeit, in Gesellschaft zu sein, in einer Gruppe und für eine solche zu leben. Lieber fährt man mit einer Reisegesellschaft weg als allein, weil es wichtig ist, mit Leuten zusammen zu sein, die genauso denken, sich anziehen und genießen wie man selbst.

Was ein Franzose oder Italiener, der auf seine Schrullen und Eigenheiten bedacht ist, fast als Beleidigung empfindet, macht den Deutschen verlegen wie eine Sünde. Um nicht der Versuchung zu erliegen und dem tief verwurzelten Individualismus anheimzufallen, beteuern sie, stets den Geschmack der Mehrheit zu haben. Es ist auch ein politisches Problem: Die Opposition hat schon allein deswegen unrecht, weil sie schwächer ist.

Das Problem ist nur, in Erfahrung zu bringen, was diese mutmaßliche Mehrheit eigentlich will. Für die Zweifler hat das Innenministerium das *Statistische Bundesamt* geschaffen, das pünktlich jeden Dienstag um 11 Uhr jene Zahlen bekanntgibt, anhand derer die Deutschen orientiert und beschwichtigt werden können; es ist eine Art meteorologisches Bulletin der Seele, auf das ich immer furchtbar neugierig bin. Zahlen, Diagramme und Tabellen füllen pro Jahr über 1200 Seiten: Wie viele Deutsche gestreifte oder gepunktete Krawatten lieben, wie viele ihrer Frau in der Küche helfen und wie viele sie betrügen und umgekehrt. Wie oft sie in die Kirche gehen oder ihr Auto waschen. Wird lieber Bier oder Wein getrunken? Lieber Rotwein, Weißwein oder Rosé? Die Phantasie der Statistiker ist grenzenlos, unaufhaltsam und aufdringlich. Sie ist ein Segen für ausländische Journalisten, die jederzeit in Erfahrung bringen können, wie hoch die Lagerbestände an Benzinkanistern in der Bundesrepublik sind, wie arg der Rhein verschmutzt ist oder wieviel Prozent eines bestimmten Autotyps schadhaft waren.

Man entdeckt, daß Friseuse der beliebteste Beruf ist, daß 36 Prozent der Badeanzüge aus Italien kommen, aber 43 Prozent der Badehosen *made in China* sind. Man läßt sich nicht im verflixten siebenten, sondern im vierten Jahr scheiden, es werden 2,8 Milliarden Hektoliter Bier getrunken, und ich weigere mich, auszurechnen, wie viele Liter das sind, wahrscheinlich ungefähr soviel, wie der Tegernsee Wasser hat. Es werden 6 000 Tonnen Chips verschlungen, 1,3 von 100 Deutschen haben ihren Opa zu Hause, einer von 333 ist Polizist und verbraucht pro Tag 1,3 gr Zahnpasta. Schließlich gibt es auf 24 897 Einwohner einen Statistikexperten, ein Beruf mit Zukunftsperspektive.

Die Zahlen sind mit Vorsicht zu genießen. Als ich die Deutschen, die ihrem besten Freund das Auto leihen würden (3 Prozent) jenen gegenüberstellte, die zum Gruppensex bereit waren (5 Prozent), woraus ich folgerte, daß man der Freundeshand eher die Lebensgefährtin als das Lenkrad des Mercedes anvertraut, waren sie beleidigt.

Diese Statistiken haben in der Tat einen Wert, weil die Deutschen ganz und gar aufrichtig antworten, wie Luther es sie gelehrt hat. Keine Tricks *all'italiana*, auch keine Liebenswürdigkeiten dem Interviewer gegenüber. Man antwortet nicht, wie man denkt, daß es erwartet würde, so wie wir es tun, und auch nicht trotzig. Der Befragte ist mit der Wahrheit ganz allein. Dem Interviewer ist seine Identität nicht bekannt, wohl aber Gott. Aus einer Umfrage über die sexuellen Gewohnheiten der russischen Männer geht hervor, daß »niemand homosexuell oder impotent ist«, spottet Medvedev. In Deutschland wäre so etwas undenkbar.

Dies erklärt, warum in Deutschland die Wahlergebnisse so genau berechnet werden können. Es gibt oder gab weniger Parteien als bei uns, aber die Hochrechnungen sind exakt und weichen höchstens um ein oder zwei Dezimalstellen ab. Die Deutschen sind ehrlich aus Pflichtbewußtsein und auch aus Unsicherheit. Ziel der Umfrage ist vor allem, zu wissen, »wer wir sind« und wer ich bin in bezug auf die anderen. Wenn ich mogle, verliert das ganze Spiel seinen Sinn.

Der Durchschnittsdeutsche ist von Millionen Zahlen und Prozentsätzen überschwemmt und dürfte daher weder vor sich selbst noch vor uns Geheimnisse haben. Natürlich verwandeln sich zu viele Statistiken in eine Nebelwand, man gleitet so sehr ins Detail ab, daß man das Ganze aus den Augen verliert, als betrachte man ein Bild aus zu großer Nähe oder unter dem Mikroskop. Und man kann ja unendlich gründlich sein: gepunktete Krawatten also, aber wie groß sollen die Punkte sein? Nächsten Dienstag werden wir es wissen.

Bayern bei den sieben Riesen

In Italien beruft man sich immer häufiger auf das deutsche Modell. Aber was das eigentlich ist, wissen nur wenige, und die wenigen, die es wissen, tun oft so, als sei es etwas anderes. Deutschland ist eine Bundesrepublik, aber anders als manche Separatisten sie sich für Italien vorstellen. Die sechzehn Länder, aus denen der Bund besteht, sind mehr als Regionen und ein bißchen weniger als Staaten, auch wenn manche, wie zum Beispiel Bayern, sich diese Vereinfachung verbitten würden.

Jahrelang hat mich meine Redaktion mit gräßlichen Fragen malträtiert: Wie funktioniert die Grundschule in Deutschland? Wie wird der Bürgermeister gewählt? Die Antwort auf diese und andere Fragen lautet: es kommt darauf an. Jedes Land verwaltet den öffentlichen Dienst so, wie es ihm genehm ist. In Berlin wird der Bürgermeister zum Beispiel vom Stadtrat, in Bayern direkt von den Bürgern gewählt usw.

Kommt man von Süden her nach Deutschland, sieht man an der Grenze das Schild, das die Bundesrepublik ankündigt und oft schmutzig und in schlechtem Zustand ist; wenig weiter steht blank und funkelnd das weißblaue Schild des Freistaats Bayern. Aber die deutschen Länder entsprechen nicht bürokratischen und verwaltungstechnischen Einteilungen, wie es teilweise in Italien der Fall ist. Sie haben, wie Bayern, das bis 1918 Monarchie war, eine lange Geschichte und alte Traditionen. Als im Juli 1992 in München der G-7 stattfand, erinnerten die Hausherren »zufällig« daran, daß aufgrund des Bruttoeinkommens *pro Kopf* ihr Bayernland eigentlich zum Club der sieben am höchsten entwickelten Industrieländer der Welt gehört.

Bayern oder Baden-Württemberg haben ein höheres Bruttosozialprodukt als Holland oder Belgien, und sie fordern vom Bund, daß er
seine Politik gegenüber der Europäischen Gemeinschaft nicht über
ihre Köpfe hinweg betreibt. Das Verfassungsgericht hat diese Sorge
ernst genommen und, als es die Maastrichter Verträge billigte, davor
gewarnt, daß eventuelle in Brüssel getroffene Vereinbarungen nicht
die Rechte der einzelnen Länder verletzen dürfen, ob sie nun groß
oder so klein wie das Saarland oder Bremen sind. Sogar die Polizei
gehört zum Land und untersteht dem Landesinnenminister; es kommt
zwar nicht soweit wie in den USA, aber die Zusammenarbeit zwischen den Ländern funktioniert nicht immer reibungslos. Das BKA,
praktisch das deutsche FBI, schreitet nur bei manchen Arten von
Verbrechen ein. Vor zwanzig Jahren war es den Terroristen um Baader-Meinhof lange Zeit gelungen, sich der Verfolgung zu entziehen,
weil sie diese Gliederung in Länder ausnutzten, bis die Behörden
sich entschlossen, Ernst zu machen. Und auch jetzt erst wurde lange
gezögert, bevor das BKA gegen die Neonazis eingeschaltet wurde,
unter dem Vorwand, sie stellten keine »nationale Gefahr« dar, weswegen weiterhin die Landespolizei zuständig sei.

Die Wahlen in den einzelnen Ländern sind nicht nur auf Landesebene wichtig. Der Bundesrat setzt sich, proportional zu den lokalen
Wahlergebnissen, aus Vertretern der Länder zusammen. Oft entspricht
seine Mehrheit nicht der Mehrheit des Bundestages, des Parlaments;
Regierungskoalition und Kanzler sind daher zu Besonnenheit und
dauerndem Kontakt zur Opposition gezwungen, um Kompromiß-
lösungen zu finden. Der Bundesrat hat tatsächlich die Macht, jegliches Bundesgesetz von regionaler Bedeutung zu blockieren, also
praktisch alle vom Bau von Atomanlagen bis hin zu Sozial- und Schul-
reformen. Und jedes Land hat, heute in Bonn, morgen in Berlin, seine
effiziente diplomatische Vertretung.

Nicht nur sind einige Gesetze verschieden, manche werden auch
völlig unterschiedlich interpretiert. So sind die Behörden im katholischen Bayern in der Frage der Abtreibung unerbittlich, während im
Norden die Regelung rein formell ist bzw. war, und in der ehemaligen DDR blieb für eine gewisse Übergangszeit das alte, extrem liberale Gesetz in Kraft. Die Bayern hätten die Frauen am liebsten
verfolgt, die unter Umgehung der gesetzlichen Grundlagen nach Dresden gingen, um abtreiben zu lassen.

Sind die Länder also ziemlich unabhängig von der zentralen Regierung? Schon, aber ohne den Egoismus zu weit zu treiben, hier die Reichen, dort die Armen. Anders als in Italien ist der Süden reicher als der Norden, und nach der Wiedervereinigung liegen die ärmsten Gebiete im Osten. Doch es gibt eine Art »Ausgleichskasse«, zu der alle nach ihren Möglichkeiten beitragen und aus der sie ihren Bedürfnissen gemäß Mittel beziehen können. Die Art und Weise des Verfahrens begünstigte die »Armen« derart, daß es nach der Vereinigung vorläufig modifiziert werden mußte, sonst hätten die Länder der ehemaligen DDR die Fonds trockengelegt, so groß war die Diskrepanz zwischen ihnen und den kapitalistischen Bundesländern im Westen.

Die Solidarität ist nicht nur wirtschaftlicher Natur. In vorderster Linie im Kampf für die Wiedervereinigung stand die bayerische CSU ihren eigenen Landesinteressen entgegen. Mit der Ankunft von 17 Millionen »neuer« Deutscher wäre das Gewicht Bayerns natürlich proportional geschrumpft, was nicht nur für das Prestige Folgen gehabt hätte. Aufgrund der vom Wahlgesetz vorgesehenen Mindestgrenze hätte die CSU in Bonn weniger Posten gehabt, und immer besteht die Gefahr, daß sie nicht ins europäische Parlament kommt.

Heimat und Vaterland

Außer *Panzer*, *Liebe* und *Krieg* haben die Italiener in letzter Zeit noch ein anderes deutsches Wort gelernt: *Heimat*, und zwar dank der beiden Fernsehserien von Edgar Reitz, die bei uns erfolgreicher waren als in Deutschland selbst.

Heimat ist ein unübersetzbares Wort, auch wenn es der Bequemlichkeit halber mit *patria* wiedergegeben wird. Das ist es auch, aber nicht nur. Es ist weniger und zugleich mehr.

Deutsche und Italiener haben etwas gemeinsam. Zwei Länder, die in ihrer jüngsten Geschichte einen nationalistischen Rausch erlebt haben, sind paradoxerweise durch ein »Defizit« miteinander verbunden: Was fehlt, ist eine festumrissene, klare Vaterlandsidee.

Als es nach der Wiedervereinigung um die Formen ging, die die Solidarität mit den »wiedergewonnenen Brüdern und Schwestern des Ostens« würde annehmen können, war der Führer der sozialdemokratischen Linken, Oskar Lafontaine, ziemlich vorsichtig. Er hatte recht, verlor aber die Wahlen. Sein Parteigenosse Björn Engholm aus dem norddeutschen Schleswig-Holstein erzählte mir, er träume von einer Art Föderation der Ostsseeanrainer von Kiel nach Dänemark bis Litauen, Estland, Lettland. Riga und Danzig sind trotz allem deutsche Städte geblieben und Lübeck oder Rostock sehr ähnlich.

Ein Bayer fühlt sich einem Schweizer aus Zürich, einem Österreicher aus Salzburg oder einem Südtiroler näher als einem Berliner oder einem »kühlen« Hanseaten aus Hamburg oder Bremen. *Preiß* ist eine Beleidigung, für die Strafe gezahlt werden muß, wenn sie einen Bewohner von München oder Nürnberg trifft. Gilt sie aber einem Touristen aus Brandenburg, eben einem Preußen, ist sie nicht strafbar. Nichts verbindet einen Sachsen mit einem fröhlichen Rheinländer, wie auch ein Sizilianer und ein Venezianer wenig gemein haben. Einer Umfrage zufolge identifizieren sich 60 Prozent der Deutschen mit ihrer Region und nicht mit dem Nationalstaat. Mit der vertrauten Heimat und nicht mit dem finsteren Vaterland.

Diese Unterschiede werden durch die regionale Küche, durch Traditionen, Bräuche und Lieder noch verstärkt. Ganz zu schweigen von den Dialekten.

Was aber ist es, das einen Italiener Seite an Seite mit einem Deutschen tanzen läßt? Das Flattern eines dreifarbigen Tuches, ihres und unseres, oder ein blaues Trikot? Eine Arie von Verdi oder Beethovens *Hymne an die Freude*? Die erotischen Vibrationen in Marlene Dietrichs Stimme oder die hohen Töne Claudio Villas?

Die Franzosen haben Paris, die Engländer kümmern sich um ihre Königin, auch wenn sie dabei den königlichen Schwiegertöchtern ins Dekolleté schielen, sogar die Holländer sind bewegt, wenn sie gemeinsam vor einer Tulpe stehen. Und wir? Wir haben eine Hauptstadt, nur um über sie zu lästern, und die Deutschen wissen nicht mal genau, wo die ihre liegt: Ist es Bonn, eine kleine Stadt am Rhein, oder das Berlin des Kaisers, Hitlers und der unsichtbaren und immer gegenwärtigen Mauer? Eine Abstimmung im Bundestag genügt nicht, um Millionen Herzen zu überzeugen.

Die Italiener können sich in die Geschichte flüchten: Das Herz schlägt noch immer für die Stadtrepublik, auch wenn die Lilien der Bourbonen Maradonas breitem Gesicht weichen müssen. Wir haben das Risorgimento und mit dem Faschismus die Resistenza. In Deutschland ist das nicht so einfach: Die Auseinandersetzung mit der Geschichte erfordert eine Gewissenserforschung. Das erklärt vielleicht, warum die erste *Heimat* in Deutschland viel erfolgreicher war als die zweite.

All das, was in der ersten Serie zu sehen sei, existiere nicht mehr, sagte Regisseur Reitz. Wiesen und Wälder, die stillen Straßen von Schabbach, die Kleidung, die Art zu sprechen, all das gehört zu einer Vergangenheit, die die Mehrheit der Deutschen nie kennengelernt hat. Es ist die Sehnsucht des Städters nach einer Märchenlandschaft, nach einer lokalen Geschichte, die aus den Wechselfällen von Familienleben und Erzählungen besteht, nach einem Leben mit wenig Telephonen, ein paar Radios, ohne Fernseher. Die kollektive Erinnerung einer Region. Die Geschichte spricht Dialekt. Die sich Größe anmaßende Geschichte hat die gellende Stimme des Führers.

Ich habe weit ausgeholt beim Versuch, den Begriff *Heimat* (wenigstens ansatzweise) zu erklären. Das feierliche *Vaterland* ist ein Wort, das viele Deutsche nicht unbefangen aussprechen können und das Helmut Kohl während des langen Wiedervereinigungsfestes zu oft verwendet hat. In *Vaterland* donnern Krupps Kanonen und der Takt des Gleichschritts. *Vaterland* verlangt unser Blut, *Heimat* unsere Liebe. *Vaterland* ist sächlich, *Heimat* weiblich (in der Vergangenheit, erzählt mir der Schriftsteller Christian Graf v. Krockow, war es ein männliches Wort, und sowohl für ihn als auch für mich sind solche Details wichtig). *Vaterland* beschwört den mächtigen Rhein Siegfrieds und Wagners und auch der todbringenden schönen Loreley herauf. Bei *Heimat* denkt man an einen Biergarten am Ufer desselben Flusses. *Vaterland* ist patria plus Staatsbewußtsein. *Heimat* ist patria plus Gefühl.

Aber was ist das für ein Gefühl? Für einen Nomaden kann das Zelt die Heimat sein, auch in feindlichem Gebiet: In der Heimat fühlt man sich zu Hause. Was mag wohl die Heimat eines Günther Grass sein, der in einer geteilten Stadt mit geteilten Familien wie dem deutschen und polnischen, nichtdeutschen und nichtpolnischen Danzig geboren ist? Für den Bayern Franz Beckenbauer ist Heimat vielleicht das Mäuerchen, gegen das er seinen ersten Ball schoß, oder der Geruch der Umkleide. Heimat kann das Lächeln der geliebten Frau sein oder die Erinnerung an die Augen unserer ersten Liebe. Es ist der Ort, an dem man seine Kindheit verbracht hat, der Hinterhof eines Hauses am Stadtrand, die Kajüte eines Frachtkahns, der einsam in der Ebene gelegene Hof. Heimat ist Sehnsucht.

Der Film von Reitz ist vage von Kurt Tucholskys *Deutschland, Deutschland über alles* aus dem Jahr 1929 inspiriert, in dessen letzten Zeilen es heißt: »Und in allen Gegensätzen steht – unerschütter-

lich, ohne Fahne, ohne Leierkasten, ohne Sentimentalität und ohne
gezücktes Schwert – die stille Liebe zu unserer Heimat.« Ernst Bloch
zufolge ist Heimat eine nicht gelöste Utopie, das irdische Paradies.

Fürs Vaterland wird nicht mehr geweint und auch nicht mehr ge-
storben, weder in Italien noch in Deutschland. Höchstens »Fan« kann
man noch sein, was mir nicht verwerflich erscheint.

Über alles in der Welt

Deutschland über alles, ertönt die deutsche Hymne, und Millionen
von Menschen schaudert es, ob in Finnland oder der Türkei. Aber
nicht, weil die Musik von Haydn ist. Auch wenn man die Sprache
von Heine und Kant nicht mag, so weiß doch jeder, was diese Worte
bedeuten, und glaubt sie zu hören, obwohl sie seit einem halben
Jahrhundert niemand mehr singt. *Deutschland über alles, über alles
in der Welt* ist ebenso tabu wie die nächsten Zeilen, die gründlich
deutsch die Reichsgrenzen aufzählen, von der Memel (ich fürchte,
kein Italiener könnte diesen Fluß auf der Landkarte finden) bis zur
Etsch, deren Name meinen Landsleuten auch einerlei ist, bis sie erfahren, daß es um den vertrauten Adige geht. Dann empören sie sich,
bereit, aufzuspringen und »Il Piave mormorò: non passa lo straniero«
(Der Piave murmelte: Kein Fremder kommt hinüber) anzustimmen.

Nationalhymnen spiegeln die Mentalität eines Volkes, wie auch
die Fußballtaktik, denken wir nur an Beckenbauers »Weiße« im Sturm
und die Azzurri in der Verteidigung. Ein Catenaccio gegen Imperia-
lismus, Revanchismus und Gebietsansprüche? Golo Mann meinte
dazu, diese Strophen seien ja nicht wörtlich zu nehmen, sie gehörten schon ins Reich der Poesie ... Der Sohn von Thomas Mann galt
als Konservativer, dem man also nicht ganz trauen sollte, aber auch
die unverdächtige Prawda beruhigt ihre Leser: Die Deutschen könnten ihre Hymne ruhig ganz singen und müßten sich nicht auf jene
Strophe beschränken, die die Einheit und die Brüderlichkeit preist,
sie hätten ja deshalb nicht die Absicht, die mit dem letzten Krieg
verlorenen Gebiete zurückzuerobern.

1990, in den Tagen der Begeisterung über die Wiedervereinigung
(die manche mit Sorge sahen), wurde wieder über die Nationalhymne
diskutiert. Ein neues Deutschland entstand: War das nicht der richtige Augenblick, um diese peinliche Hymne zu wechseln? Eigent-

lich, hieß es, hat sie ja nie jemand offiziell ausgewählt. In der Verfassung steht nur etwas über die Flagge der Bundesrepublik.

Deutschland über alles ist eigentlich »geklaut«: Die Musik von Haydn war die Hymne des Kaiserreiches Österreich-Ungarn, und die Deutschen übernahmen sie 1922 und paßten ihr die Verse Hoffmann von Fallerslebens an. Dem Österreicher Hitler hat sie anscheinend nicht besonders gefallen, denn er hatte vor, sie zu ändern, sobald die Sache mit dem Krieg aus der Welt war. 1945 wurde die Hymne von den Alliierten verboten, und jahrelang blieb alles im ungewissen. Adenauer liebte die Hymne, der erste Präsident der Republik, Theodor Heuß, wollte lieber eine andere. Zwischen den beiden kam es fast zum Streit.

Bei Auslandsbesuchen wurden die Deutschen ohne Musik empfangen, bis in Chicago der Kanzler einmal zu den Klängen einer Kirmesmusik empfangen wurde, die der Kapellmeister im letzten Moment ausgesucht hatte. Grollend kehrte er nach Hause zurück. Bei der ersten öffentlichen Gelegenheit, im Berliner Titaniapalast, sprang er auf und stimmte steif wie ein Verteidiger vor dem Anstoß die alte Hymne an: die letzte Strophe, ohne *über alles* und was sonst noch kommt.

Inzwischen gab es schon zwei deutsche Hymnen. 1949 hatte das »andere« Deutschland sich für die seine entschieden. Am 5. November des Jahres versammelte sich das Politbüro der SED zu einer musikalischen Matinée im Haus von Wilhelm Pieck am Majakowskiring. Den Text, *Auferstanden aus Ruinen*, hatte Johannes R. Becher 1942 im Moskauer Exil geschrieben. Er hatte vorausgesehen, wie sich die Dinge entwickeln würden. Zwei Chorsänger der Staatsoper sangen die Strophen, begleitet wurden sie am Klavier von den beiden Komponisten, die in die Endrunde gekommen waren, Otmar Gerster und Hanns Eisler.

Letzterer gewann, aber auch im Osten brachte die Entscheidung Schwierigkeiten mit sich. Ein paar Wochen später meldete sich aus Wien der Musiker Peter Kreuder; er bezichtigte die Deutschen des Plagiats und machte sein Urheberrecht geltend. *Auferstanden aus Ruinen* war nämlich, zumindest in den ersten zehn Noten, was schon reicht, identisch mit seinem Lied *Good bye Johnny*, das der Ufa-Star Hans Albers schon 1939 in dem Film *Wasser für Canitoga* gesungen hatte. Kreuder drang bis zu den Vereinten Nationen vor, verlor aber immer. Er ließ nicht locker und revanchierte sich 1976, als sein Orchester zu einer Tournée in die DDR eingeladen wurde. Hinterlistig ließ er *Good bye Johnny* spielen, und das Publikum sprang auf. Eine moralische Ohrfeige. Ich bin kein Musikexperte, aber man argwöhnt schon etwas, wenn man dem kühnen Johnny zuhört: »Mag's im Himmel, mag's beim Teufel, aber eines Tages werden wir wieder vereint sein.« Die beiden Deutschlands wie zwei Liebhaber. Natürlich hatte Eisler in Gedanken an die Wiedervereinigung abgekupfert, aber im Lauf der Jahre erlitt die Hymne im Osten dasselbe Schicksal wie im Westen: Die Strophen, die die Einheit priesen, wurden nicht mehr gesungen. Lieber die Teilung. Nach dem Fall der Mauer schlug der letzte Regierungschef im Osten, Hans Modrow, vor, das große Deutschland solle sich wenigstens für die Osthymne anstatt für Haydn entscheiden. Hatten die Untertanen der DDR, die sich ganz allein ihre Freiheit erkämpft hatten, nicht wenigstens diesen Trost verdient? Falls dies überhaupt jemals erwogen wurde, genügte jetzt das Ansinnen eines Kommunisten, *Auferstanden aus Ruinen* auch die letzte Chance zu nehmen.

Also *Deutschland über alles*. Die *Prawda* hat eigentlich nicht unrecht. Wer Hoffmann von Fallersleben kennt, weiß, daß er nicht die Deutschen aufhetzen wollte, über ihre Nachbarn herzufallen, sondern daran mahnte, Deutschland »über« die vielen kleinen deutschen Staaten zu stellen, die sich vereinigen sollten; das ist natürlich symbolisch zu verstehen, es sollte über allen lokalen Interessen stehen und nicht gezwungenermaßen »über« den italienischen Fußsoldaten, die sich hinter einem schmutzigen Piave verschanzen, oder den Franzosen, die in ihrer Maginot-Linie eingeschlossen sind und auf einen Feind warten, der immer anderswoher kommt.

In der nationalistischen Orgie des letzten Jahrhunderts gab es Schlimmeres. Die *Marseillaise* kann man singen, ohne Franzose zu sein, aber das *Right or wrong my country* der Engländer ist überheblich und chauvinistisch, und kein Mensch denkt sich etwas dabei. Und schließlich hat auch Haydn abgeschrieben. Fachleute sind der Meinung, er habe sich für seine schöne Musik von einem slawischen, genauer gesagt kroatischen Volkslied inspirieren lassen. Die Heere der beiden deutschen Staaten, die die jeweiligen Feinde einschüchterten, wären (vielleicht) unter den Klängen von zwei Liebesliedern gegeneinander marschiert. »Halt mich fest, Johnny, über alles in der Welt.«

Die Deutschlandfahne

Im italienischen Fernsehen flattert nach Programmende die Triko-
lore über den Bildschirm, vom Computer ausgewrungen, durchge-
schüttelt und gekippt, und endet schließlich, zu waagrechten Streifen stilisiert, umgemodelt, wenn ich mich nicht irre, in der Flagge
des Libanon (bedeutet ein elektronischer Lapsus etwa auch etwas?).
Anscheinend kann man nur mittels graphischen Schwulsts die Verlegenheit überwinden, unsere Fahne flattern zu lassen.

Das Schwarz-Rot-Gold Deutschlands jedoch knattert nach den
letzten Nachrichten vornehm über historischen Stätten. Über der Wart-
burg, dem Felsen Luthers, oder über den rötlichen Klippen Helgo-
lands, dem letzten heimatlichen Bruchstück in der Nordsee, das Richtung Großbritannien schaut (tatsächlich wollten die Engländer nach
dem Krieg die Insel in die Luft sprengen und auf diese Weise von der
Landkarte streichen). Oder über dem Hambacher Schloß, wo sie bei
den Unruhen von 1832 wehte, nicht weit von der Gegend, aus der Helmut Kohl stammt.

Ein Italiener, der beim Anblick der Fahne aufspringt, läuft (oder
lief?) Gefahr, als Faschist bezeichnet zu werden. Diesem Problem
stellen sich Franzosen oder Engländer gar nicht, ganz zu schweigen
von den Amerikanern. Meine Kindheit im Kino war begleitet von
frenetischem Stars-and-Stripes-Geflatter auf Flugzeugträgern, die
im Pazifik unterwegs waren; in Vorposten, die von Indianern bela-
gert waren; in Alamo, das von schrecklich bösen Mexikanern überschwemmt war. Daß die Sioux und die Mexikaner recht hatten, stellte
ich fest, als ich groß war, und zwar schon bevor in den 60er Jahren
die amerikanische Flagge zusammen mit den Büstenhaltern in Flammen aufging.

Und die Deutschen? 67 Prozent sind beim Anblick der National-
flagge bewegt, die nach dem Zweiten und dem Dritten Reich zu ihren
Ursprüngen zurückgekehrt war. Ein Blick noch weiter zurück zeigt
dem, der sich an historischen Koinzidenzen freut, daß die Grundfar-
ben sogar die des Heiligen Römischen Reiches sind, das Gelb und
das Rot von Hässlers und Völlers Roma. Das alte Banner war gelb
oder vielmehr gold mit dem schwarzen Reichsadler, der seinen Schnabel in Richtung Fahnenstange wendet und später rot gemalt war.
Schwarz und Rot waren auch die Farben der studentischen Verbindung, die bei den Unruhen von Jena die Hauptrolle spielte, und wur-

den in die Flagge, das Symbol für Demokratie, Freiheit und Einheit, aufgenommen.

Schwarz ist natürlich die Farbe der Nacht und Rot das blutende Herz der Morgenröte, die die neue Ära ankündigt und so glühend ist, daß sie das Gold der Kaiserkronen zum Schmelzen bringt. Der alte Spielverderber Heinrich Heine hat eine andere Erklärung parat: ein großes Federbett mit Vorhängen aus rotem Damast, einem goldenen Himmel mit einem schmutzigen Tischtuch

Bismarck ersetzte das Gold vorsichtshalber durch Weiß, das vertrauenerweckender und nicht so revolutionär war.

Schwarz-Rot-Gold werden später die Farben der kurzlebigen Weimarer Republik. Hitler kehrt zu Weiß zurück, erhebt aber erst 1935 das Hakenkreuz zum Nationalsymbol. Zehn Jahre später verbieten die Siegermächte zusammen mit der Hymne auch die Flagge, was besonders die Schiffskapitäne in Verlegenheit bringt. Was soll man an der Rah bloß hissen? Die Süßwasserkapitäne denken nicht lang nach und schütteln für ihre Kähne den Staub aus dem glorreichen Schwarz-Rot-Gold. Die Alliierten sind empört und erschrocken; mit den drei Farben kehre das alte Deutschland zurück, warnen die Zeitungen besorgt. Auch historische Erklärungen helfen da nicht: Daß es die Fahne der Revolutionäre sei, die mit dem Marxismus sympathisierten, ist noch beunruhigender.

Am Ende weht dann doch wieder die alte dreifarbige Flagge, im Westen wie im Osten, aber dort kamen noch der Zirkel und die goldenen Ähren in die Mitte, das Symbol der Werktätigen der DDR.

Im vereinten Deutschland ist bei manchen Nostalgikern wieder die alte Flagge der Kriegsmarine in Mode gekommen, das Schwarz-Weiß-Rot mit dem preußischen Adler oben links. Im Herbst 92 war ein Manager des zu Daimler-Benz gehörenden Luft- und Raumfahrtunternehmens DASA in die Schlagzeilen geraten, weil er sie allmorgendlich an der Fahnenstange in seinem Garten hißte. Vielleicht hätte man ihm die häusliche Zeremonie zwischen Grill und Gartenzwergen verziehen, wenn er nicht auch noch die verhängnisvolle Idee gehabt hätte, den 50. Jahrestag des Abschusses der ersten V-2 in Peenemünde zu feiern, die Wernher von Braun konstruiert hatte.

Hitlers Rakete, die London in Angst und Schrecken versetzte, sei doch immerhin der erste Schritt des Menschen in Richtung Mond gewesen, meinte er, und man müsse den deutschen Genius ehren. Die Welt verstand ihn aber nicht und war empört, die Party in Peenemünde wurde abgesagt, obwohl die Gäste schon unterwegs waren, und der Manager verlor seinen Posten. Wahrscheinlich tröstet er sich noch heute als Pensionär mit Fahneflatternlassen.

In den dramatischen Tagen von 1989 wehten in Ostdeutschland und auch in anderen Ländern des früheren Ostblocks Fahnen mit einem Loch in der Mitte. In Rumänien, in Bulgarien, in der Tschechoslowakei. In Dresden und Leipzig wurden sie nach der anfänglichen Begeisterung schnell wieder repariert. Fleißige Hausfrauen nähten in die Mitte die fehlenden Streifen, die natürlich kräftiger in der Farbe waren als der alte, etwas ausgebleichte Stoff. Gelungenes Patchwork. Fahnen mit Applikation wehten in der Hochstimmung der Wiedervereinigung und ließen die Freiheit und die hausfraulichen Tugenden der ostdeutschen Familienmütter hochleben. Übrigens können Sie die Fahnen mit Ährenkranz, Hammer und Zirkel ganz leicht finden: Es gibt sie in allen Größen an den Ständen rund ums Brandenburger Tor als Souvenir.

Ich liebe you

Deutsch ist leichter als Englisch. Die Leute reagieren gereizt, sogar wütend, wenn ich so etwas behaupte. Oder sie fangen an zu lachen, weil sie es für einen Witz halten.

»Das schreibst du doch hoffentlich nicht in deinem Buch«, argwöhnte Fernanda, meine Frau.

»Warum nicht? Eigentlich ist es doch ein Pamphlet«, verteidigte ich mich.

»Ein Pamphlet schon, aber kein ausgemachter Blödsinn«, beendete sie das Gespräch.

Also gut, dann ist es eben ein närrisches Pamphlet, aber ich bleibe dabei: Goethes Sprache ist viel leichter als die von Shakespeare.

Im Restaurant, wenn man ein Steak oder ein Bier bestellen will, ist Englisch geradezu ideal. In vierzehn Tagen kann ich das Grundwissen erwerben, um mit dem Kellner oder im Hotel zurechtzukommen. Das geht im Deutschen nicht. Da muß man einen Satz konstruieren, man muß wissen, daß der Lachs in den Akkusativ kommt und daß *Doppelzimmer* sächlich ist.

Am Anfang ist Deutsch sehr schwierig. Erst *danach* wird es leichter. Je weiter man jedoch im leichten Englischen vorankommt, desto unverständlicher, trügerischer wird es. Ein Kollege, Korrespondent aus London, sieht im Englischen ganz richtig »die mit 500 000 Wörtern reichste Sprache der Welt, wie es sie nicht zweimal gibt«. Um bei der Wahrheit zu bleiben: Man hat mir versichert, die deutsche Sprache sei mit einer Million Wörtern gesegnet, aber es werden nicht alle benützt. Ein Intellektueller verwendet nicht mehr als 15 000.

Der englische Hochmut ist ja eigentlich ein Bluff. Man macht sich eskimoische, hawaiische oder kreolische Wörter zu eigen und entstellt frech Aussprache und Schreibweise. Es ist ein Potpourri aus Slangs. Eine wie geschäumtes Polystyrol aufgeblähte Sprache, in der ein Wort von Ort zu Ort, von Jahr zu Jahr etwas anderes bedeutet.

Und die Aussprache erst. Auch wenn ich englisch spreche, kann ich doch nie davon ausgehen, überall verstanden zu werden und vor allem selbst zu verstehen. Warum kann ich ohne jede Schwierigkeit einer Pressekonferenz mit dem Amerikaner Ivory folgen, bin aber verunsichert, wenn ich an seinen Landsmann Brian de Palma gerate, der zu meinem Verdruß *book* meint, aber *bok* sagt, das sind zwei o, aus denen ein u wird, was ich schon in der ersten Englischstunde gelernt habe?

»Weil du in London und nicht in den Staaten studiert hast«, erklärt mir ganz selbstverständlich der Freund, der (glücklich) in Los Angeles lebt. Er mag ja Experte der verschiedenen Dialekte sein, die in Hollywoods Villen gesprochen werden, aber mit einem Liverpooler Taxifahrer kommt er bestimmt nicht zurecht.

Ich bin überzeugt, daß alle Menschen ein verständliches Englisch sprechen, nur die Engländer und Amerikaner nicht. Das habe ich bei meiner ersten Reise über den Kanal herausgefunden; ich nahm den Zug, weil ich mir die weißen Klippen von Dover nicht entgehen lassen wollte.

Der britische Schaffner, mein erster »echter« Insulaner, dem ich begegnete, fragte einen Mitreisenden aus meinem Waggon, wohin er denn fahre.

»London«, antwortete er. Der Einheimische verstand nicht und wiederholte die Frage. Endlich, beim vierten oder fünften »London«, sah ich, wie sich das Gesicht des Schaffners schlagartig erhellte, er hatte verstanden!

»Eh, Landen«, verbesserte er naserümpfend. Ich ahnte schon etwas. Ich hatte gehofft, jenen fernen Londoner Sommer problemlos überstehen zu können, aber auf meine Studienjahre konnte ich nicht mehr zählen, auch nicht auf meine Übersetzung von *Romeo und Julia*, die ich mir vorgenommen hatte und die im ersten Akt steckengeblieben war.

So etwas passiert Ihnen mit den Deutschen garantiert nicht. Die sind so dankbar, wenn Sie ein paar deutsche Worte über die Lippen bringen, daß sie sich wirklich bemühen, sogar die schrecklichste Verstümmelung zu verstehen. Und denken Sie sich nichts wegen des Satzbaus. Sie werden Ihnen folgen, auch wenn Sie dieses schmucke Wohnzimmer, das die deutsche Sprache sein soll, auf den Kopf stellen.

»Wie ein Zug«, erklärte mir mein Lehrer. »Vorn ist die Lokomotive, dann kommt der Tender, danach die erste Klasse und der Speisewagen . . . « Haben Sie keine Angst. Man wird Sie auch dann verstehen, wenn Sie die Lokomotive hinten hinstellen oder in die Mitte des Zuges. Und der Schaffner weiß, wohin Sie wollen, auch wenn Sie »Hamburg« sagen, ohne das »H« zu aspirieren.

Auch wenn Sie nur ein einziges Wort gelernt haben, erkennen Sie es wieder, wenn der TV-Sprecher es sagt oder Sie es im Kino hören. Immer und überall, im Schwarzwald und an der Ostsee, von den Lippen eines Universitätsprofessors oder eines Taxifahrers. Und ein Wort zieht das andere nach sich. Am Anfang, ich geb's zu, sind Sie niedergeschlagen, es erscheint Ihnen unmöglich, diesen Zug jemals zu verstehen, der stets wohlgeordnet, aber ohne erkennbaren Sinn an Ihnen vorbeifährt.

Im Englischen oder auch in anderen Sprachen nimmt das Verständnis schrittweise zu, jeden Tag ein bißchen mehr. Im Deutschen geht das gar nicht. Erst versteht man nichts und dann versteht man plötzlich alles, als hätte jemand einen Schalter angeknipst. Fast alles, um ehrlich zu sein. Deutsch lernen ist wie radfahren lernen. Es gibt keinen Mittelweg. Entweder man bleibt oben, oder man fällt in den Staub. Und man vergißt es nie mehr, das ganze Leben lang.

Man muß es nur mit der richtigen Einstellung angehen. Ich erinnere mich an einen Kollegen vom *Sunday Mirror*, mit dem ich in Hamburg das Büro teilte. Die gebildeten Deutschen sprechen alle englisch, behauptete er. Aber er arbeitete für ein Massenblatt, und seine Themen brachten ihn fast nie mit »gebildeten Leuten«, wie er sich ausdrückte, in Kontakt.

Nach acht Jahren in Deutschland konnte er am Telefon nur zwei deutsche Sätze sagen. »Ich bin Journalist beim *Sunday Mirror*«, sagte er, »Sie sprechen bestimmt Englisch.« Das Nein, das am anderen

Ende der Leitung dröhnte, ahnte ich mehr, als daß ich es hörte. Er fuhr fort, immer noch auf deutsch: »Dann gebe ich Ihnen einen Kollegen, wenn es Ihnen nichts ausmacht.« Und reichte mir den Hörer.

Oder die Frau eines italienischen Kollegen in Bonn. Sie ist eine mitreißend temperamentvolle Person, aber der deutschen Sprache gegenüber voreingenommen. Kaum am Ufer des Rheins angekommen, schrieb sie sich in einen Kurs für Fortgeschrittene ein. Für Englisch. »Wir bleiben sowieso nicht lange«, erklärte sie mir. Aber sie blieb, Bonn gefiel ihr, die Deutschen gefielen ihr, ihre Tochter sollte in Deutschland zur Welt kommen. Jetzt studiert sie in Beethovens Geburtsstadt nicht mehr Englisch. Sie lernt Arabisch. Und bereitet der Schule Probleme, weil sie in ihrem Kurs die einzige Ausländerin ist.

Das Deutsche wird, zumindest in Italien, wie eine tote Sprache gelehrt. Der Satzbau ist ähnlich wie im Lateinischen, was mir den Anfang erleichterte, und die Lehrer wenden dieselbe Lehrmethode an, wobei sie auf die Deklinationen und auf syntaktisches Gewirr größten Wert legen. Ich hatte Glück. Als ich auf das Wort *Löwe* stieß, fragte mich mein Lehrer: »Wo werden Sie in Deutschland denn wohnen?«

»In Hamburg.«

»Dann können Sie's vergessen. *Löwe* ist unregelmäßig, aber das kann Ihnen egal sein. In Hamburg gibt's keine Löwen.« Er war ein hervorragender Lehrer und humorvoller Deutscher.

In einem berühmten Artikel, der in keiner Anthologie fehlt, macht sich Mark Twain über die deutsche Sprache lustig, die absurdeste Sprache der Welt, ohne jede Struktur und Logik. Warum nur, fragt er sich, ist die üppige Blondine, die ihm in Heidelberg ein Lächeln schenkt, »ein« Mädchen, ein Neutrum? Sind die Deutschen denn blind?

In Sanssouci, der Residenz Friedrichs II., wurde Französisch gesprochen, und auf französisch schrieb der Alte Fritz seinem Freund Voltaire, nicht etwa aus Höflichkeit, sondern weil er Deutsch gar nicht schreiben konnte. Das lokale »Idiom« war den Pferdeställen und Schlachtfeldern vorbehalten. Daher stammt das bekannte Bonmot, das zahlreiche Varianten hat: Englisch ist die Sprache des Theaters, Französisch die der Diplomatie, Italienisch spricht man mit den Frauen und Deutsch ist für die Pferde. Nur nicht für die von Twain.

Aber der amerikanische Humorist hat unrecht. Deutsch ist nämlich eine Sprache, die höchstens an zuviel System und Präzision leidet. Auch das Neutrum der Heidelberger Schönheit hat seine Logik, aber damit verschone ich Sie. Deutsch ist eine so exakte Sprache, daß jeder Übersetzer sich schwertun muß. Meine Frau – schon wieder sie! – ist Hegelspezialistin und findet sich in seiner Philosophie wunderbar zurecht, obwohl die Begriffe selten ein italienisches Äquivalent haben. Ein einziges Wort muß mit einem ganzen Satz wiedergegeben werden, will man nicht ein Unheil anrichten, das über die reine Philosophie hinausgeht. Nietzsches *Übermensch* zum Beispiel wurde mit *Superuomo* übersetzt und hatte alle möglichen Mißverständnisse über die Deutschen zur Folge. Der Autor von *Also sprach Zarathustra* als Vorläufer von Nembo Kid. Der leichtfertige Umgang mit der deutschen Sprache ist gefährlich, und nicht nur, wenn man Nietzsche liest.

Das Kreuz und die Schönheit der deutschen Sprache sind die zusammengesetzten Wörter. Ein Wort summiert sich zum anderen, manchmal summiert sich ihr Sinn, und manchmal ergibt sich auch ein völlig neues Wort. Sie dürfen aber Twain keinen Glauben schenken, wenn er ein drei Zeilen langes Horrorwort beschreibt. Wie lang ist denn das längste deutsche Wort?

»Es gibt keines, das längste deutsche Wort ist endlos«, erklärt Frau Doktor Karin Frank Cyrus, Hüterin der Sprache Goethes. Sie ist Direktorin der *Gesellschaft für deutsche Sprache* mit dem hübschen Kürzel GfdS, kleine und große Buchstaben fein verteilt, mit Sitz in Wiesbaden, wo auch das BKA, die Bundespolizei, zu Hause ist. Ein Zufall?

Frau Dr. Karin, eine gutaussehende schwarzhaarige Dame um die vierzig, und ihre Mitarbeiter untersuchen Neuerungen, korrigieren´ Fehler, geben »Gebrauchsanweisungen« für die Sprache, in der man sich mit Pferden unterhält. Es handelt sich um eine Art Accademia della Crusca* aber das hieße, die Versammlung unserer gesetzten Professoren, die die italienische Sprache alle zehn Jahre in einem Buch festhalten, mit einem Trupp Marines zu vergleichen. Wer Zweifel hat, kann auch eine Notrufnummer wählen (0611/524499), die GfdS funktioniert wie das Rote Kreuz und die Feuerwehr.

Seit 1971 wählt die Gesellschaft das »Wort des Jahres«, das aus den Ereignissen heraus entstanden ist. Anhand dieser Wörter kann

---

* (1582 für die Reinigung und Pflege der ital. Sprache in Florenz gegründet, Anm. d. Übers.),

man die deutsche Geschichte der letzten zwanzig Jahre nachzeichnen. 83 war es »heißer Herbst«, 87 »Aids« und »Kondom«; im Jahr darauf die »Gesundheitsreform«; 89, als die Mauer fiel, »Reisefreiheit«; 90 kam mit der Wiedervereinigung »neue Länder« dazu. Zwölf Monate später sitzen wir schon mitten in der Tinte mit den »Besserwessis«, den Neunmalklugen aus dem Westen, die ihren neuen Brüdern und Schwestern im Osten immer und überall zeigen wollen, wo's langgeht.

Die Gesellschaft wählt auch das *Unwort*, das sprachliche Schreckgespenst des Jahres. Einmal hat Helmut Kohl gewonnen mit seiner Wortschöpfung *kollektiver Freizeitpark* und damit Deutschland gemeint, wo immer weniger gearbeitet wird. Der Kanzler weist es von sich, ein Intellektueller zu sein, aber er ist Doktor und hat sich geärgert. Frau Karins Paladine haben, anstatt sich vor ihre Herrin zu stellen, schnell den Rückwärtsgang eingelegt. Bonn finanziert die Gesellschaft zu 40 Prozent, der Rest kommt von Hessen und zweitausend Mitgliedern. Die Deutsche Mark ist sogar stärker als die Grammatik.

Wahr ist, daß *Herr* Doktor Kohl auch für seine Muttersprache kämpft. Zu Hause macht man sich über ihn lustig, weil er sogar einen Dolmetscher braucht, um Clinton, Jelzin oder Thatcher zu fragen, ob sie eine angenehme Reise hatten. Er hat beantragt, Deutsch zu einer offiziellen Sprache der Gemeinschaft zu erheben, gleichrangig mit Englisch und Französisch. Um Gottes willen. Die Briten haben gegen die deutsche Arroganz gewettert, die wieder mal ein Beweis dafür sei, daß der friedfertige Kohl sich daranmacht, wie Hitler oder Fu Manchu die Welt zu erobern.

Die Franzosen, die fremde Sprachen ebensowenig ausstehen können wie der Kanzler und Anschläge auf die Reinheit ihrer *langue* mit einer Geldstrafe belegen, haben sarkastische Kommentare abgegeben. Sie brauchen Pferde, um Wetten abzuschließen, nicht um sich mit ihnen zu unterhalten. Aber Mitterrand sprach Deutsch, obwohl er ein miserabler Reiter war. Er konnte auch Italienisch. Wegen der Frauen, versteht sich.

»Was habe ich denn Falsches gesagt?« ereiferte sich Kohl bei einem Treffen mit ausländischen Journalisten. »Ich liebe Deutsch, und es ist schließlich die meistgesprochene Sprache der Gemeinschaft.« Da sind die 80 Millionen Bürger der Bundesrepublik, die Österreicher kann man schon fast dazuzählen, und eines Tages vielleicht auch die Schweizer.

Jetzt gerade lernen in der ganzen Welt 20 Millionen Menschen Deutsch. Knapp 50 000 sind es bei uns in den öffentlichen Schulen (deswegen schreibe ich auch dieses Kapitel), aber gut 1 385 000 in Frankreich (über das ich mich gerade mokiert habe), wo Deutsch als »Sprache der Elite« gilt. Englisch für die Kellner, Deutsch für die ENA-Schüler, die morgen den Ton angeben werden. Griechen und Türken reden deutsch miteinander. In der ehemaligen Kolonie Kamerun ist es die beliebteste Sprache, weiß die *Frankfurter Allgemeine*. Am Flughafen von Tiflis wird man mit den Worten »Willkommen bei uns in Georgien« empfangen, wo Deutsch die meistgesprochene Fremdsprache ist.

Zu Kafkas Zeiten war Deutsch die Sprache Prags, und sie ist es wieder, wie überall in Osteuropa, wo es vorübergehend zwangsweise durch Russisch ersetzt worden war.

1848, beim ersten panslawistischen Kongreß, mußten sich die Delegierten auf deutsch verständigen. Das freute Karl Marx, aber es ist heute nicht viel anders. Vom Kaukasus bis an die Ostsee stellt die Deutsche Mark den Dollar in den Schatten, und es wird die Sprache gelernt, die »am meisten bringt«. Nicht so in Brüssel.

Das Goethe-Institut in Rom mußte zum ersten Mal 500 überzählige Aufnahmeanträge ablehnen, und für den deutschen Kindergarten gibt es eine Warteliste. 1989 wählten die schwedischen Studenten nach Englisch als zweite Sprache mit 43 Prozent Deutsch und mit 20 Prozent Französisch. Nach der Mauer sind es heute 50 Prozent gegenüber 12 Prozent. *Die Welt* stellte fest, daß an den Toren des Kreml die Kinder auf deutsch um Almosen betteln.

Das Deutsche sei die längste Sprachgrenze Europas, über fünftausend Kilometer, und treffe auf weitere vierzehn Sprachgebiete, schreibt Burkhard Müller-Ullrich. Auch unter Deutschen mache sich wie in Frankreich eine gewisse Abneigung gegen das Englische breit, aber im Ausland sei Deutsch für viele immer noch die Sprache des Nationalsozialismus.

Sprache als Zeichen der Identität, aber auch als Affront. Bei der Konferenz über Hilfsprogramme für die jungen Republiken der früheren UdSSR, die in den Vereinigten Staaten stattfand, beantworteten elf Außenminister die Fragen auf englisch, nur Hans-Dietrich Genscher nicht. Dabei beherrscht er die Sprache Shakespeares perfekt, die er mit großer Ausdauer lernte, als er schon Minister und über vierzig Jahre alt war. Typisch sächsische Arroganz, kommentierte die *New York*

Times. Die Deutschen seien selbst schuld, sie hätten einen Hang zu Sprachen. Der deutsche Nato-Generalsekretär Wörner hat Kanzler Kohl auf englisch geschrieben, der das Schreiben ins Deutsche übersetzen lassen mußte. Mein Freund vom *Sunday Mirror* hätte mit ihm kein Wort am Telefon wechseln können.

Abschließend habe ich noch eine gute Nachricht für Mark Twain. Frau Doktor Frank Cyrus bemüht sich um ein neues Wort, mit dem man sich im Restaurant an die Kellnerin wenden könnte. Ein Mann heißt respektvoll Herr Ober. Sie aber wird vertraulich *Fräulein* gerufen, das sexistisch und noch dazu ein Neutrum ist. Wer eine Idee hat, möge bitte in Wiesbaden anrufen, ich würde es dabei bewenden lassen. Bei allem Respekt für die GfdS und Mark Twain, aber ich finde, das Neutrum ist auf seine Weise zauberhaft erotisch und geheimnisvoll philosophisch. Wie die deutsche Sprache.

4 zu 3

Für Sportsfreunde, aber nicht nur für sie, ist die Beziehung ganz einfach und steckt in zwei Zahlen: Italien – Deutschland 4:3. In der (in Europa) magischen Nacht von Toluca sind die Erinnerungen einer ganzen Generation festgehalten, und der unsichtbare Drahtzieher hat auch wirklich keine Nuance ausgelassen. Die »Azzurri« hatten schon fast gewonnen und werden in letzter Sekunde von Legionär Schnellinger »verraten«. Die »Weißen« gehen in Führung, Rivera bereitet ein Tor vor, dann rennt er quer über den Platz und schießt den Ball ins Netz. Und Beckenbauer kämpft trotz Armverletzung. Zumindest im Fußball verlieren wir die Freundschaftsspiele und gewinnen jene Spiele, »die wirklich zählen«, aber dieses 4:3 hat eigentlich weder Sieger noch Verlierer. Weiße und Azzurri sind keine Gegner, sondern Interpreten einer Oper wie Capuleti und Montecchi in einem *Julia und Romeo* des Fußballs, der damals noch klassisch lederfarben war. Kaum sind hinter den Kulissen die Trikots ausgezogen, beglückwünscht man sich als Profis und Kollegen, die der ganzen Welt ein Schauspiel geboten haben.

Man kann die Nase rümpfen, aber für viele Menschen sind Fußballbegegnungen wichtiger als Goethe und Ludwig oder Overbeck. Boninsegnas »Trick«, der so tut (?), als falle er wegen einer leeren Dose in Ohnmacht, Günther Netzers wehendes Blondhaar, wenn er auf unser Tor zuflankt, sind ebensoviel wert wie die Summen der Zahlungsbilanz, für die Italien der wichtigste Partner der Bundesrepublik ist.

Das Fußballfeld ermöglicht auch sprachlichen Austausch. Catenaccio und Libero sind im Deutschen gebräuchliche Ausdrücke, auch außerhalb des Sports, wie bei uns. Aber die Mißverständnisse pflanzen sich fort. *Panzer* ist das häufigste Wort in italienischen Zeitungen, beklagt sich die »Frankfurter Allgemeine«, die *Panzer* von Bayern München und die *Panzer* der deutschen Industrie. Wir verwenden das Wort als Kompliment, sie aber denken, wir würden dabei an den Krieg denken, und sind beleidigt.

Solche Mißverständnisse können unabsehbare Folgen haben. »La Gazzetta dello Sport« schrieb, Steffi Graf sei *mostruosa.* »Bild« hielt diese Wertschätzung ihres sportlichen Könnens für ein ästhetisches Urteil und veröffentlichte den Kommentar auf der ersten Seite, woraufhin Tausende von erbosten Lesern drohten, ihren Urlaub in Italien zu streichen, wo man die Schönheit der geliebten Steffi zu bezweifeln wagte, die muskulös und doch so anmutig ist. Die Schuldigen haben vergebens versucht, einen Übersetzungsfehler vorzuschieben. *Mostruoso* ist im Italienischen auch ein Kompliment: *cara, sei di una bellezza mostruosa* kann nämlich auch: meine Liebe, du bist ungewöhnlich schön bedeuten.

Die Mißverständnisse sind aber nicht eingleisig. Die Deutschen verabschieden sich inzwischen mit einem dröhnenden *ciao* anstelle des anstrengenden *Auf Wiedersehen*, aber sie halten auch hartnäckig daran fest, *piccobello* (tadellos) sei ebenso italienisch wie *alles paletti* (alles in Ordnung). Mein Bruder Andrea, Professor für Alte Geschichte in Rom, dessen Essays auch in Deutschland übersetzt sind, erhält Briefe, die an *Fräulein* oder *Frau Professor* adressiert sind. Im Deutschen ist Andrea weiblich, und um Mißverständnisse zu vermeiden, müßte sich mein Bruder ein »s« dranhängen, Andreas.

Sprachliche und auch geographische Ignoranz. Aber ich muß zugeben, daß auch in diesem Punkt die Schuld eher auf unserer Seite liegt. Die Deutschen, außer denen, die seit Jahrzehnten Rimini oder Riccione treu sind, besuchen systematisch und bei 40 Grad im Schatten alle Kirchen Roms und kennen die etruskischen Gräber und den bürokratischen Ritus, um eingelassen zu werden. Unsere Kenntnisse über Deutschland erschöpfen sich mehr oder weniger mit Tacitus.

In der Grundschule mußte ich, wie Millionen andere Italiener auch, die Verse über den unglücklichen Konradin von Schwaben auswendig lernen. Aber viele, die sich noch daran erinnern, sind überzeugt, daß er aus Schweden kam und nicht aus Baden-Württemberg, das an die Schweiz grenzt.

Ob und wie man Städtenamen übersetzen soll, wird immer ein Rätsel bleiben. Daß Aachen zu Aquisgrana wird, damit sind alle einverstanden. Aber Augsburg oder Augusta? Trier ist das Treviri von Marx, aber Speyer ist Spira, und muß aus Regensburg wirklich Ratisbona werden? Ich bin kein Purist, aber als ich einmal in einem Buch über das präraffaelitische Bild *Der schwarze Reiter von Braunschweig* schrieb, protestierte ich, als in den Druckfahnen Brunswick stand. Mit dem ungebräuchlichen italienischen Brunsvico hätte ich mich abfinden können, aber warum sollte man den englischen Namen nehmen?

Vor dem Fall der Mauer glaubten viele Italiener, auch Kollegen, Berlin befinde sich direkt auf der Grenze zwischen den beiden Deutschlands und sei deswegen in zwei Hälften geteilt. Ein Korrespondent schrieb in einem Artikel: »... mit dem Auto fahre ich von Berlin aus quer durch die DDR in Richtung Westen.« Spätabends rief ihn ein Redakteur an und meldete: »Du warst wohl ein bißchen zerstreut ... Ich hab' dir deinen Artikel verbessert ... Ich fahre von Berlin Richtung Osten ... wie kannst du denn sonst quer durch die DDR fahren?«

Unsere Politiker, die den Deutschen immer Ratschläge für ihr Schicksal erteilen wollten, glaubten das auch, aber ich bin fair und nenne keine Namen. Das ist Schnee von gestern.

Nichts ist jedoch so zählebig wie die Fehler von uns Journalisten. Und manche haben meinen Aufenthalt in Deutschland getrübt. Eine der renommiertesten Tageszeitungen schrieb: »Die Hamburger pflegen abends auf die Brücke am Ozean zu gehen, um das Gebrüll der Wellen zu hören.« Freunde und Bekannte, die mich in Hamburg besuchten, wollten abends nach dem Essen immer auf die Brücke gehen.

»Hier gibt's keine Brücke«, antwortete ich.

»Ich möchte den Ozean sehen.«

»Es gibt auch keinen Ozean.«

»Dann eben die Nordsee«, verbesserte sich der Gast und bezwang seinen Unwillen ob meiner Pedanterie. Meer oder Ozean, Hauptsache, es brüllt. »Oder vielleicht die Ostsee«, fügte er hinzu.

»Weder noch. Hamburg liegt nicht am Meer.«

Ich lebte seit sechs Jahren in Hamburg, aber manchmal schaute mich jemand zweifelnd an: »Bist Du sicher?« In Hamburg gibt es doch einen Hafen.

Deutschland all'italiana

Welches europäische Land kann sich des Weltrekords rühmen, die wenigsten Arbeitsstunden pro Jahr und die längsten Schulferien zu haben? Ein Land, in dem sich die Autofahrer auf den Autobahnen Schlachten liefern und, damit alle zusammen ins Wochenende fahren können, die fürchterlichsten Staus in der Geschichte des Automobils verursachen, mit einer Bilanz von Toten und Verletzten, die des Vietnamkriegs würdig ist? Daß das Benzin mit das teuerste der Welt ist, kümmert sie nicht.

In diesem Land wird auch ein Denkmal für den unbekannten Deserteur errichtet, jedes Jahr wächst die Zahl der Kriegsdienstverweigerer; die Soldaten haben das Recht, einen ihrer Meinung nach ungerechtfertigten Befehl zu verweigern, die meisten von ihnen wollen nicht auf den Feind schießen, sie schämen sich ihrer Uniform und kleiden sich zivil, wenn sie Ausgang haben. Aus Rücksicht auf das Budget wird an Munition gespart, und beim Manöver empfehlen die Offiziere ihren Helden, *peng* zu sagen, anstatt wirklich zu schießen.

Die Politiker dieser Nation haben vor kurzem die Steuern für die Reichen gesenkt und die der weniger glücklichen Steuerzahler indirekt erhöht, und als sie die Kapitalerträge besteuern wollten, verursachten sie eine Flucht von Spekulationsgeldern von über 100 Milliarden Mark in behaglichere Steuerparadiese.

Dieselben Politiker waren in eine ganze Reihe von Skandalen aller Art verwickelt, ließen sich von Casinobesitzern und Bauspekulanten bestechen und steckten Milliarden in die eigene oder die Tasche ihrer Parteien. Ihrem Beispiel folgten die Gewerkschafter, die sich selbst goldene Gehälter zahlten und so das weltweit größte Vermögen an Sozialbauten ruinierten, das in der Theorie dazu geschaffen worden war, jedem Arbeitnehmer ein Dach über dem Kopf zu geben. Oder sie spekulierten, während sie die Arbeiter dazu aufforderten, mehr zu arbeiten und weniger zu verdienen, dank vertraulicher

Informationen an der Börse und kassierten im Lauf eines Vormittags ein paar hundert Millionen.

Jemand hat versucht, den Gegnern mit allen erlaubten und unerlaubten Mitteln eins auszuwischen, und dabei sein Leben gelassen. In diesem Land von Egoisten werden immer weniger Kinder geboren, die Alten werden sich selbst überlassen, und immer mehr junge Leute werfen wie wild das Geld aus dem Fenster, kaufen die besten ausländischen Weine, tragen Designerkleidung und plündern zu Weihnachten die Juweliergeschäfte.

In diesem Land stehen Sprüche gegen die Ausländer auf den Mauern, und stündlich nimmt die Zahl der Obdachlosen zu, die in Schulen, Turnhallen, Containern und sogar einstigen Bordellen untergebracht werden. Aber die Regierung verschwendet Hunderte von Milliarden, um ein überflüssiges pompöses Hotel für Staatsgäste wiederaufzubauen, in einer Stadt, in die bald keine offiziellen Gäste mehr kommen werden. Sie errichtet einen Wolkenkratzer für Abgeordnetenbüros, die nie Abgeordnete beziehen werden, und vergißt den Schutz der Fundamente, in die das Hochwasser eines Flusses eindringt, das man erst einen Monat später erwartet hatte.

Die Bürger scheren sich nicht darum, sie johlen für den Fußball, leiden aber unter enormen Bäuchen, sie finden ihre Küche unvergleichlich und suchen (und finden) die Gerichte ihres Landes auf jedem Fleck des Erdballs. Sie halten sich für die besten Liebhaber der menschlichen Spezies, obwohl ihnen laut Umfrage das Auto wichtiger ist als die Gattin. Ihre Kirche ist die reichste der Welt (wie immer), aber sonntags sind die Bänke leer oder nur von weißhaarigen Frauen besetzt.

Die Polizisten werden gehaßt, die Staatsbeamten verachtet. Es ist schwierig, im Krankenhaus ein Bett zu bekommen, die Ärzte amputieren lieber, als teure Kuren zu verschreiben, und oft machen sie Fehler und zahlen nicht dafür, und an der Universität eine Stelle zu ergattern, ist fast unmöglich. Skrupellose Architekten zerstören die Altstädte, die Flüsse sind verseucht, so daß es an Selbstmord grenzt, darin zu baden. Die Wälder werden durch Industrieabgase zerstört, und die Meere ersticken an Algen.

Die Zahl der Einbrüche hat sich in den letzten Jahren verdreifacht, kriminelle Organisationen werden mächtiger, die Züge kommen immer seltener pünktlich, und ein Viertel der Flugzeuge landet zu spät. Die nationale Fluggesellschaft ist nah am Konkurs, kann aber teure, überflüssige Angestellte nicht entlassen.

Die Leute jammern über die Post, die Banken, das Fernsehen und schätzen von allen Personen der Öffentlichkeit weitaus am meisten den Präsidenten der Republik, einen vornehmen älteren Herrn, dem man vertrauen kann.

Nun, wie heißt dieses Land? Nein, nicht Italien. Es ist das große Deutschland.

Alle diese Äußerungen stammen von den Deutschen selbst, und in gewisser Weise sind sie auch richtig, obwohl sie nicht unbedingt »wahr« sind. Hauptfehler der Deutschen ist, daß sie zu streng mit sich selbst sind. In ihren Augen wird das Land durch falsches Regieren, Korruption und einen immer schlechter funktionierenden öffentlichen Dienst heruntergewirtschaftet.

Für mich aber ist Deutschland trotz allem eine Oase der Ordnung und Effizienz und hat, Gott sei Dank, auch den einen oder anderen Makel. Deutschland ist kein vollkommenes Land, und deshalb kann man hier leben. Nur sind sich seine Bewohner dessen nicht bewußt, und wenn man es ihnen sagt, fühlen sich auf den Arm genommen. Wer mit ihnen zu tun hat, sollte deshalb daran denken, daß Kritik den »Eingeborenen« vorbehalten ist. Wenn sie das Gefühl haben, man teile ihre fürchterliche Meinung, die sie von sich selbst haben, werden sie unversehens reizbar und unzugänglich.

Die Deutschen sind unzufrieden, weil sie einen Hang zur Perfektion haben, aber sie finden die anderen immer noch schlimmer. Gleichzeitig erkennen sie durchaus an, daß ihre Nachbarn ihnen zumindest in mancher Hinsicht überlegen sind: Es heißt ja immer, wir Italiener seien Meister in der Kunst des Lebens, sie bewundern die selbstbeherrschten Briten, die fleißigen Japaner, die temperamentvollen Spanier und die reichen Amerikaner. Und sie versuchen es ihnen nachzutun, ohne neidisch zu sein. Ein nur scheinbarer Widerspruch.

Wie man merkt, decken sich die »Verdienste« der anderen gefährlich mit Gemeinplätzen und sind in den Augen der Deutschen an genauso viele unverzeihliche Fehler gebunden: die Oberflächlichkeit der Italiener, die Ignoranz der Yankees, die Kälte der Engländer. Im Grunde ihres Herzens schätzen die Deutschen unsere Tugenden und sind überzeugt, sie imitieren zu können, ohne unsere Sünden zu wiederholen. Es könnte ihnen sogar gelingen.

Deutschlands Italiener

Eigentlich müßte man eher von in Deutschland lebenden Italienern sprechen als von italienischen Emigranten in Deutschland, denn sie empfinden die Trennung nicht als endgültig. Sie glauben, sie seien nur vorübergehend im Ausland, eine psychologische Einstellung, die durch geographische Nähe und bequeme und billige Verkehrsverbindungen noch unterstützt wird. Und dann geht ein Jahr ums andere ins Land, und sie sind ihr Leben lang in der Bundesrepublik geblieben.

Nach der großen Welle in den 60er Jahren wurden sie sowohl von den Türken (1 800 000) als auch von den Jugoslawen (etwas mehr als eine Million) überrundet, und standen am 31. Dezember 1992 mit 557 709 Menschen an dritter Stelle vor den Griechen (346000) und den Polen (285 000). Die Emigranten der zweiten und dritten Generation klettern schon nicht mehr auf Baugerüste oder fahren im Ruhrgebiet in die Zechen ein. Die Italiener sind Kleinunternehmer und Händler geworden. Früher oder später machen die Kellner ein Lokal auf, manchmal auch zwei.

Längst vergangen scheinen jene unglaublichen Zeiten, als in Biberach, einer großen Stadt im Schwäbischen, Wohnungen an alle vermietet wurden, »nur nicht an Italiener«, und dann diese lagerartigen Baracken rund um Mercedes, in denen unsere Arbeiter wie freiwillige Sträflinge lebten, um zu sparen und ihre Familien in Kalabrien oder Sizilien ernähren zu können. Die geringste »Eskapade« hätte einen Tag Arbeit zunichte gemacht.

Im Kölner Regionalfernsehen habe ich einen Bericht über einen italienischen Straßenkehrer gesehen, der in Pension ging, nachdem er sein Leben damit verbracht hatte, die Straßen der Stadt sauberzuhalten. Man kannte ihn, denn er sang bei der Arbeit aus vollem Halse mit schöner Stimme Opernromanzen und versüßte Heinrich Bölls Mitbürgern auf diese Weise die Morgenstunde. Er sprach kein Deutsch und war noch nie mit seinen Freunden im Restaurant gewesen, sondern kochte sich seine Spaghetti auf einer Kochplatte in seinem einzigen Zimmer. Nur um diesen Preis konnte er alle seine Kinder studieren lassen. »Das ist die Aufgabe eines Familienvaters«, sagte er und wunderte sich, daß das Fernsehen ihn interessant fand und ihn interviewen wollte.

Ein anderer Italiener, der zur gleichen Zeit wie der Kölner Straßenkehrer nach Deutschland gekommen war, ist der Sizilianer Giuseppe Vita; er wurde Chef von Schering, des multinationalen pharmazeutischen Unternehmens. Diese Nachricht ist in Italien auf wenig Interesse gestoßen, weil sie weder zum Klischee unseres Emigranten noch zu dem der Deutschen paßt, die die Ausländer »hassen«. Der Architekt Renzo Piano baut das »Herz« von Berlin, den Potsdamer Platz, wieder auf, der die beiden Hälften der Stadt wieder miteinander verbinden soll. Ebenfalls in Berlin dirigiert Claudio Abbado die Philharmoniker. Was ein Mercedes, Stolz der Nation, »an sich hat«, wird von dem italienischen Designer Bruno Sacco entworfen. Die Bonner Oper ist in den Händen von Giancarlo Del Monaco, der vergessen ließ, daß er der Sohn des Tenors Mario ist. Man hat ihm eine Provinzbühne anvertraut, und mit seinen Ideen ist es ihm gelungen, die ganze Opernwelt aufmerken zu lassen. Man hat ihm vorgeworfen, zuviel Geld auszugeben, den Etat zu überziehen, eben der »übliche italienische Geldverschwender« zu sein, aber er hatte recht, und man entschuldigte sich bei ihm.

Sogar Beckenbauer gibt zu, daß die deutschen Fußballer von ihrem Aufenthalt in Italien gereift zurückkehren und in der Nationalmannschaft besser spielen. Auch unsere Landsleute gehören zu den Opfern der neuen Ausländerfeindlichkeit, in Hannover wurde einer verprügelt, in Frankfurt zwei mißhandelt. Sie kommen in die Schlagzeilen, aber wenn man genauer hinschaut, handelt es sich um Streitigkeiten zwischen Nachbarn, private Geschichten. Nicht immer, aber fast immer.

Im großen und ganzen werden wir weniger diskriminiert als andere Volksgruppen, trotz der Mafia, die sich in der Bundesrepublik einzunisten beginnt, aber die »echten« Emigranten sind im allgemeinen gesetzestreue Bürger. Pro Jahr sind durchschnittlich kaum tausend unserer Landsleute zu Gast in den Gefängnissen: einer von 557, ein durchaus beneidenswerter Durchschnitt.

»Italiener? Zwei linke Hände.« Mit diesen Worten wird Primo Levi von der Lagerwache in Auschwitz empfangen, und es ist die einzige »lustige« Stelle in dem Buch *Ist das ein Mensch?*. Heute sind die Italiener gesuchte und geschätzte Arbeiter. Vor Jahren bat mich meine Zeitung um einen Artikel gegen das Volkswagenwerk, das während einer Krise unsere Leute entließ. Die italienischen Arbeiter demonstrierten vor der Botschaft, aber sie demonstrierten für ihre Entlassung. Das Wolfsburger Werk zahlte nämlich eine Kündigungsprämie

(hier gibt es keine Abfindung, wenn sie nicht ausdrücklich vertrag-
lich geregelt ist), die den Italienern jedoch verwehrt war.»Wir wollen
nicht, daß sie weggehen, sie sind ganz wesentlich für den Arbeit-
sprozeß«, erklärte man mir bei VW: »Wir wollen uns von den deutschen Angestellten trennen, die wir nicht brauchen können.« Die
kleine Abfindung war in den Augen der Italiener ein Segen, denn
damit konnte man zu Hause fertigbauen oder ein kleines Geschäft
eröffnen. Die Deutschen wußten nichts damit anzufangen.

Doch scheint dem einiges zu widersprechen: Die meisten Arbeitslosen unter den Emigranten sind Italiener, die meisten ausländischen
Kinder, die eine Sonderschule besuchen, sind Italiener. Und auch von
den Schülern, die die Pflichtschule ohne Abschluß verlassen, sind die
meisten Italiener. Sind die Deutschen daran schuld?

Von den 35 000 arbeitslosen Italienern sind 80 Prozent nicht in
der Lage, einen einfachen deutschen Satz zu sagen, von einer beruf-
lichen Qualifikation ganz zu schweigen. Es sind unsere Behörden,
die sich nicht für unsere Emigranten interessieren, deren Kinder nicht
etwa deshalb in Sonderschulen landen, weil sie nicht so intelligent
sind wie die anderen, sondern weil sie nicht »in ihrer Sprache« von
Lehrern betreut werden, wie es bei Türken und Griechen, Spaniern
und Portugiesen der Fall ist. Unsere Regierung hat erst interveniert,
als ein italienischer Konsul in Stuttgart den deutschen Behörden gegenüber zugab, daß »Rom sich nicht um Schulprobleme der italienischen Gemeinde schert«. Der Konsul wurde zur Strafe abberufen.

Krieg der Titelseiten

Vor und nach der Wiedervereinigung entbrennt ein Krieg der Titelseiten. Deutschland ist auf der ersten Seite aufgemacht wie ein zum
Zwecke der Auflagensteigerung entblößtes Pin-up-Girl. Schaut man
sich diese Titel dann nach einiger Zeit wieder an, fühlt man sich un-
wohl. Sie sind pathetisch. Und nicht einer hat den Nagel auf den
Kopf getroffen (ich zitiere deshalb keine italienischen Zeitschriften,
weil ich nicht daran gedacht hatte, sie aufzuheben, nicht etwa weil
ich hier chauvinistisch zensieren wollte).

Beginnen wir mit »L'Express« vom 30. Januar 1987: ein fliegen-
der Adler mit einem Hundertmarkschein in den Klauen, einem dieser schönen blauen Scheine, die leider nicht mehr in Umlauf sind,

und dazu der Titel »Allemagne – L'envol d'un supergrand« (Deutschland – ein Riese steigt auf). Vorahnungen aus Gallien?

Zwei Jahre später fragt bemerkenswert früh zuerst *die Time* vom 11. September: »One Germany?« Eine Nadel näht die beiden deutschen Flaggen zusammen, ein paar Monate vor dem Fall der Mauer, als erst wenige Deutsche an die Wiedervereinigung zu denken wagten. Am 26. Februar 1990 zeigt *Newsweek* noch einen bedrohlichen deutschen Adler mit erhobenen Flügeln, wie ein Bodybuilder, der seine Muskeln zur Schau stellt: »A united GERMANY the new superpower.« Ohne Fragezeichen. Der lange Artikel kündigt an, Deutschland werde Europa wieder beherrschen, und zitiert den Slogan der Demonstranten: »*Wir sind wieder wer.*« Aus den Daten des Exports erfahren wir, daß Deutschland mit 354 Milliarden Dollar gegenüber 321 Milliarden in den USA, 264 Milliarden in Japan und 110 Milliarden in der UdSSR an der Spitze steht. Die Zahlen der Bundesrepublik und der sterbenden DDR werden schlicht und einfach summiert: Sieht denn niemand den Zusammenbruch der »roten« Wirtschaft voraus?

Time bringt im Abstand von einem Jahr zweimal dasselbe Titelblatt. Fast dasselbe Titelblatt. Am 25. Juni 1990, am Vorabend der Währungsunion, etwas mehr als drei Monate vor der politischen Vereinigung, als Deutschland sich anschickt, die Fußballweltmeisterschaft in Rom zu gewinnen, entwachsen aus dem gekappten Stamm einer Eiche zwei neue Bäume, die zierlicher, aber üppig sind; ihre Kronen sind ineinander verschlungen, und die Blätter tragen die Farben der Flagge, unten gold, in der Mitte rot, oben dunkler. Auf ihnen prangen die Worte »Germany toward Unity«.

Auf der Titelseite vom 1. Juli 1991 ist noch einmal derselbe Baum zu sehen, und es heißt dazu: »Germany one year later.« Ein Jahr danach ist die rechte Krone gelichtet, sie verliert ihre Blätter, und die leuchtenden Farben verblassen zu gespenstischem Weiß. Die Krise Ostdeutschlands hat begonnen.

Blicken wir einen Sommer zurück: Am 9. Juli zeigt *Newsweek* zwei Deutsche, die sich am Rand eines Abgrunds die Hände reichen, zwei noch getrennte Welten, links die Wolkenkratzer des reichen Deutschland, rechts die Häuser und Kirchtürme eines altmodischen und romantischen Deutschland. Der Titel verkündet: »The almighty Deutsche Mark – who'll prosper, who'll be hurt in the New Germany.«

Le Figaro-Magazine, die Beilage der Tageszeitung *Le Figaro*, ist nicht so raffiniert und veröffentlicht am 29. September nur ein Photo von Kohl und Mitterrand Seite an Seite, auf dem der Kanzler mit seiner ausladenden Gestalt den französischen Präsidenten erdrückt. »*Achtung!*« warnt die Zeitschrift, »la France face à la grande Allemagne«. In einem Leitartikel beschreibt Louis Powels die deutsche Arroganz, die Europa bedroht, und beklagt den Niedergang Frankreichs. Mitterrand hatte 1963 gesagt: »Solange es zwei Deutschlands gibt, können wir in Ruhe spazierengehen. Wenn es einmal nur noch eines gibt, werden wir nichts mehr zu lachen haben. Noch sind es zwei, und wir können zumindest mit einem offenen Auge schlafen.«

Die Zeitschrift *Panorama* vom 7. Oktober 1990, die als einzige in meinem Archiv überlebt hat, meldet auf der Titelseite »Über alles«, das neue Deutschland, den Giganten, der die Welt beherrschen wird. Am selben Tag zeigt *Le Point* einen »schwangeren« Kohl im Profil: »L'inquiétude française – Quelle Allemagne va naître?« *Der Spiegel* antwortet darauf mit dem deutschen Adler, der seine Krallen in die Welt gräbt, und fragt: »Nach der Einheit Weltmacht Deutschland?« Das Fragezeichen steht wohl mehr der Form halber da. Die Hamburger Zeitschrift kommt im Februar 1992 auch auf das ewige Thema der unsympathischen Deutschen zurück: Ein muskulöser junger Mann im dreifarbigen Trikot hat wie ein phlegmatischer Atlas den Globus geschultert. Der Titel hat kein Fragezeichen: »Die unbeliebten Deutschen«, weil *bewundert, gefürchtet, beneidet.*

Tatsächlich? Schon einen Monat später ändert *Der Spiegel* seine Meinung: Der deutsche Athlet mit Kohls Antlitz weicht auf, das Trikot hält den schlaffen Bauch mit Mühe und Not zusammen, und er versucht vergeblich, eine Hantel mit Markstücken anstelle der Gewichte hochzuheben. »Große Pleite«, verkündet der Titel, die Einheit ist ein Faß ohne Boden, kann sie nicht bezahlt werden?

Die Deutschen haben es gemerkt, das Ausland nicht. Da ist im April 1992 wieder *Time* mit einem stilisierten Adler, der seine Muskeln spielen läßt: »Germany new muscle, old fears« (Neue Macht, alte Ängste). Es gibt eine ganze Adlerflut: Bei *Business Week* ist es ein feuerroter Vogel mit einem Zwanzigmarkschein im Schnabel, seine Krallen stehen natürlich auf unserem Kontinent, genauer gesagt auf dem Balkan und Frankreich. »Germany how it's shaping the future of Europe«, verkündet die amerikanische Zeitschrift.

Im Mai 1992 erscheint *The Economist* fast mit einem Trauertitelblatt, der Hintergrund ist dunkel, Kohl schwarz gekleidet und sichtbar gealtert mit Brille und hängenden Backen im Profil zu sehen. Darüber leuchten weiß die Haare und gelb die Überschrift »The new German question«. Vielleicht läuft nicht alles wie geplant. Das Titelblatt des »Express« ist einen Monat später übersät mit jubelnden Menschen inmitten wehender Fahnen und trägt die schlichte Überschrift »Les allemands«. Ein jeder mag sich seinen Reim darauf machen.

Der Sommer neigt sich seinem Ende zu, und im September kommt *Newsweek* mit einer Karikatur noch einmal auf das Kraftthema zurück: »Mr. Big – Germany's mighty mark – a test of European unity« (Die starke deutsche Mark, ein Test für die Einheit Europas). Kohl läßt die Wippe ganz auf seine Seite sinken, die anderen elf europäischen Partner und dazu die Vereinigten Staaten versuchen, winzig klein und in mißlicher Lage, nicht herunterzufallen. Es sind die Tage der Währungsturbulenzen, als die Deutsche Mark eine nach der anderen niedermacht, die Lira, das englische Pfund, die Peseta, den Dollar. Aber haben die Opfer nicht größere Schuld als ihr Henker?

Es dauert von September bis März 1993, vom Herbst bis zum Frühling, bis der *Economist* mit einer weiteren Karikatur aufwartet. Kohl sitzt mit verdrießlich zusammengepreßten Lippen am Steuer eines Mercedes Cabriolet, die Überschrift lautet »The engine of Europe« (Europas Motor), aber aus der weit geöffneten Motorhaube qualmt es schwarz hervor: Motorschaden. Eine gewisse Genugtuung ist nicht zu verhehlen. War es etwa nicht ganz und gar ihre Schuld, wenn uns das Wasser bis zum Halse stand?

Zum Schluß noch ein hoffnungsvoller Titel von Business *Weekend* im Mai 1993. Im Stil der 20er Jahre hält ein stilisierter Arbeiter einen Schraubschlüssel wie eine Waffe in der Hand, und dazu heißt es: »The struggle to regain its competitive edge.« Wer ist das? Deutschland natürlich.

Wenn alles anfängt

Es ist immer ein Fehler oder ein Vorwand, den Anfang oder das Ende einer Liebe oder einer historischen Ära genau festzulegen. Denkt man: »Das ist jetzt der Augenblick, in dem alles anfängt oder endet, eine große Leidenschaft oder eine soziale Revolution«, dann ist alles längst schon vorbei, und wir haben es gar nicht gemerkt, oder es hat ohne unser Wissen begonnen. Wir sind dann schon in einem neuen Jahrzehnt oder in einem neuen Jahrhundert, das natürlich nie mit der Mitternacht des 31. Dezember übereinstimmt, wie Kalender und oft auch Historiker und Soziologen sich das so vorstellen.

Für mich war der Augenblick des Anfangs am 19. Dezember 1989 gegen sieben Uhr abends vor der Ruine der Dresdner Frauenkirche. Kanzler Kohl hätte keine geeignetere Zeit und Stelle wählen können, um vor den künftigen Landsleuten seine »historische Rede«, wie er sie nannte, zu halten.

Die Tribüne war im Herzen Dresdens errichtet worden; das Elbflorenz wurde in den letzten Kriegsmonaten durch alliierte Bomben zerstört, die vielleicht 100 000 Zivilisten töteten (wie viele es genau waren, werden wir nie wissen), zumeist Alte, Frauen und Kinder, um die Moral der Truppen an der Front zu brechen (aber da hatte Churchill sich verrechnet). Dresden ist das Symbol dafür, daß Deutschland auch Opfer und nicht nur Täter ist.

Der riesige blau gekleidete Kanzler hob sich in einem Freudentanz funkelnagelneuer schwarzrotgoldener Fahnen – die jetzt keine Symbole mehr trugen – gegen die untergehende Sonne ab; von einem Karussell des nahegelegenen Vergnügungsparks, das *altmodisch* war, aus lackiertem Holz und ohne elektronisches Geglitzer, wie es in diesem Land, noch Ostdeutschland, üblich war, klangen Weihnachtslieder herüber, die keine Grenzen haben: *O Tannenbaum, o Tannenbaum, wie grün sind deine Blätter*, während Kohl über meinem Kopf immer wieder ein weiteres heiliges Wort wiederholte: *Vaterland*, eine historische Stunde für das Vaterland, und die Fahnen wehten mir ins Gesicht. Die alten aus Baumwolle, aus deren Mitte die Ähren und der Zirkel der DDR herausgeschnitten und die dann geschickt wieder zusammengenäht worden waren, und die ganz neuen aus synthetischem Material, glänzend und glatt.

»Wo sind die Fahnen denn her?« fragte ich die umstehenden Leute.

»Unsere Frauen haben sie selbst genäht.«

»Die sind ja alle gleich«, meinte ich. Ein Kollege zog mich im richtigen Augenblick nach hinten. Ich hatte das Mißtrauen um mich herum nicht bemerkt. Die Fahnen waren zu Hunderten von rechten Gruppen aus dem Westen geliefert worden, vor allem von den Republikanern des ehemaligen SS-Mannes Franz Schönhuber. Gruppen junger Leute mit DDR-Flaggen waren gekommen, wurden aber nicht besonders rücksichtsvoll weggedrängt. Meiner Meinung nach war der Platz vor der Frauenkirche nicht gerammelt voll, es waren nicht mehr als zehntausend, vielleicht zwanzigtausend Menschen, die Karusselle liefen ungestört weiter, und Familien standen Schlange, um Zuckerwatte zu erstehen.

Als ich am selben Abend die Szene im Fernsehen sah, hatte ich einen völlig anderen Eindruck. Laut Nachrichten waren hunderttausend, zweihunderttausend gekommen, die Fernsehkameras sparten die leeren Flächen aus. Kohls Schauspiel auf dem Bildschirm gegen die untergehende Sonne, das Fahnenmeer, die Hymnen und das wie besessen wiederkehrende Wort *Vaterland*, hätten sogar einen Zeffirelli erröten lassen. Für die Geschichte werden immer die zweihunderttausend im Fernsehen gegen meine zehntausend gelten, aber eine solche Bilanz spielt keine große Rolle.

Ich fühlte in diesem Augenblick, daß sich die *Stimmung* in Deutschland geändert hatte, daß die Wiedervereinigung, gegen die die Amerikaner, Engländer, Franzosen, selbst Deutsche sich noch wehrten, bereits vollzogen war, daß zwischenstaatliche Abkommen diese nur bestätigen und nicht entscheiden würden.

Große Ereignisse beginnen mit belanglosen kleinen Dingen. Bereits wenige Tage nach dem Fall der Mauer erschienen die Landkarten der Wettervorhersage im Fernsehen ohne Grenzen, und es wurden Temperatur und Luftdruck in Leipzig und Frankfurt an der Oder genannt, auch wenn man für eine Reise dorthin noch immer ein Visum brauchte.

Ende des Sommers, als die Flüchtlingsströme aus der DDR Honeckers Regime in die Knie zwangen, interviewte ich Professor Jens Reich, Biologe von Weltruf, der zu den Gründern des Neuen Forum gehörte, der ersten offiziellen Protestbewegung.

»Glauben Sie, daß eine Wiedervereinigung zustande kommen könnte?« fragte ich ihn, aber es war eine hypothetische Frage.

»Aber warum bloß? Deutschland war nur siebzig Jahre lang vereint, und es waren nicht die glücklichsten seiner Geschichte. Es gibt für die Bewohner von Sachsen oder Brandenburg im Osten, oder des Rheinlandes oder Hessens im Westen eine Identität, die vielleicht stärker ist als die nationale Identität eines großen Deutschland.«

Die ersten Demonstranten in Leipzig, ein paar hundert zu Beginn, die aus der Nikolaikirche kamen und durch das Stadtzentrum zogen, wurden von der Stasi, der Geheimpolizei, attackiert, weil sie Schilder mit der Aufschrift »Wir wollen hierbleiben« trugen.

Aber Professor Reich und viele andere mit ihm täuschten sich.

Als Kohl aus Dresden zurückkehrte, traf er Mitterrand in Berlin, der dort zu Besuch weilte. Gerade an diesem Tag sollte das Brandenburger Tor, Symbol der Militärmacht Deutschland, wieder geöffnet werden. »Gehen Sie zu der Feier?« fragten wir den französischen Präsidenten, der gerade die Studenten der Universität Leipzig für sich eingenommen hatte; er hatte ihnen gesagt, er liebe das deutsche Volk, das ihm geholfen hatte, als er aus einem Gefangenenlager in Thüringen geflohen war und zu Fuß in seine Heimat zurückkehrte.

»Nein«, antwortete er trocken. »Und wenn Sie mich fragen, warum nicht, dann sage ich Ihnen, daß ich nicht eingeladen bin. Und wäre ich eingeladen worden, dann hätte ich auch nein gesagt.«

In diesem Moment reichte ihm ein Angestellter der französischen Botschaft eine Karte; Mitterrand konnte ein schadenfrohes Lächeln nicht verbergen: »Aber man teilt mir mit, daß es keine Feier geben wird.« Aber die Diplomaten hatten *Feier* falsch übersetzt. Es sollte kein Jubelfest sein wegen der Toten von Timişoara, die großenteils eine Erfindung des Fernsehens waren, aber eine Feier sollte stattfinden. Muß man Freud bemühen, um diesen Fauxpas zu erklären? Und das Brandenburger Tor steht auch noch am Pariser Platz.

Die Feier, ohne Jubel, aber fröhlich, fand im Regen statt, und was meine Freunde aus der DDR anscheinend am meisten beeindruckte, war, daß ihre Landsleute »sich trauten, ihre Autos auf den Gehsteigen Unter den Linden zu parken«. Ihre Welt ging in die Brüche.

In der Silvesternacht kletterten von Bier und Feuerwerk beschwingte Berliner auf das Brandenburger Tor und beschädigten die bronzene Quadriga. Einer fiel herunter und starb. So begann das Jahr, das die deutsche Einheit bringen würde; ein paar Monate vorher hatten laut Meinungsumfrage nur sieben Prozent der Deutschen gehofft, diese eines Tages erleben zu können. Selbst Gorbatschow sagte: »In der Geschichte kann man nichts ausschließen, aber vielleicht wird man im nächsten Jahrhundert darüber sprechen.« Die Ankündigung einer großzügigen Geldspritze, die Kohl ihm bei dem Treffen im Kaukasus im Juli 1990 machte, beschleunigte die »Prozedur«.

Ihm gefalle die Geschwindigkeit nicht, in der das Land sich auf die Wiedervereinigung zubewege, wagte Günther Grass in einem Fernsehduell mit Rudolf Augstein einzuwenden, dem Gründer und Herausgeber des *Spiegels*, der ein Pfeiler der Demokratie in der Bundesrepublik ist und war.

Die Wiedervereinigung habe begonnen, und man könne den Zug nicht aufhalten, erwiderte Augstein, der zur allgemeinen Verwunderung schon bald auf der Welle der nationalen Euphorie mitschwamm.

Die Züge der Geschichte, die nicht mehr aufzuhalten seien, hätten ihn schon immer erschreckt, sagte der Autor der *Blechtrommel*. Er stammt aus Danzig und hat von klein auf am eigenen Leib den Werdegang einer Heimat erfahren, deren Grenzen so unbeständig waren wir die Gezeiten. Sein eigener galt als Schrulle eines Intellektuellen.

Bei der Einheit habe die Traurigkeit Pate gestanden, erklärt Grass. Das Geld ersetze den Mangel an Ideen, und man opfere dem Goldenen Kalb, der Deutschen Mark.

Auch ein noch so dicker Scheck reicht nicht, um Gorbatschow zu gewinnen. Der frühere sowjetische Botschafter Falin, sein persönlicher Freund, der die Deutschen sehr gut kennt, überzeugt ihn, die Wiedervereinigung sei möglich, weil die neuen Deutschen unfähig seien, einen Krieg zu führen …, deshalb stelle das vereinigte Deutschland keinerlei Gefahr für die Sowjetunion dar.

Im Westen ist das Mißtrauen stärker und offensichtlicher.

Fast ein halbes Jahrhundert lang, sagt der Historiker Arnulf Baring, hätten die Menschen im Westen, wie sehr sie sich anfänglich auch bedroht gefühlt hätten, in stabilen und berechenbaren Verhältnissen gelebt, und in diesen Jahrzehnten seien sie zu großem Wohlstand gekommen. Im Osten des Kontinents, also auch in der deutschen Sowjetzone, hätten zur gleichen Zeit Terror und Stagnation geherrscht … Jetzt hätten sich Wohlstand und Trostlosigkeit vereint.

Gewiß gehört Baring zu jenen Historikern, die von der »Bildzeitung« und der Springerpresse geschätzt werden, aber er fügt hinzu, viele würden glauben, daß sich mit der Wiedervereinigung nichts ändere, man habe, gegen alle Erwartungen und Absichten, die DDR geschenkt bekommen.

Die Aufgabe ist ungeheuer groß, aber zu schaffen. Eigentlich, beruhigt man sich, entsprechen die 16 Millionen Bürger der ehemaligen DDR der Einwohnerzahl eines Bundeslandes wie Nordrhein-Westfalen. Die DDR, warnt Baring, sei nicht nur ein finanzielles, sondern auch ein persönliches und psychologisches Problem …, und Psychologie werde in der Politik nicht sehr geschätzt.

Deutschland könne zwischen einem Europa à la Jean Monnet mit einer föderativen Struktur und einem Europa mit eher lockerer Bündnisstruktur mit einem dominierenden Deutschland im Zentrum wählen, glaubt der Historiker George Valance.

Gillet Martinet meint, das 18. Jahrhundert sei französisch, das 19. britisch gewesen, das 20. Jahrhundert werde deutsch sein. Der englische Minister Nicholas Ridley erklärte 1990 plump, die EG sei ein *German racket* mit der Aufgabe, Europa zu erobern, und verlor seinen Posten. Zwei Jahre später meinte die *Financial Times*, er habe vielleicht doch nicht so unrecht gehabt.

Deutschland ergreife das Ruder in Europa, warnt James Rollo vom Londoner Royal Institute of International Affairs. Früher hätten die Franzosen die Deutschen erpreßt, eigentlich hätten das ja alle gemacht, jetzt könnten sie machen, was sie wollen, und man müsse sich daran gewöhnen.

Was die Deutschen denn wollten, überlegt die französische »Expansion«. Und »Le Point« pflichtet bei: »Une Europe allemande?« Das Bild der Deutschen habe sich in wenigen Monaten geändert, meint *Der Spiegel*. Der *New York Times* gefällt es nicht, wie die Deutschen anfangen, mit den Muskeln zu spielen, und verwendet mit *assertiveness* einen Begriff, der schwer zu übersetzen und eine Mischung aus »Energie« und »Arroganz« ist. Aber hat nicht Bush seinerzeit die Deutschen als »Hauptpartner in Europa« begrüßt? Man verlangt von Bonn eine Führungsrolle, will aber nicht, daß es sich an die Spitze stellt? »L'Allemagne agace«, meint Yves Cau im »Express«.

Mit der aus 4200 Mann bestehenden deutsch-französischen Brigade in Böblingen wurde zweierlei, wenn nicht gar dreierlei bezweckt: Einerseits bringt Paris sie gegen die Amerikaner ins Spiel, andererseits verpflichtet sie Deutschland, die militärische Führung in der neuen Nato zu teilen, während für die Deutschen das besondere Band mit Paris eine Art Garantie, eine Verpflichtung ist, nicht der Versuchung eines zweiten Rapallo zu erliegen, das sich dieses Jahr zum siebzigsten Mal jährt.

Deutschland habe eine neue Art der Herrschaft begonnen, nicht mit Waffen, sondern mit der Deutschen Mark, meint Jaroslav Kabylka von *Business International* in Wien. Es werde den Osten mit seinen Bankiers erobern.

Außenminister Hans-Dietrich Genscher stellte fest, Deutschland würde wieder das Herz Europas kontrollieren. Also müßten die Deutschen mit gutem Beispiel vorangehen und eine neue internationale Ordnung errichten.

Es ist die Antwort auf das Fragezeichen von *Le Point*. Die Geographie sei in den internationalen Beziehungen die einzige Konstante, hatte Bismarck gesagt, und mit dem Wegfall der Blöcke ist Deutschland zum Scharnier zwischen Ost und West geworden. Die Amerikaner wollen es darauf beschränken, die Rolle des Vorpostens am Rande der Welt der Unordnung und Armut zu spielen. Wie soll es, wenn ein Gleichgewicht nicht möglich ist, das Zünglein an der Waage zwischen Ost und West sein, so wie Genscher es wollte, der sich zurückgezogen hat, weniger aus gesundheitlichen Gründen, sondern weil seine Partie zu Ende war.

Ein alter Traum: Der Osten öffnet sich wieder weit, verwandelt in eine Handelskolonie bis hin zum Ural. Wird eine Achse Bonn (oder Berlin) – Moskau – Österreich – Japan gegen den neuen Pol Paris-London errichtet, und versinkt Amerika wieder in seinem Isolationismus? Es scheint der Traum eines Paranoikers zu sein. Aber in der Vergangenheit hatten auch die Paranoiker ihr Gefolge.

Der Ungar László Land vom Budapester European Research Center erklärt, Ungarn sei deutscher Einflußbereich. Wer solle dort investieren? Etwa die Japaner? Die versuchen es schon auch, aber sie haben dieselben Schwierigkeiten wie die anderen Europäer. Dank der geographischen Nähe, der guten sprachlichen Verständigung, der alten Beziehungen stehen die Manager der Bundesrepublik, auch die aus Ostdeutschland, in allen mitteleuropäischen Ländern bei Jointventures mit großem Abstand an erster Stelle. Die »roten« Funktionäre wurden von westlichen Industrieunternehmen eingestellt, denn sie wissen, wie sie mit ihren Partnern aus früheren Zeiten verhandeln müssen, die ja noch nicht so lange zurückliegen, ohne sie mit »typisch kapitalistischer Anmaßung« in Verlegenheit zu bringen. Träumer seien die, die träumen, Mitteleuropa sei ein Traum, schreibt Günther Nenning in *Profil*.

In den Casinos von Warschau oder Prag wird mit Deutscher Mark gespielt, und Wałęsa plant, Danzig in eine Art Las Vegas der Ostsee zu verwandeln, aber »die Invasoren sind nicht immun gegen Ansteckung«. Osteuropa ist Opfer eines hemmungslosen Nationalismus, und die Infektion breitet sich im nahen Deutschland aus. Nicht zufällig ist Hitlers *Mein Kampf* in Warschau trotz Verbots der Bestseller der Saison.

Der Zusammenbruch des Ostblocks bringt »alte Sünden« ans Licht, die in diesem halben Jahrhundert diplomatisch vergessen wurden.

Die Züricher *Weltwoche* findet die Vorstellung eines deutschen Mitteleuropa mit dem Beistand Österreichs, das den Zauber des mächtigen Nachbarn wiederentdeckt, bedrohlich. Jörg Haider, der gutaussehende junge Chef der FPÖ, der liberalen Partei, geht derweil mit den Slogans aus *Mein Kampf* auf Stimmenfang und träumt davon, wieder eine deutsche Nation von der Memel bis an die Etsch zu erschaffen.

Die Germanisierung Mitteleuropas, meinen die Schweizer, sei nicht zu vermeiden, und man könne nicht viel tun, um sie zu verhindern. Hat der Tscheche Kafka etwa nicht deutsch geschrieben? Mit dem Fall der Mauer steht das Mitteleuropa, das wir vergessen hatten, wieder vor unserer Tür: Auf der Autobahn (sie wird gebaut werden, und zwar von den Deutschen) braucht man von Nürnberg nach Prag dann etwas mehr als eine Stunde, und Warschau und Moskau sollen durch den 250 km/h schnellen ICE mit Frankfurt verbunden werden.

Aber Mitteleuropa deckt sich nicht mehr mit unserem Traum, es ist mehr ein Ort des Geistes als der Landkarte. 1988 – so fern, so nah – zeigten mir Regimekritiker in Prag eine Landkarte, auf der anstelle der Städte die Namen jener eingezeichnet waren, die dort geboren sind, Billy Wilder und Ernst Lubitsch, Franz Kafka, Elias Canetti, Gustav Mahler ... und Dutzende andere, die ausgewandert sind oder in den Gaskammern getötet wurden. Mitteleuropa bestand aus einer zum großen Teil jüdischen Intelligenz, die einfach weggefegt wurde. Heute gibt es nur eine Schicht, die möglichst schnell mit DM reich werden will.

Deutschland sei wieder das *Land der Mitte* geworden, schwärmt *Die Welt*. Auf der einen Seite gebe es 400 Millionen Menschen, die gar nichts hätten, und 150 Millionen schlechtbezahlte Arbeiter. Sie würden die Krise von heute darstellen, aber auch die Partner und Märkte von morgen. Man müsse nicht um jeden Preis die europäische Einigung anstreben, sondern versuchen, in den nächsten Jahrzehnten eine Freihandelszone bis zum Pazifik zu schaffen.

Die Angst der Deutschen

Warum sehen wir Deutschen immer schwarz? fragt sich die beliebte Zeitschrift *Neue Revue* und veröffentlicht mit dem Artikel Photos von Boris Becker, Steffi Graf und Helmut Kohl, die, auch wenn sie

Erfolg haben, Sorgen und Pessimismus verraten. Die Frage, ob die Flasche halb voll oder halb leer ist, würden 80 Millionen Deutsche mit der zweiten, traurigeren Version beantworten. Über diesen Charakterzug sollte man keine Witze machen.

Der amerikanische Historiker Gordon A. Craig widmet dieser Frage ein Essay: »Warum sehen die Deutschen immer schwarz?« Unter den Privatpapieren von Dean Rusk, Außenminister unter Kennedy und Johnson, befindet sich ein Memorandum, erinnert sich Craig, das sich über Adenauer mokiert, der unentwegt beteuern mußte ... alles sei in bester Ordnung, keine Gefahr, keine Katastrophe stehe vor der Tür. Richard Pearle, Staatssekretär im Außenministerium unter Reagan, sagt dazu, er habe die Deutschen immer bei der Hand nehmen und sie beruhigen müssen.

Die Deutschen, schreibt Craig, seien ganz überzeugt von Murphys Gesetz, nach dem etwas, was schiefgehen kann, früher oder später tatsächlich schiefgeht, doch sie würden den Zusatz vergessen: Aber es wird immer jemanden geben, der die Dinge wieder ins Lot bringt. Die Deutschen denken immer an das Schlimmste: Sie erwarten, daß der Gerichtsvollzieher just dann an die Tür klopft, wenn die Küche gerade in Flammen aufgeht.

Natürlich, wird manch einer einwenden, tragen unlängst gemachte Erfahrungen, zwei Kriege, zwei Inflationen, zwei Diktaturen, das Entsetzen des Holocaust nicht zum Optimismus bei; aber dieser Wesenszug gehört in eine Vergangenheit, die schon viel weiter zurückliegt. Wir finden ihn bei Luther und Beethoven, beim Alten Fritz und bei Wagner.

In anderen Völkern hat sich historisches Unglück anders ausgewirkt: Der Neapolitaner lebt in den Tag hinein und fordert dazu auf, »die Vergangenheit zu vergessen«, der Sizilianer singt nicht und verwandelt den Daseinspessimismus in eine Lebensphilosophie, die ihm nicht den Appetit verdirbt. Und nichts ändert sich.

Aber wenn ein Deutscher einmal niest, denkt er, er habe Lungenentzündung und die Antibiotika sind verfallen und unbrauchbar. Beträgt die Inflation mehr als 4 Prozent, ist schon das »Gespenst Weimar« wieder da. Am Anfang habe ich das geglaubt, denn wenn die das sagen, muß die Lage wirklich ernst sein. Aber sie haben es schon immer gesagt und weisen jeden Versuch, sie zu beschwichtigen, ärgerlich zurück.

Der Schweizer Fritz René Alleman hat zu diesem Zweck ein Buch geschrieben: *Bonn ist nicht Weimar*. 1955. Die Deutschen kritisierten es hinreichend, denn der gute Fritz konnte leicht optimistisch sein, er war hinter den Bergen und den Schweizer Banken ja gut aufgehoben.

Craig fordert zur Lektüre der Korrespondenz zwischen Karl Jaspers und Hannah Arendt auf. Sie ist Jüdin und verständlicherweise mißtrauisch gegenüber der neugeborenen Bundesrepublik: Diese sogenannte Republik sei genau wie die andere, schreibt sie ihrem Lehrer, und er ist vollkommen einverstanden. 1965 erscheint Jaspers' *Wohin treibt die Bundesrepublik?*, und Hannah Arendt pflichtet ihm bei, die geistige Lage der Zeit erinnere sie an 1931. Damals kam zwei Jahre später Hitler an die Macht, aber in Bonn bildet sich die große Koalition, und vier Jahre später wird Willy Brandt Kanzler.

In den 60er Jahren ist wieder von Weimar die Rede: Die Deutsche Mark ächzt, den Terroristen um Baader-Meinhof ist nicht beizukommen, und 72 kommt es zu vorgezogenen Wahlen. Man spricht von Weimar und »italienischen Verhältnissen«, was ein Synonym für Chaos und Elend ist. Die Bundesrepublik wie Italien mit seinen fünfzig Regierungen.

Was nützt es, wenn man darauf hinweist, daß die Deutsche Mark Probleme hat, dies aber wegen übermäßigen Wohlstands, wie ein Schlemmer, der zuviel ißt. Denn jede Minute kommt eine Milliarde Dollar in Frankfurt an, geschickt von Spekulanten aus aller Welt, die Deutschland für ein »sicheres Glücksspiel« halten.

Nach der Wiedervereinigung taucht noch einmal das Gespenst von Weimar auf: Um Gottes Willen, die Inflation beträgt 4,3 Prozent, es gibt über vier Millionen Arbeitslose, seit 1932 hat es nicht mehr so viele gegeben, steht in den Zeitungen, und ein Jahr später kam Hitler. Aber in der Weimarer Republik waren viel mehr Menschen arbeitslos als heute, und wer damals seine Stelle verlor, konnte kaum hoffen, eine neue zu finden, und vor allem gab es keinerlei Unterstützung. Die Straße und der Hunger erwarteten einen.

Es ist eine Art angeborene Furcht, eine erbliche Existenzangst, die zu ihrem Wesen gehört wie das blonde Haar und die helle Haut. Es ist nicht leicht, rechtzeitig zu merken, wenn die Deutschen von der Furcht in die Angst, in die Panik zu schlittern beginnen. Eben weil die Furcht ein alltägliches und, wie ich meine, »normales« Gefühl ist.

Wir haben mehr Übung darin, Notlagen zu bewältigen, weil wir oberflächlicher oder einfach gut trainiert sind. Wer dauernd Schiffbruch erleidet, hat keine Angst mehr vor dem kalten Wasser. Die Deutschen messen die Wassertemperatur des Meeres und halten Diskussionsrunden über Haifische ab, sobald das Boot ein Knarzen von sich gibt.

Vielleicht liegt genau hier der Unterschied. Wir denken nie an die Katastrophe, wir beschwören ihre bösen Geister und glauben ungeschoren davonzukommen. Wenn es dann soweit ist, sind wir dem Desaster unvorbereitet ausgeliefert. Wir haben ganz einfach keine Zeit zum Angsthaben, und danach muß man dann schwimmen. Die Deutschen sehen immer weiter schwarz und bereiten sich jeden Tag von neuem auf das Schlimmste vor. Die Katastrophe wird immer wieder verschoben, sie wird zu einer Vertrauten, einer Weggefährtin, und man gewöhnt sich an die ewige Apokalypse. Kommt es dann »wirklich« zu einem schlimmen Unglück, dann haben sie es nicht erwartet und verlieren den Kopf. Dann rennen sie über den Haufen, was um sie herum ist, und bringen sich und uns in Gefahr. Also keine Angst vor den Deutschen, damit macht man ihnen nämlich Mut. Unsere Angst könnte ansteckend werden, und das hätte unabsehbare Folgen.

Angst vor den Deutschen?

»Wie man die Deutschen lieben könnte«, fast der Titel dieses Buches, schlug ich als Thema für einen Vortrag über Deutschland vor, zu dem mich die Gesellschaft für deutsch-italienische Freundschaft von Ravenna eingeladen hatte. Als ich ankam, sah ich, daß mein Vorschlag auf den Plakaten in »Angst vor den Deutschen?« umgeändert war. Kurz zuvor hatten die Neonazis in Mölln das Feuer gelegt und drei junge Frauen bei lebendigem Leib verbrannt.

Ich bin ein realistischer Mensch und hatte erwartet, daß der Saal halb leer sein würde, aber er war voll bis auf den letzten Platz. Nicht meinetwegen, sondern wegen des Themas. Angst vor den Deutschen? Nein, begann ich, und das Publikum protestierte, wohlerzogen, wie es dort üblich ist. Aber schließlich habe ich sie überzeugt. Vielleicht nicht alle und nicht von allem. Sagen wir, die Begegnung ist unentschieden ausgegangen.

Als sich der Möllner Brandanschlag zu Pfingsten 1993 in Solingen wiederholte, wobei fünf Türken lebendig verbrannten, weigerte

Helmut Kohl sich hartnäckig, von Bonn in das 25 Kilometer entfernte Köln zu fahren, um der Trauerfeier für die Opfer beizuwohnen. Die ganze Welt warf dem Kanzler mangelnde Sensibilität vor. Bundespräsident von Weizsäcker nahm teil, aber das reichte nicht aus, das Image Deutschlands zu retten.

Ich vermute, Kohl ist nicht gerade ein Ausbund an Sensibilität, aber er wurde damals zu Unrecht beschuldigt. Er machte einen Fehler, aber nicht, weil ihm die Tragödie gleichgültig gewesen wäre. Er befürchtete, die Beschuldigungen gegen Deutschland zu bestätigen und der Tragödie von Solingen eine politische und nationale Dimension zu geben, wenn er in die Kölner Moschee ginge. Er hatte Angst, auch sich selber einzugestehen, daß es sich nicht um eine Tat verrohten Rowdytums handelte, die ein paar vereinzelte Dummköpfe begangen hatten, und ganz Deutschland auf die Anklagebank zu setzen, wenn er »als Kanzler« zu den Trauerfeierlichkeiten ginge.

Das Terrain ist gefährlich, und man wird schnell falsch verstanden. Es ist fast unmöglich, diesem Schraubstock zu entkommen, denn einerseits heißt es: »Dazu sind nur die Deutschen fähig, die alten Nazis sind wieder da, die Deutschen ändern sich nie« , und andererseits: »Skinheads gibt es überall, in Solingen genauso wie in London, in Foggia genauso wie in Paris.« Natürlich ist es so einfach, der Versuchung zu erliegen und sich einer passenden, klaren, eindeutigen Meinung anzuschließen. Am liebsten ersterer.

Skinheads gibt es überall in Europa, in Moskau und Warschau, in Marseille und London und Rom, aber ob man will oder nicht, ob es richtig ist oder nicht, ein Glatzkopf, der in Rostock *Heil Hitler* schreit, löst größere Besorgnis aus als ein Skinhead in Liverpool. Und daß der Junge vielleicht noch in die Grundschule ging, als die Mauer fiel, und keine Ahnung von Hitler hat, ändert nicht viel an der Sache.

In Deutschland gibt es Dutzende von Büchern, die sich mit der soziologischen Analyse des Neonazitums in Deutschland befassen. Autoren und Leser halten jeweils an ihrer Vorstellung fest: Kohls Deutschland ist das Vierte Reich oder wird es bald sein, oder aber die Skinheads sind kleine Rowdies, die sich langweilen. Ich möchte nur drei Dinge in Erinnerung rufen, deren ich absolut sicher bin:

1. Die Neonazis sind nicht eine Folge des Mauerfalls, und sie sind auch nicht aus der wiedergefundenen vermuteten Größe eines neuen, vereinigten Deutschland heraus entstanden. Es gab sie auch in der DDR. Die Wende von 1989 hat sie im ehemaligen kommunistischen

Deutschland und in Mitteleuropa, wobei man Moskau nicht vergessen darf, nur sichtbarer gemacht.

2. Es ist ein Fehler, sich mit dem Problem der Neonazis auseinanderzusetzen, als wäre es eine Neuauflage des Nationalsozialismus der dreißiger Jahre. Es mag ebenso gefährlich sein, aber es handelt sich um eine andere Krankheit, die mit anderen Methoden und Arzneien geheilt werden muß, wenn es solche gibt, und nicht, indem man in Geschichtsbüchern nachschlägt.

3. Wir alle sind Deutsche, nicht Europäer, das hat jemand geschrieben, der über jeden Verdacht erhaben ist, Arrigo Levi. Und im Gespräch fügte er hinzu: »Sie brauchen sich über die Anschuldigungen aus dem Ausland gar nicht so aufzuregen. Seit dem Holocaust ist noch zuwenig Zeit vergangen, und es ist ein akzeptabler und verständlicher Preis, der gezahlt werden muß.«

Wenn ein junger Deutscher die Hakenkreuzfahne schwingt, zuckt die Welt zusammen, und ich meine, die Deutschen sollten diese »Sonderstellung« akzeptieren, auch wenn sogar der Kanzler, um mit seinen Worten zu sprechen, die sogenannte »Gnade der späten Geburt« genießt. Es ist ungerecht, von einer kollektiven Schuld und einer kollektiven Verantwortung zu sprechen, aber es gibt eine Pflicht zur Erinnerung. Und wir sollten nicht überreagieren, eben um solches Verhalten wie das von Kohl nach Solingen zu vermeiden.

Verantwortungsbewußte Deutsche – und ich bin überzeugt, daß sie es in der Mehrheit sind – reagieren äußerst sensibel auf jegliches Treiben der Neonazis; aber viele, wie der Kanzler, sind zu ihrer eigenen und zur Beruhigung der anderen zu jeder Verdrehung bereit, sie suchen die unmöglichsten Alibis, die ergreifendsten Entschuldigungen, um das Problem zu schmälern oder behaupten zu können, daß es gar nicht existiert. Das Ergebnis davon ist, daß sie falsch oder unangemessen reagieren. Auch wenn wir sie als »eigen« betrachten, sollten wir uns ihnen solidarisch zeigen, »denn uns alle bedrängen dieselben Probleme.«

Kritik, die halben Wahrheiten, die Verspätung, mit der die Nachrichten über die Gewalttaten der Neonazis verbreitet werden, sind nicht der Beweis für eine ideologische Teilnahme der Massenmedien und Behörden. Sie zeugen nur von deren Verlegenheit. Sie sind ungeschickt, aber keine Komplizen.

Deutsches Europa oder Europäisches Deutschland

»Woher kommen Sie?« fragte mich jemand, der während eines Fluges nach Mittelamerika neben mir saß.

»Aus Europa.«

»Ah, aus Deutschland«, meinte er und fügte hinzu: »Ich komme aus Texas.«

Sollte es jemals ein vereintes Europa geben, wird es ein Europa der deutschen Art sein. »L'Europe sera-t-elle allemande?« fragt *Le Point* vom 22. Februar 1992 mit einem von den zwölf Sternen der Gemeinschaft umgebenen preußischen Adler auf dem Titelblatt.

Deutschland werde in Europa die führende Militärmacht sein, sorgt sich der *Daily Telegraph*, aber trotz des hohen Ansehens, das die britischen Tageszeitungen in Italien genießen, folgen sie eher ihren eigenen vorgefaßten Ansichten als den Nachrichten.

Besser ein Europa, das von Deutschland geführt werde, als ein Europa ohne Führung, gesteht hingegen Reginald Dale von der *International Herald Tribune*.

Für 86 Prozent der Franzosen und 74 Prozent der Deutschen ist heute die tragende Achse Europas das Bündnis zwischen Paris und Bonn. Dieser Meinung sind auch die Könige der Industrie. Edzard Reuter, einstiger Chef von Daimler-Benz, dem Stuttgarter Koloß, der stärker ist als die Regierung in Bonn, erklärt, die deutsch-französische Partnerschaft sei unersetzlich. Wenn sie versage, werde nichts mehr gelingen. Diese Vereinbarung gleicht einem Liebespakt zwischen zwei Liebenden, die miteinander ins Bett gehen, aber einen Dolch unter dem Kopfkissen haben, um den Partner im Fall der Untreue bestrafen zu können.

Deutschland wird unentwegt aufgefordert, in der europäischen und internationalen Politik, in der Wirtschaft und im Finanzwesen seine neue Verantwortung zu übernehmen, indem es die Deutsche Mark den Interessen der krisengeschüttelten Verbündeten opfert und seine Soldaten hier und dort in die Welt schickt. Aber sobald Bonn sich bewegt, sind alle beunruhigt.

Es ist das Schicksal des neuen Deutschland, immer kritisiert zu werden, wozu es sich auch entscheidet. Hält es sich aus dem Krieg heraus, wird ihm feiger Egoismus vorgeworfen. Ergreift es im Konflikt auf dem Balkan die Initiative, hält man ihm vor, Hitlers Politik zu folgen. Kohl spricht bei der Anerkennung von Kroatien und Slowenien von *Erfolg*, aber die *New York Times* übersetzt mit *Sieg*: Genschers Politik hat sich gegen die anderen elf europäischen Verbündeten durchgesetzt.

Im nachhinein betrachtet war es vielleicht ein Fehler, daß Genscher die Anerkennung Sloweniens und Kroatiens forcierte, vielleicht mußte die Politik auf dem Balkan auch in einer anderen Richtung als der eingeschlagenen fortgeführt werden, aber man kann Bonn nicht vorwerfen, »nach alter Tradition« expansionistische Absichten auf dem Balkan zu haben. Hier ist man vielmehr alarmiert, wenn mal wieder Gerüchte aus Italien kommen, wir wollten die Grenzen zu Istrien revidieren.

Man wirft Deutschland vor, es habe Europa nach der Wiedervereinigung »vergessen«, weil es zu sehr vom Wiederaufbau Ostdeutschlands in Anspruch genommen sei; zugleich beschuldigt man es, die Gemeinschaft dominieren zu wollen, weil es, nachdem die Zahl der Deutschen gewachsen ist, ein paar Sitze mehr im Europäischen Parlament fordert, oder weil es verlangt, daß die Sprache Goethes wie Französisch oder Englisch eine offizielle Sprache der Gemeinschaft werden solle.

Unser De Benedetti schreibt einen vom *Spiegel* veröffentlichten Artikel mit dem bezeichnenden Titel »Wir wollen nicht für Dresden sterben«. Seiner Meinung nach sauge Deutschland mittels der Bundesbank Gelder aus der ganzen Welt, um den Wiederaufbau zu finanzieren.

Das mag schon sein, aber haben nicht auch die Spanier und Italiener, die Portugiesen und Griechen von der Gemeinschaft finanzielle Unterstützung für ihre Krisengebiete verlangt und auch bekommen? Jetzt macht auch die Bundesrepublik die neue Erfahrung einer notleidenden Region, nur im Osten statt im Süden. Natürlich weiß auch ein Manager wie De Benedetti, daß jeder versucht, Geschäfte zu machen, so gut er kann. Warum soll man Anstoß nehmen, wenn es die Deutschen sind, die sich die Gesetze des Marktes und des Geldes zunutze machen? Wer in Deutschland investiert, hofft auf ein gutes Geschäft. Es war nicht schwer vorauszusehen, daß sich mit dem Fall der Mauer die europäischen Verhältnisse ändern würden.

Wir Italiener sind (mit Worten) die überzeugtesten Europäer, gefolgt von den Deutschen, die wirklich davon ausgehen, daß ihre Probleme dank der europäischen Integration leichter zu lösen sind. Kohl, und nicht nur er, ist die zentrale Figur der Länder Mitteleuropas geworden, die auch in den Brüsseler Club eintreten wollen. Im Namen des europäischen Gedankens oder in Erwartung gewinnbringender Geschäfte im Osten? Wenn die Gemeinschaft übermäßig erweitert wird, wird ihr dann nicht ihr Sinn genommen, gerade wenn es den Deutschen gelegen kommt?

Die Pessimisten könnten recht haben mit ihren antideutschen Befürchtungen, aber Jammern nützt wenig. Man müßte reagieren, aber wer ist dazu in der Lage? Vielleicht führt der Faktor Deutschland dazu, daß eine bürokratische Gemeinschaft zugunsten einer anderen Vereinigung aus den Angeln gehoben wird, die andere Grundlagen und weitere Grenzen hat und nicht an der Spree endet.

Das Europa der deutschen Art wird jedenfalls nicht so sein, wie man heute befürchtet, weil auch die Deutschen, wie ich zu zeigen versuche, längst Fehler oder Tugenden der anderen Europäer angenommen haben, sie sind schon französischer oder italienischer geworden, als wir ahnen.

Vielleicht bin ich ja ein Träumer, aber früher oder später wird jemand einen Deutschen auf dem Flug nach Mittelamerika fragen, woher er denn komme, und wenn er sagt: »Aus Berlin«, dann wird der Texaner antworten: »Ah, Berlin, aus Europa.«

Martin Luther und Karl Marx, nicht zu vergessen die Mark

Das deutsche Sozialsystem ist ein Mischling, ein Körper mit zwei Seelen in ewigem Widerstreit, aber der Zwiespalt löst sich in einem fortwährend erneuerten, in seiner Ungewißheit stabilen Kompromiß auf. Das System fußt auf den Prinzipien des freien Marktes und zugleich auf der Solidarität christlicher und sozialistischer Prägung. Zwar gelten die Gesetze der Wirtschaft und des Geldes, aber man ist nicht wie in Amerika einer erbarmungslosen Gesellschaft oder einem Zynismus à la Thatcher ausgeliefert. Es wird versucht, das Kapital und zugleich die Rechte der Schwächsten, die Bedürfnisse der Großindustrie und die des Individuums zu schützen. Luther, Marx, die katholische Kirche und die Deutsche Mark finden sich in einer

Mixtur wieder, die alle zufriedenstellt und niemandem schmeckt. Aber sie funktioniert.

Die soziale Gerechtigkeit ist nicht vollkommen, aber nirgends lebt man besser als in Deutschland. Es gibt reichere Länder, und es gibt Länder, in denen dem einzelnen größere Sicherheiten geboten werden. Sogar bei uns, wenn auch nur auf dem Papier. So gibt es in der Wirtschaft konservative Liberale, die für Steuerentlastungen der Unternehmen kämpfen, vor allzu großzügigen Subventionen und unterschiedsloser Fürsorge warnen und zugleich fortschrittlich sind, wenn die demokratischen Freiheiten auf dem Spiel stehen. Oder Sozialdemokraten wie Karl Schiller und Helmut Schmidt, die das Wirtschaftswunder unterstützen und die Arbeitnehmer nicht besonders »verwöhnten«. Als Volkswagen – ein staatliches Unternehmen, was in Deutschland eine Seltenheit ist – Schmidt in einer Krisensituation um Unterstützung bat, antwortete dieser: »Baut bessere Autos oder schließt.« Sie bauten sie und waren erfolgreich, auf Kosten unserer Autos.

Kapital wird nur deshalb besteuert, weil die Richter des Verfassungsgerichtshofes, die um eine für alle gleiche Steuergerechtigkeit bemüht sind, es verlangen. Und der konservative Finanzminister Theo Waigel gehorcht, »sowenig es nur geht«, um eine Flucht von Kapitalvermögen ins Ausland zu vermeiden. Ist ein Industrieunternehmen in Schwierigkeiten, kann es Arbeiter entlassen, und die Lohnausgleichskasse gilt als italienische Tollheit. Wer keine Arbeit mehr hat, bleibt nicht sich selbst überlassen. Man bekommt ein Jahr lang 80 Prozent vom letzten Lohn, je nach Fall manchmal auch mehr. Man muß auch gar nicht dasein, um Arbeitslosengeld zu beziehen. Man kann sich das Geld nach Mallorca oder auf die Kanarischen Inseln schicken lassen, wo die Lebenshaltungskosten geringer sind, vorausgesetzt, man wird alle drei Monate im Arbeitsamt vorstellig.

Man muß sich umschulen lassen und wird die ganze Zeit über bezahlt. Ein Beruf ist nicht für das ganze Leben. Wenn jemand einen bestimmten Beruf nicht mag, so wird dies respektiert. Ein Lastwagenfahrer, dem angeboten wurde, in Frankfurt einen Wagen der Müllabfuhr zu fahren, antwortete: »Ich mache doch keine Türkenarbeit.« Die Angestellten der städtischen Müllabfuhr in der Finanzhauptstadt sind zu 80 Prozent Türken. Er hatte unrecht, aber Umschulungskurs und Unterstützung wurden weiterhin gezahlt.

Ein Arbeitsloser muß eine neue Stelle an einem anderen Ort annehmen; vom nördlichen Hamburg ins südliche München umzuziehen, ist, als würde man von einem Venezianer verlangen, in Palermo zu arbeiten. Diese Mobilität ist möglich, weil das System sie verlangt. Eine Wohnung zu finden wird nicht leicht sein, aber es ist nicht unmöglich wie bei uns. Und die Umzugskosten kann man von der Steuer absetzen.

Zahlt man die Miete nicht, wird man hinausgeworfen, aber man landet nicht wie in New York unter einer Brücke. Und der Hauseigentümer kann nicht einfach nach Gutdünken den Vertrag aufkündigen oder ohne triftigen Grund nicht verlängern. Er kann Eigenbedarf anmelden, aber das ist nicht unbedingt ein Kündigungsgrund. Wenn der Eigentümer oder einer seiner Familienangehörigen die Wohnung selbst braucht, kann er versuchen, in derselben Gegend eine ähnliche Wohnung zum gleichen Preis zu finden. Er macht keinen Verlust und keinen Gewinn, und tatsächlich wird auch das Recht des Mieters anerkannt, dort wohnenzubleiben, wo er seit Jahren lebt und Erinnerungen und Gewohnheiten hat.

Erreicht man in der Grundschule keine befriedigende Durchschnittsnote, kann man nicht aufs Gymnasium gehen, sondern besucht die Berufsschule. Für bestimmte Studienfächer gibt es einen Numerus clausus, der je nach Abiturnote wirksam wird.

Die Noten reichen von eins bis fünf. Für einen Platz in Medizin braucht man eine Zwei. Da fragt man sich, warum eine schlechte Note in Latein oder Geschichte, die das Ergebnis auf eine Drei herunterdrückt, uns hindern soll, Zahnarzt oder Architekt zu werden. Aber so sind die Spielregeln, und die werden während des Spiels nicht geändert. Wer sich eine Privatschule leisten kann, kann das Handicap einer schlechten Note beim Übergang zum Gymnasium ausgleichen, oder man lernt schnell Italienisch und versucht, in Rom oder Neapel Medizin zu studieren.

Das Spiel ist hart, und manchmal kommt einem der Schiedsrichter entgegen, aber er pfeift keinen unverdienten Elfmeter. Und wenn wir die Besten sind, wenn der Atem langt und die Beine einen tragen, dann gewinnen wir. Man muß das Glück haben, in jungen Jahren keine Krise zu erleben, keine allzu heftige Liebe, keine Scheidung der Eltern, keine Krankheit, keinen Schicksalsschlag. Spielverlängerung wird nicht gewährt. Aber wir werden am Ende nicht mit einem wertlosen Diplom betrogen.

Dann ist es praktisch geschafft. Die Jugendarbeitslosigkeit beträgt ein Viertel der unsrigen. Darin liegt der Unterschied zwischen einer ausweglosen Situation und einer Lage, die hoffen läßt. Für Menschen, die aus eigener Entscheidung, oder weil sie Pech hatten, am Rande leben, gibt es die Sozialhilfe.

»Arbeit muß wieder gewürdigt und belohnt werden«, mahnte eines Tages der Kanzler. Nach dem Fall der Mauer und damit dem Wegfall der speziellen Vergünstigungen, die in diesem »Vorposten der freien Welt« gewährt wurden, sahen sich einige meiner Berliner Freunde mit über vierzig Jahren vor die Tatsache gestellt, eventuell ernsthaft arbeiten zu müssen.

Mit Jobs oder Teilzeitarbeit kann man die Sozialabgaben abrunden und sich sogar einmal im Jahr Ferien auf Ibiza leisten. Außer Wohngeld, das manchmal höher als die Miete selbst ist, wenn man mit jemandem zusammenwohnt oder einen Scheinvertrag abschließt (wenn es sein muß, entpuppen sich auch die Deutschen als Neapolitaner), Heizungs- und Essenszuschuß werden noch Gutscheine für Kleidung ausgegeben, pro Jahr zwei Paar Schuhe, alle zwei Jahre ein Mantel. Man muß aber keinen neuen kaufen, es geht auch *second hand*.

»Ich fliege im Urlaub nach Mallorca«, teilte mir eine Bekannte mit, von der ich wußte, daß sie mittellos war.

»Und wie machst du das?«

»Ich habe das Begräbnis meiner Mutter verkauft«, erklärte sie. Es war kein Witz. Das Sozialamt zahlte für die Beisetzung etwa fünftausend Mark. Sie hatte ein billigeres Bestattungsinstitut gefunden.

»›Das ist uns egal‹, haben sie im Sozialamt gesagt, ›bringen Sie uns einen Zahlungsbeleg, damit alles klar ist, und behalten Sie den Rest.‹« Das tat sie, und ich versichere Ihnen, ich habe es nicht erfunden.

Auch wenn es für uns Italiener einen makabren Beigeschmack hat, am Sarg zu sparen und dafür ans Meer zu fahren, ist meine Berliner Freundin nur in Radetzkys Fußstapfen getreten, des alten Bekannten aus der Schulzeit. Der General war ein großer Spieler und weniger für den grünen Tisch als für das Schlachtfeld geschaffen; einem Bewunderer hatte er es zu verdanken, daß er seine Ehrenschulden begleichen konnte.

»Anstatt sich in der Kapuzinergruft als Nationalheld bestatten lassen, kommen Sie zu mir in mein Familiengrab«, schlug er ihm vor. Radetzky »verkaufte« seinen eigenen Leichnam, und der Käufer sonnte sich im Ruhm seines bedeutenden Sargnachbarn.

Auch wenn man nicht zu solchen Mitteln greift wie Radetzky und seine Nachfolgerin, auch wenn das Säckel jetzt fester zugeschnürt wird, unterstützt das Sozialamt in Berlin und im übrigen Deutschland all jene, die, aus eigener Entscheidung oder weil sie Pech hatten, nicht selbst für ihr Einkommen sorgen können. Es ist nicht lustig, aber auch nicht zu erniedrigend (denn es steht einem rechtlich zu), zumindest erscheint es mir weniger erniedrigend als eine Lohnausgleichskasse auf Lebenszeit oder als wenn man tausend Tricks anwenden muß, um eine falsche Mindestrente für Invaliden zu erhalten, wozu man bei uns gezwungen ist.

Am Vorabend eines schwierigen Wahlkampfes mit mehr als ungewissem Ausgang ist es dem christdemokratischen Arbeitsminister Norbert Blüm gelungen, ein Projekt durchzusetzen, für das er jahrelang gekämpft hat, die Pflegeversicherung für etwa 1 800 000 Pflegebedürftige. Die Pflege eines alten Menschen, der sich nicht mehr selbst versorgen kann, oder einer Person, die einen schweren Unfall hatte oder sehr krank ist, kostet im Monat durchschnittlich bis zu 5000 Mark, und auch Wohlhabende können sich eine solche Ausgabe nicht über Jahre erlauben. Die Deutschen haben diese Sicherheit jetzt, aber mit zusätzlichen Kosten für Arbeitgeber und Arbeitnehmer, die dazu auf einen freien Tag im Jahr verzichten müssen. Welche Regierung hätte schon den Mut gehabt, wenige Monate vor den Wahlen die Abgaben zu erhöhen? Diese neue Form der Fürsorge fand im Ausland natürlich wenig oder gar kein Interesse.

Das System steckt also voller Mängel und Ungerechtigkeiten, aber es sind weniger und nicht so schwere wie anderswo. Die Deutschen sind damit zwar nicht zufrieden, aber sie haben den anderen etwas voraus. Durch größtmögliches Entgegenkommen haben sie eine Gesellschaft geschaffen, die das genaue Gegenteil der unseren ist. Uns ist es gelungen, die Nachteile eines chaotischen kapitalistischen Systems mit den Mängeln sozialistischer Phrasen unter einen Hut zu bringen. Sie haben es geschafft, Martin Luther und Karl Marx, beide tüchtige Esser, an einen Tisch zu bringen. Und die Rechnung lassen sie jeweils den anderen zahlen. Sie können sie sich ja von der Firma oder dem Finanzamt erstatten lassen.

Die Hüter des Staates

Die Beamten sind eine Art Ritterorden zum Schutz der öffentlichen Verwaltung, wie Lanzelot und Artus, die für den Heiligen Gral kämpften.

Statt der Rüstung trugen sie einst Uniform, an der man ihre Tätigkeit und ihren Grad erkennen konnte, vom Briefträger bis hinauf zu seinem Bürochef. Militärs und Zivilbeamte des Wilhelminischen Zeitalters und jeder Beamte, auch wenn er verloren in einem Katasteramt in der Provinz saß, konnten stolz sein wie ein Kommandant an vorderster Front und wie ein Oberst der Dragoner, die kurz vor einer ruhmvollen Attacke ihre ordentlichen Regale abschreiten.

Die Beamten haben Privilegien und Pflichten, die gewöhnlichen Bürgern versagt sind. In einem Land, in dem man im Krisenfall mit monatlicher Kündigungsfrist entlassen werden kann, steht an erster Stelle das unantastbare Recht auf den Arbeitsplatz von der Verbeamtung bis zur Pension, die lukrativer ist und eher beginnt. Dieses Recht wird mit Streikverbot bezahlt, ein Gesetz, an dem sich die ausländischen Kommentatoren schon die Finger wund geschrieben haben ob der undemokratischen Vorschriften des deutschen Staates.

Dazu heißt es, daß ja niemand gezwungen sei, Beamter zu werden, und wenn man gern streike, solle man sich eine »weniger ehrenvolle« Arbeit suchen; dieser Rat hat (oder hatte) seinen Sinn in Deutschland, wo eine Anstellung beim Staat ein Ziel und nicht eine Notlösung ist wie bei uns. Siebzig streikende Beamte, wurde mir erklärt, genügen, um den Staat zu lähmen, und diesen Luxus konnte sich nur Italien erlauben.

Die Tugenden des Beamten werden als selbstverständlich vorausgesetzt und stimmen mit den üblichen nationalen Wertvorstellungen überein: Fleiß, Ehrlichkeit, Zuverlässigkeit. Nach einem Blick zurück in ihre legendäre Vergangenheit finden die Deutschen (zu 55 Prozent), daß die Beamten heute überflüssig sind, und schlagen vor, sie abzuschaffen. Das Magazin *Focus* meint, sie seien eine aussterbende Art und sollten wie ihre Untergebenen einfache Angestellte werden.

Wahr ist, daß 58 Prozent der Bürger sie immer noch für »qualifiziert« halten, aber der Prozentsatz der Beamten, die dieses Urteil zu verdienen glauben, ist höher, nämlich 76 Prozent. Tatsächlich finden 30 Prozent sie auch anmaßend und arrogant, 55 Prozent »freundlich« und 53 Prozent »gewissenhaft«, aber jeder fünfte Deutsche hält sie für »grob«, das sind bedrohlich viele in einem Land, das alles bedenklich findet, was auch nur leicht von der Perfektion abweicht.

Es gibt vor allem zu viele Beamte, und sie sind zu teuer: Von sieben Millionen Staatsbediensteten, das sind sieben Prozent der Bevölkerung, inklusive Neugeborener, sind 1 900 000 Beamte. In der Truppe gibt es reichlich Offiziere und Unteroffiziere. Sie kosten den Staat jährlich achtzig Milliarden Mark, eine Belastung, die ohne Verlust der Leistungsfähigkeit reduziert werden könnte. Zeitungen berichten von einer Professorin für Medizin, die in fünf Jahren keinen einzigen Tag gelehrt und 400 000 DM kassiert hat, und von einem Gymnasiallehrer, der sich krank meldete, weil er »gegen die Schüler allergisch« war.

Beamtengehälter gehen von mindestens 3000 DM brutto bis zu 12 000 DM für einen Ministerialdirektor. Man rechnet, daß die Hälfte der Steuern für Personalkosten dahingeht, und die Löhne werden durch mittelalterlich anmutende »Positionen« aufgestockt: Der Kontrolleur, der einen Schwarzfahrer im Bus erwischt, erhält ein »Kopfgeld« von fünf Pfennig plus zwei Prozent der eventuell verhängten Strafe. Es gibt sogar einen Zuschlag, wenn Nebel über dem Hafen liegt. Mit Versicherungsrabatten und Zulage für Verheiratete gibt es über 400 gesetzlich zugesicherte Extras.

Professor Jürgen Weber aus Koblenz ist den Beamten ein Dorn im Auge: Er hat ein Zehnpunkteprogramm ausgearbeitet, um ihre Kosten und Privilegien zu reduzieren und die Produktivität zu erhöhen, die mit oder ohne Uniform halb so hoch ist wie im privaten Sektor. Offenbach, nicht weit von Frankfurt und berühmt wegen seiner Lederwarenmesse und weil dort 1969 die erste Erotikmesse stattfand, hat einen »privaten Profi« zur Lösung des Beamtenproblems hinzugezogen. Die Stadt hat den Unternehmensberater Gerhard Grandke, 39, eingestellt, um den Schuldenberg von 700 Millionen Mark (bei 110 000 Einwohnern) abzutragen, und der Experte kürzte die Zahl der Angestellten von 2540 auf 1450; am Ende sollen es 1200 und der Ausgleich geschafft sein. Wird man das »Modell Offenbach« in ganz Deutschland anwenden?

Die Gemeinden laufen Gefahr, Bankrott zu gehen. Alle zusammen sind mit 150 Milliarden DM verschuldet. Eine Ausnahme gibt es: In Raesfeld, einem Ort von 10 000 Einwohnern westlich von Münster in Nordrhein-Westfalen, ist die Bilanz, wenn auch nur leicht, im Plus. »Dabei verzichten wir auf nichts«, versichert Bürgermeisterin Maria Honvehlmann, 41. »Auf nichts, was wirklich wichtig ist«, meint sie einschränkend. Anstatt sich ein neues blaues Auto zu kaufen, fährt sie mit ihrer Vespa ins Rathaus.

Raesfeld hat sechs Kindergärten eröffnet, ein Sportzentrum gebaut, die Kanalisation erneuert, ein nagelneues Feuerwehrauto gekauft, aber dabei wird jeder Pfennig umgedreht. Anstatt ein Darlehen für den Bau eines Schwimmbads aufzunehmen, das mindestens eine Million Mark kosten würde, kann man zweimal wöchentlich gratis mit dem Bus zum Schwimmbad in das zehn Kilometer entfernte Borken fahren. Kosten pro Jahr: 13 000 DM. Man versucht, möglichst viele Dienstleistungen Privatunternehmen zu übergeben, angefangen bei der Müllabfuhr bis hin zur Schulaufsicht. Das Personal im Rathaus ist auf ein Minimum gekürzt. Frau Honvehlmanns Sekretärin tippt auch Briefe für die anderen Büros und ist sich nicht zu schade, Telefondienst zu machen.

Mir als Italiener kommen diese Beamten mit den vielen Fehlern verglichen mit unseren Staatsbediensteten vor wie Gestalten einer utopischen Bürokratie. Die Deutschen scheren sich nicht um diesen Vergleich. Als mein Sohn in Hamburg geboren wurde, ging ich, wie das so ist, am letzten Tag zum Standesamt, um ihn anzumelden. Die Beamtin verlangte meine Heiratsurkunde.

»Ich hatte nie eine, und wenn, dann habe ich sie verloren.«

»Lassen Sie sich eine Zweitschrift geben und kommen Sie in einer Woche wieder«, sagte sie beharrlich.

»Wenn überhaupt, dann komme ich in sieben Jahren wieder.« Sie lächelte beruhigend, denn sie kannte die bürokratischen Hürden für mich und meine Landsleute, und schlug vor: »Erklären Sie, was Sie wollen, auf Ihr Ehrenwort.« Das tat ich. »Aber beantragen Sie die Urkunde und bringen Sie sie mir irgendwann, und seien Sie nicht beleidigt, wenn ich Sie anrufe, um Sie zu mahnen . . . «

Sie mußte anrufen, und ich war nicht beleidigt. Wir hatten unser Problem ja »auf Ehrenwort« gelöst. Ich weiß, daß das in Italien jetzt auch möglich ist, aber nur theoretisch. In Deutschland ist es nur deshalb nicht übliche Praxis, weil man nicht bei jeder Gelegenheit beweisen muß, daß man am Leben ist und der menschlichen Rasse angehört.

Die Deutschen fühlen sich von ihrer Bürokratie gegängelt, und wahrscheinlich haben sie recht. Vielleicht erinnern sie sich an früher, als es besser war, aber ich versichere ihnen, daß sie im Gegensatz zu uns in einem Paradies leben. Der Vergleich tröstet sie vermutlich nicht.

Einer der Hauptgründe, warum ich gern im Ausland lebe, ist die Flucht vor dem Papierkram, der in Italien tagtäglich ansteht, unverständliche Angelegenheiten, die auf der Stelle zu erledigen sind, sonst drohen hohe Geldstrafen und Gefängnis. Ich habe ausgerechnet, daß ich jeden Tag mindestens eine Lebensstunde spare, weil ich in Deutschland wohne. Das finde ich tröstlich. Meine »Flucht« ist aber offenbar nicht vollkommen. Von Zeit zu Zeit erwischt mich ein scheußlicher Fangarm der Bürokratie meines Vaterlandes auch in Berlin, Hamburg oder Bonn.

Das hat katastrophale Folgen, denn es werden Dokumente von mir verlangt, die nicht zu bekommen sind, einfach weil es sie in Deutschland gar nicht gibt. Um Lebensnachweise und ähnliches kümmern sich normalerweise geduldige Konsulatsangestellte. Aber nicht immer. Die deutschen Angestellten haben mir immer Verständnis entgegengebracht und mich wie einen Flüchtling angehört, der nicht um politisches, sondern um bürokratisches Asyl bittet.

Wie damals, als ich für das italienischen Fernsehen arbeitete und eine Bescheinigung vom deutschen Finanzamt brauchte, daß ich in Deutschland Steuern zahle; eine Steuervorauszahlung in Italien auf der Grundlage des Doppelbesteuerungsabkommens zwischen unseren Ländern sollte vermieden werden. Der Steuerbeamte unterschrieb das aus Rom geschickte Formular.

»Das ist falsch«, hieß es aus Italien, »unser Formular ist unterschrieben worden.«

»Na und?«

»Es war ein Muster. Der deutsche Beamte muß unser Formular kopieren und dann unterschreiben.« Es war unglaublich, aber ich tat, wie mir geheißen. Ehrlich gesagt, ich habe ihn bestochen, und er hat es gar nicht gemerkt. Feierlich behauptete ich, Deutschland würde die Fußballweltmeisterschaft in Italien gewinnen, obwohl ich es nicht glaubte. Aber wir Italiener sind ja skrupellos, wie man weiß. Schon wieder falsch. Der Beamte sollte das Formular auf sein Papier kopieren, auf das ich dann schreiben sollte, daß ich in Italien keine Einkünfte habe, und dann sollte der Deutsche noch mal bestätigen, daß ich, »soweit ihm bekannt«, die Wahrheit sagte.

»Auf unser Papier können Sie nichts schreiben«, sagte er zu Recht, aber er war mir wohlgesonnen: Deutschland hatte den Titel gewonnen, und wir waren uns auf dem Platz gar nicht begegnet.

»Ich geb's auf«, sagte ich.

»Nein, ich weiß was, Sie schreiben auf irgendein Papier, was Sie wollen. Ich beglaubige es mit unserem Stempel und bestätige, daß Sie, soweit mir bekannt, in Italien keine Mark verdienen. Außerdem ist es uns ganz egal, was Sie in Italien machen.« So geschah es.

Beckenbauers Deutschland hatte den Weltmeistertitel verdient, fand ich. Ich schickte das x-te Papier nach Italien und hörte nichts mehr. Nach sechs Monaten bekam ich mein Gehalt. Abzüglich der Steuervorauszahlung, auch auf die Spesen.

Respekt vor dem Bürger

Der Deutsche respektiert die Obrigkeit. Bisweilen kann auch ein Vorurteil richtig sein. Der Bürger ist aus Prinzip immer auf der Seite des Staates, und wer die Macht besitzt, der hat recht. Der Kanzlerbonus bedeutet die Benachteiligung des Herausforderers gegenüber demjenigen, der bereits Regierungschef ist.

Im Zweifelsfall gilt die Gunst dem Kanzler, und der Herausforderer darf sich nicht im Ton vergreifen. Ganz anders als bei uns mit den Spezialisten der Fernsehschlachten gilt jemand, der aggressiv wird, als Flegel, der den gesellschaftlichen Frieden stört.

Aber die Obrigkeit respektiert auch den einzelnen. Meistens. Das ist die Basis des Gesellschaftsvertrages, der in Deutschland Bestand hat. Auf der einen wie der anderen Seite gilt bis zum Gegenbeweis das gegebene Wort. Und auf wen man sich nicht verlassen kann, dem wird nicht vergeben. Die Deutschen haben Helmut Kohl die Lüge bei der ersten Wahl nach der Vereinigung niemals verziehen. Er hatte versprochen, die Steuern nicht zu erhöhen, und war wenige Monate später gezwungen, sein Wort zurückzunehmen.

In der Vergangenheit hatte der Kanzler freimütig zugegeben, wenn er sich getäuscht hat, und nicht nur einmal. Das tat er auch, als er den Steuerzahlern »in die Taschen langte«: Es tue ihm leid, er habe sich verrechnet. Diesmal begann das Ansehen des Kanzlers, der die Rekordamtsdauer von Konrad Adenauer zu übertreffen hoffte, zu bröckeln.

Die Deutschen wissen, daß ihr Staat nicht vollkommen ist. Aber er ist kein wetterwendisches, durchtriebenes Monster nach italienischer Art, das die Spielregeln ändert, wie es ihm paßt, das fordert und nicht gibt, das persönliche Rechte mißachtet und geringfügige Entgleisungen erbarmungslos verfolgt, als wären es schreckliche Verbrechen. Schließlich sind die Fehler des Staates in Deutschland auch voraussehbar, und man kann für Abhilfe sorgen.

Die *Berliner Morgenpost* beklagte jüngst die öffentliche Schlamperei; neben verschiedenen Beispielen fauler, inkompetenter Beamter erfuhr ich, daß man mitunter 157 Tage warten muß, um das vom Finanzamt zuviel kassierte Geld zurückzubekommen. Die Italiener würden vor Freude in die Luft springen. Sie müssen sich jahrelang gedulden, und dann erhalten sie weitgehend entwertete Geldbeträge. Es wurde schon gesagt, daß unsere Probleme und die der anderen Europäer die Deutschen im allgemeinen wenig kümmern. Sie verlangen Vollkommenheit.

Vielleicht sollten sie sich in Mäßigung üben.

Als ich aus den Weihnachtsferien in Italien zurückkam, fand ich ein Schreiben vom Finanzamt vor, das mich auf ein Guthaben von etwa tausend Mark hinwies. Ich öffnete weitere Post, die sich während meiner Abwesenheit angehäuft hatte, und fragte mich schon, was wohl zu tun wäre, um an das Geld zu kommen, als ich feststellte, daß es bereits auf mein Bankkonto überwiesen war. Ich hatte dem Finanzamt nie die Kontonummer mitgeteilt, aber der Beamte hatte einfach nachgesehen, über welche Bank ich meine Steuern zahlte. Für die Deutschen ist das ganz normal, mir kommt es vor wie eine Fata Morgana.

In Deutschland werden ja auch Steuern gezahlt, halten unsere Politiker uns vor. Zunächst einmal sind die Steuersätze, auch wenn sie dauernd steigen, nicht so katastrophal wie in Italien. Sogar der strenge Kanzler Helmut Schmidt, der uns nicht besonders mochte, schreibt in seinen Memoiren, wenn ein italienischer Unternehmer wirklich alle Steuern und Abgaben bis auf die letzte Lira zahlen würde, müßte er an den Fiskus 120 Prozent seiner Einkünfte abführen.

Die Deutschen sind keine Heiligen. Wenn es möglich ist, dann hinterziehen sie Steuern, aber wenn sie sie zahlen, wissen sie, daß das Geld nicht verschwendet, durchgebracht, dem Allgemeinwohl vorenthalten wird, zumindest nicht alles. Der Bürger kann damit rechnen, daß er als Gegenleistung Dienste, Garantien, Sicherheiten bekommt. Seit ich arbeite, ist die Rente für Journalisten mindestens viermal geändert worden: das Maximum nach zwanzig Jahren mit Höchstgrenze, dann ohne Höchstgrenze, das Maximum nach dreißig Jahren, nach fünfunddreißig Jahren, dann mit 80 oder 90 Prozent des

Durchschnitts der letzten fünf Jahre. Nein, der letzten zehn, der zehn besten Jahre. Das Recht (oder die Pflicht), mit fünfundfünfzig oder sechzig in Rente zu gehen? Und heute, aber vielleicht nicht mehr morgen, wenn ich sechzig werde, muß ich dann bis einundsechzig warten und dann bis zweiundsechzig, wie beim Wettlauf zwischen Achilles und der Schildkröte? Und ich fürchte, im Ziel werde ich merken, daß keine Prämie zu holen ist. Ein Deutscher bekommt den Höchstsatz der Rente, 80 Prozent vom Lohn, erst nach vierzig Arbeitsjahren. Das ist für einen Akademiker praktisch unmöglich. Aber er weiß auch, daß sich die Rente nicht wie bei uns als Lotteriegewinn erweist. Der Betrag ist für alle, die die gleichen Beiträge gezahlt und gleich lange gearbeitet haben, auch gleich groß. Und vor allem können sie sicher sein, daß sie mit dem Betrag, zu dem sie in Rente gehen und der jährlich um 1 oder 2 Prozent erhöht wird, auch in zwanzig Jahren noch über die Runden kommen, und sie brauchen keine Angst zu haben, ihre Ersparnisse angreifen oder die Hilfe ihrer Kinder in Anspruch nehmen zu müssen.

Diesen Gesellschaftsvertrag garantiert ein ganz besonderer Pate, die Deutsche Mark. Im Ausland, in Italien ebenso wie in Frankreich oder Großbritannien, versteht man nicht, warum die Bundesbank die Landeswährung derart hartnäckig verteidigt.

Inflationsraten, die im Vergleich zu unseren lächerlich sind, veranlassen nicht nur die Presse, sondern auch Personen, die von Berufs wegen damit zu tun haben, Finanzbeamte, Politiker und Bankiers, mit dem Gespenst von Weimar zu winken, es wird an die Zeiten erinnert, in denen ein Ei zum Frühstück noch eine Million und zum Abendessen bereits eine Milliarde Reichsmark kostete. Die Alarmschwelle liegt bei vier Prozent, was darüber hinausgeht, bedeutet eine nationale Katastrophe, den Beginn einer dramatischen Inflation. Wir grinsen, die Direktoren der anderen Zentralbanken sind sauer, und der deutsche Bürger bettet sich ruhig. Vielleicht zweifelt er an der Existenz Gottes, aber an die Bundesbank glaubt er.

Ein besonderer Tag

Der Briefträger kam immer um fünf vor neun zu mir. Ich wohnte am Ende der Straße und war einer der letzten, die ihre Post bekamen. Er trug Uniform und hatte einen Schlüssel, um das Gartentor zu öffnen und zu den Briefkästen der Mieter zu gelangen. Als er in Pension ging, trat eine junge Postbotin in Jeans seine Stelle an, eine Studentin, die auf diese Weise für ihren Unterhalt während des Studiums sorgte. Sie trägt keine Uniform, zu Bismarcks Zeiten hätte niemand darauf verzichtet, auch nach Feierabend nicht. Es war eine Ehre.

Das Mädchen kommt zu spät, aber sie entschuldigt sich, sie kennt die Adressen noch nicht so gut, und aus einer halben Stunde sind in wenigen Wochen schon zwanzig Minuten geworden. Wenn es regnet, sucht sie in irgendeinem Laden Zuflucht, man weiß ja, tuscheln meine Nachbarinnen, die Jugend ist auch nicht mehr das, was sie mal war. Und die Post auch nicht, die mit Spitznamen *Gelber Riese* heißt.

Vor zwanzig Jahren klingelte der Postbote noch zweimal täglich, erinnern sie sich mit Sehnsucht, und stieg bis in das Stockwerk hinauf, in dem man wohnte, und die Bilanz der Post war aktiv wie zu den Zeiten der Fürsten Thurn und Taxis, die dank Schriftverkehr und Postkutschen reich wurden. Die Witwe des letzten Abkömmlings, Fürstin Gloria, ist auch bei uns eine Berühmtheit. Als sie ihren Gatten verlor, legte sie ihre grüne oder amarantrote Punkfrisur ab, entließ unzuverlässige Angestellte und brachte den Familienschmuck unter den Hammer, um die Steuern zu bezahlen.

Doch gelangt ein Brief bei aller Kritik innerhalb von vierundzwanzig Stunden von Hamburg nach München. Aber nicht immer, schimpfen die Deutschen. Nur 79,9 Prozent der Briefsendungen halten diese Zeitspanne ein. Im Westen sind es 83,6 Prozent, aber »ein zivilisiertes Land«, heißt es, muß auf durchschnittlich 90 Prozent kommen, wie Luxemburg oder Dänemark. Wenn ich meine Briefträgerin verteidigen will (»Das sind ja auch kleine Länder, nicht wahr?«), reagieren meine deutschen Freunde gereizt. »Das entschuldigt nichts«, erwidern sie. Der zuständige italienische Minister versichert, bei uns kämen 14 Prozent der Briefe im Lauf des Tages an. Da kann man sich doch nicht beschweren. Er ist kein Lügner, er schämt sich nur.

Ich spreche von normalen Briefen. Eilbriefe sind hier eine ernste Angelegenheit, und ich muß meine italienischen Freunde bitten, mir keine zu schicken. Der Briefträger stürzt, zu welcher Tageszeit auch immer, ins Haus, und in Berlin, wo ich im obersten Stock wohne, rennt er wie ein Fünfkämpfer fünf Stockwerke hinauf (der Aufzug ist abgeschlossen). Trifft er mich nicht an, nimmt er den kostbaren Umschlag wieder mit und schickt ihn nach einer Woche an den Absender zurück.

Ein Heer von 550 000 Angestellten steht im Dienst des Gelben Riesen, 60 Prozent sind damit beschäftigt, die Post zu verteilen, sie schlagen mit einem Drittel der Gesamtkosten zu Buche. Aber es wird mit einem Verlust von fast dreitausend Milliarden Lire jährlich gearbeitet. Früher hat die Fernsprechabteilung mit einem Plus von fast dreitausend Milliarden Lire dieses Loch gestopft, obwohl die Telefongebühren im letzten Vierteljahrhundert nahezu unverändert blieben: 20 Pfennig pro Einheit gegenüber 23 Pfennig heute, und 30 Pfennig kostet das Gespräch von einer Telefonzelle aus. Vor fünfundzwanzig Jahren entsprach das 15 Lire, und heute sind wir bei knapp 230, aber nur weil die Deutsche Mark inzwischen von 155 auf fast 1000 Lire gestiegen ist. In Wirklichkeit haben sich die Inlandspreise für die Deutschen halbiert.

Man entdeckt kleine europäische »Geheimnisse«. Ein Telefongespräch von Berlin nach Italien kostet in der Minute etwa eine Mark; andersherum, von Rom nach Berlin, kostet es, immer wegen der DM, anderthalbmal soviel. Vor der letzten Entwertung zahlte man doppelt soviel, obwohl die deutsche Telekom Ferngespräche zugunsten von Gesprächen innerhalb des Ortes oder der Region höher veranschlagt, die sonst das Zehnfache kosten müßten. Das *Quatschen* ist fast ein von der Verfassung garantiertes Recht, und viele Rentner und alleinstehende Menschen haben die Möglichkeit, kostenlos zu telefonieren (sonst zahlt man monatlich, und die Grundkosten belaufen sich auf etwa 26 DM).

In jedem anderen Land hätte man nach dem Motto »Eine Hand wäscht die andere« auf diese Weise weitergemacht: Die einen verlieren, die anderen gewinnen, die Rechnung stimmt. In Deutschland aber hat sich der Gigant in zwei Hälften gespalten, auf der einen Seite die alte Post, auf der anderen die neue Telekom, die mit der Entwicklung der Telekommunikation betraut ist. »Ein Land kann nicht vorankommen, wenn Post und Telefone nicht funktionieren«, sagte Kanzler Kohl. Die Techniker versprechen, Ostdeutschland mit dem modernsten Telefonnetz der Welt auszustatten.

Zur Zeit muß man in manchen Vierteln es ehemaligen Ostberlin vier Jahre auf einen Telefonapparat warten. Als ich von Bonn nach Berlin zog, in eine zentral gelegene Straße im Westen, beantragte ich drei Anschlüsse und erkundigte mich, wie lange es dauern würde.

»Kein Problem, Sie sind ja Journalist.« Dieses »kein Problem« war in Deutschland einst ein Zauberwort. Man konnte sich mit geschlossenen Augen darauf verlassen.

Als ich mit dem Umzugslaster kam, waren die Anschlüsse nicht gemacht. »Was hatten wir gesagt? Kein Problem, Sie sind Journalist, in drei Monaten haben Sie die Anschlüsse, die anderen warten ein Jahr. Mieten Sie sich ein Handy.« Ich schaltete das Bundespresseamt in Bonn und die Vereinigung der Auslandspresse ein.

»Das ist unser Problem, nicht das Problem des Bundes«, war die eisige Antwort.

Ich war in einen Konflikt zwischen der Lokalmacht und dem Bund, zwischen Preußen und dem Rhein, geraten. Ich mietete ein Handy. Eine Woche lang funktionierte es nicht. Meine Karte war in Ordnung, aber die Satellitenübertragung klappte nicht. »Ein Rätsel«, entschuldigten sie sich. Mit dem Funktelefon, was bedeutender klingt als Handy, kann man natürlich nicht faxen, also wurde auch ich »ein Kind vom Bahnhof Zoo«, wo sich eines der wenigen Geräte befindet, die man selbst bedienen kann. Man findet sich wieder unter Süchtigen, Polizisten mit riesigen Wolfshunden, Pennern, Säufern, Flüchtlingen aus dem Osten, die mich für einen Angestellten des Gelben Riesen hielten und mich baten, ein Fax nach Wolgograd oder Samarkand zu schicken (was mir auch gelang), und Sammlern von Telefonkarten. Gefährlich waren nur letztere.

In Berlin und der früheren DDR kommt man mit einem Handy zurecht. Die Apparatedichte ist dieselbe wie in Italien, 15 auf 1000 Einwohner, aber auf der Straße oder in Lokalen sieht man nie jemanden, der ein Funktelefon wie einen Colt am Gürtel stecken hat oder in der Bar oder im Restaurant in ein blödsinniges Gespräch versunken ist. Aber da steckt kein Geheimnis dahinter, es zeugt nur von guter Kinderstube. In vielen Lokalen ist es verboten, ein Handy zu benutzen. Es mag unentbehrlich sein wie ein Zahnstocher, ist aber wie dieser diskret zu verwenden.

Die Ostdeutschen warten sehnsüchtig auf ein Telefon, die Telekom bezahlt die Rechnungen nicht mehr, und es wurde ein Sparkurs eingeschlagen. In meinem Berliner Postamt sind von zwölf Schaltern nie mehr als drei besetzt, und es bilden sich Schlangen, was man in Deutschland bisher nicht kannte. Aber das sind ja erst Regenwürmer verglichen mit den Anakondas, die unsere Ämter heimsuchen. Die Regierung hat auch die Schließung Tausender unrentabler Postämter angekündigt. Die Kunden müssen ein paar hundert Meter weiter laufen oder können zum Zeitungsladen gehen oder bei der Lottoannahmestelle einen Eilbrief aufgeben. Die Deutschen sind auf die Straße gegangen und haben für ihre Postämter demonstriert. Das Postamt im Viertel, in jedem Dorf ist Teil unserer Kultur, finden sie.

Trotz Sparkurs haben die Deutschen über 400 Millionen DM investiert, um aus der vierstelligen Postleitzahl eine fünfstellige zu machen, was durch die Wiedervereinigung notwendig wurde (Ortschaften im Osten und im Westen hatten dieselben Nummern). Ein paar hatten hinterher immer noch die gleiche Zahl; solche Pannen bringen die Deutschen zur Verzweiflung, dabei machen sie sie nur sympathisch. Monatelang hat die Post mit Fernsehspots, die sie oskarverdächtigen Regisseuren in Auftrag gegeben hatte, Wirbel gemacht, und Millionen Firmen, Büros und Privatleute mußten ihre Dateien umstellen.

Versuchen Sie mal, einen Eilbrief ohne die fünfstellige Zauberzahl abzuschicken. Der Beamte wird Sie zurechtweisen wie ein Schulkind, das seine Hausaufgaben nicht gemacht hat. Nur Briefe nach Italien akzeptiert er.

»Die Postleitzahl fehlt«, ermahnt er mich.

»Die braucht man bei uns nicht.« Kopfschüttelnd stempelt er den Umschlag.

Nach diesem ersten morgendlichen Zusammenstoß mit einer Behörde nun zu den Verkehrsmitteln. Ich kann wählen zwischen einer Straßenbahn, die nur zweimal in der Stunde, dafür aber absolut pünktlich kommt und bis zum Bahnhof fährt (ein Dutzend Kilometer für 3,60 DM, aber natürlich kann man eine Zeitkarte benutzen), oder einem Taxi, das bis zu meinem Haus fährt, mit ausgeschaltetem Taxameter, auch wenn ich es aus dem Zentrum kommen lasse. Es ist ein Mercedes oder im schlechtesten Fall ein Audi, und das erste Ticken kostet mich soviel wie die Fahrkarte für die Straßenbahn. Fünfzigtausend Lire bis zum Flughafen, der weiter weg ist als Fiumicino von Rom, ohne Extras, Zulagen, Strafen, Rückerstattungen und sonstige Gebühren.

Ich kann mein Auto benutzen, wenn es die TÜV-Plakette besitzt, die strenge obligatorische Untersuchung alle zwei Jahre, während die Abgaskontrolle alle zwölf Monate erfolgt. Aber dieser Termin wächst sich nicht wie bei uns zu einem Alptraum aus. Er wird mir auf einer Karte mitgeteilt, und wenn ich will, kann ich das Datum und die angegebene Uhrzeit verschieben. Beim TÜV hat es ein paar Affären gegeben – überall wird nur mit Wasser gekocht –, aber nur die Deutschen regen sich wegen solcher Kleinigkeiten auf. Ich komme nicht in den Genuß einer Steuererleichterung, weil in mein Auto kein Katalysator eingebaut werden kann. Als der TÜV-Angestellte meinen zweiundzwanzig Jahre alten Alfa 2000 Coupé sah, seufzte er und zwinkerte mir zu: »Das ist kein Auto, das ist eine Diva«, und bescherte ihm die höchste Punktezahl. Dieser Beamte hatte Humor und war nicht chauvinistisch.

Wegen des Stempels muß ich nicht anstehen: Ich habe im Verkehrsamt meine Kontonummer angegeben, und der entsprechende Betrag wird jährlich abgebucht. Bei der Versicherung ist es genauso. Haben Sie schon gemerkt, daß bei deutschen Autos die Windschutzscheibe nicht mit Stempeln oder Quittungen verunstaltet ist? Einem Kollegen wurde das Auto gestohlen, und die Polizei hat es nicht rechtzeitig wiedergefunden. Abgesehen von der Entschädigung durch die Versicherung wurde auch noch die Kraftfahrzeugsteuer für die Monate nach dem Tag des Diebstahls erstattet, die schon im voraus bezahlt waren. Als guter Italiener hätte ich nicht im Traum daran gedacht, daß es möglich ist, sich diese Zahlung erstatten zu lassen. Mein deutscher Führerschein, den ich vor zwanzig Jahren gemacht habe, gilt immer, ohne ärztliche Untersuchungen und jährliche Gebühren, solange ich mich an die Straßenverkehrsordnung halte und nicht beschwipst am Steuer erwischt werde. Vielleicht ist das zu großzügig: Immer wieder liest man in der Zeitung von kühnen Neunzigjährigen, die »freiwillig« ihren Führerschein abgeben, den sie gemacht haben, als Hemingway in Paris am Hungertuch nagte. Man sollte es ihnen nachtun.

Die multinationale Gesellschaft

Kurz vor der Landung in Frankfurt ermahnt mich die Stewardeß der Lufthansa, mich anzuschnallen. Sie ist Italienerin. Ebenfalls einen italienischen Namen trägt das beste Restaurant im größten deutschen Flughafen. Der Taxifahrer, der mich in die Stadt bringt, kam vor zehn Jahren aus Pakistan. Der Hotelportier ist Grieche, und an der Rezeption empfängt mich wieder ein Italiener. Der Liftboy sieht orientalisch aus, das Zimmermädchen kommt aus Afrika, aber woher genau, habe ich nicht verstanden. Sie spricht kein Wort Deutsch und tut so, als könne sie Englisch. Am nächsten Morgen wird der junge Kellner beim Frühstück besonders freundlich sein. Er arbeitet zwei Schichten hintereinander und spart, weil er so bald wie möglich eine Pizzeria »in seinem Rumänien« eröffnen will. Er sei nicht der erste, erklärt er mir, aber er will der beste sein. Ob ich vielleicht ein paar Tips für eine besonders gute Margherita hätte?

25 Prozent der Einwohner Frankfurts, der deutschen Finanzhauptstadt, sind Ausländer. Ohne sie würde sich die Stadt in einen Saustall verwandeln, die Wolkenkratzer der Banken wären unbetretbar, und kein Mensch würde hinkommen, weil die öffentlichen Verkehrsmittel lahmgelegt wären. »13 Prozent der Hauptschüler bei uns in Stuttgart sind Ausländer, Türken, Spanier oder Kroaten, aber sie sprechen besser Schwäbisch als ich«, erzählt mir Bürgermeister Manfred Rommel, der Sohn des »Wüstenfuchses«. Er hat als erster das Wahlrecht für Ausländer bei Kommunalwahlen gefordert.

Am Wochenende treffen sich auf der Wiese vor dem Reichstag die türkischen Familien zum Grillen. Ein Hauch von Exotik im Herzen Preußens. In Lübeck, der Stadt der Buddenbrooks, lernen die Damen abends Bauchtanz. Ob Frau Konsul auch hingehen würde? Der schickste Platz, um in Berlin zu essen und gesehen zu werden, ist ein französisches Restaurant, in Bonn treffen sich die Politiker der alten Schule in der *Cäcilienhöhe*, das zwar nicht so aussieht, aber ein ganz und gar italienisches Restaurant auf dem Hügel über Bad Godesberg ist. Die Jüngeren gehen lieber ins *Al Gabbiano*, das vom Bundestag aus zu Fuß zu erreichen ist.

Die Deutschen kleiden sich italienisch oder französisch, trinken Brunello, wenn sie Rotwein mögen, und Sancerre zu Fisch, und dick werden sie mit Tiramisu.

Eine türkische Mannschaft, deren Namen in etwa »Türkei, meine Heimat« bedeutet, hat den Berlin-Cup gewonnen. Ein schönes Schlamassel für den Fußballbund, denn laut Gesetz dürfen in einer Mannschaft höchstens drei Ausländer sein, aber es sind zehn Einwanderer und ein blonder Mittelstürmer. Sieger im siebenten Himmel. »Sie behandeln mich, als wäre ich Maradona«, gesteht er. Die Türken lösten das Problem auf diplomatische Weise, indem sie in der ersten Runde des Deutschland-Cups ausschieden. Aber bei einer Begegnung im UEFA-Cup spielte Eintracht Frankfurt auswärts gegen Galatasaray (die die Runde für sich entschieden) in deren Stadion, das in ein einziges rotes türkisches Fahnenmeer verwandelt war. Und in Hamburg wurde aus einem Schwimmbad ein tibetischer Tempel.

Die Deutschen diskutieren darüber, ob Deutschland ein Einwanderungsland ist wie die Vereinigten Staaten und Australien oder nicht. Und in Anbetracht der Tatsache, daß, während noch debattiert wird, weiterhin Ausländer mehr oder weniger legal zuwandern, denkt man auch darüber nach, ob die Entstehung einer multikulturellen Gesellschaft gefördert werden soll und welche Vor- und Nachteile möglicherweise daraus erwachsen könnten. Ich vermute, die Menschen hier stellen sich, konkret wie sie sind, die Entstehung eines Hybriden vor, gründlich wie die Deutschen, phantasievoll wie die Neapolitaner und von mitteleuropäischem *Esprit*, also eine Art EG-Frankenstein mit einem Schuß Orient.

De facto existiert die multikulturelle Gesellschaft bereits, und momentan ist sie ein kontrolliertes Chaos, wie eine Mixtur im Reagenzglas, die schäumt und raucht, ohne zu explodieren. Aber man muß nur einen Tropfen hinzufügen oder die Mischung unbesonnen schütteln, und schon kracht es. Die Türken sind die größte ausländische Gemeinde und anscheinend die ruhigste, obwohl es die Skinheads auf sie abgesehen haben. Vielleicht nicht von ungefähr.

Sie stören überhaupt nicht, sondern leben zurückgezogen, wie einst die Juden, und das reizt, besonders jene, denen es materiell und geistig schlechter geht als ihnen. Die Türken sind tüchtig und nehmen die Gelegenheiten wahr, die der Markt ihnen bietet. Sie würden ihren Laden auch die ganze Nacht geöffnet lassen, wie in London und Paris, wenn das Gesetz dies erlauben würde. Sie haben ein breites Angebot zu annehmbaren Preisen. Als wir von Bonn nach Berlin zogen, hatten wir die leichtsinnige Idee, einen Teil der Möbel nach Rom zu schicken und andere zu kaufen, die besser in eine preußische Mansarde paßten. Das Bett war auch weg. Wir schliefen drei Monate lang auf einem Bettsofa, bis uns endlich ein Bett geliefert wurde, das wir, ich schwöre es, ohne besondere Ansprüche ausgesucht hatten. Nur die Türken hätten uns innerhalb eines Tages beliefert, aber unsere Anspruchslosigkeit hinsichtlich des Stils hatte ihre Grenzen.

Die Deutschen jammern, die Türken verdienen. Sie kaufen Haus und Auto und träumen als einzige noch von einem Mercedes, auch wenn sie sich am Anfang mit einer alten Kiste von zweifelhafter Farbe zufriedengeben, solange auf dem Kühler nur der dreizackige

Stern prangt und sie im Urlaub damit bis in die Heimat gelangen, um beweisen zu können, daß es der Sohn in der Ferne zu Wohlstand und Erfolg gebracht hat. Der Krieg auf dem Balkan hat den stolzen, erfolgreichen Türken ein Problem beschert, aber einer ihrer Manager hat eine geniale Lösung ersonnen. Er kaufte ein paar riesige alte Flugzeuge für den Transport von Truppen und Panzern und teilte sie in drei Etagen auf: die oberste für die Passagiere, die beiden unteren für die Autos. Mit fünf Personen und einem Mercedes zahlt man für die Strecke Hamburg-Istanbul weniger als für die Fähre von Bari nach Griechenland, und hier kommt ja die verbleibende Strecke noch dazu.

Dieser Exkurs soll erklären, wie die Türken zu Geld kommen; sie erregen damit den Groll so manchen Glatzkopfs, der sie vielleicht weniger um den Mercedes als um den starken Familienzusammenhalt beneidet, der ihm fehlt. Also zünden sie ihre Häuser und die Frauen darin an. Nur in diesen extremen Fällen haben die Einwanderer vom Bosporus die Kontrolle verloren, Solingen (wo der bisher schlimmste Scheiterhaufen stattfand) und die Nachbarstädte auf den Kopf gestellt und die Ruhrautobahn blockiert; die Türken versichern, keine Schuld an den vollkommen sinnlosen Gewalttaten der Kurden oder der »Grauen Wölfe« zu haben, jenen Extremisten, zu denen auch der Papstattentäter gehören soll.

Hinter der geschlossenen Fassade ist die türkische Gemeinde durch Rivalitäten gespalten, die die deutschen Behörden verwirren. Banden junger Türken tun sich zusammen, um den Skinheads die Stirn zu bieten; rechte wie linke Türken verbünden sich mit deutschen Gruppen, die ihnen ideologisch nahestehen; und die Kurden regen sich über die Türken und die Deutschen auf, denen sie vorwerfen, die Regierung in Ankara nicht zu verurteilen, sondern ihr auch noch Waffen zu verkaufen.

Nach den Türken kommen zahlenmäßig die Exjugoslawen, Slowenen und Kroaten, Serben, Mazedonier und Bosnier, die sich in ihrer früheren Heimat gegenseitig abschlachten. Sie haben in Deutschland nicht zur Gewalttätigkeit beigetragen, aber sie schaffen Probleme am Arbeitsplatz. Sie beachten sich nicht, sprechen nicht miteinander, selbst wenn es um Fragen der Arbeit geht, und die Deutschen versuchen sie vorsichtshalber auseinanderzuhalten. Aber auch etliche serbische Kriegsverbrecher haben in Deutschland Zuflucht gefunden, sich unter die Einwanderer gemischt und mittels blutiger Auseinandersetzungen und Erpressung Protektion erhalten. Die Polizei hat einen der übelsten Verbrecher in München auf der Straße festgenommen, und Deutschland stellt ihn jetzt wegen der Greueltaten, die er in einem Lager verübt hat, »auf der Grundlage des Völkerrechts« vor Gericht. Die Reaktion der Genossen wird bereits in Betracht gezogen.

Über die offenen Grenzen des Ostens kommen deutschstämmige Russen ins Land. Einer ihrer Vorfahren ist im 18. Jahrhundert vielleicht nach Petersburg gegangen, um dem Zaren und seinen Fürsten Paläste zu bauen. Aufgrund dieses Umstandes können sie heute nach Deutschland kommen und auf der Stelle Deutsche mit allen Rechten und Pflichten werden.

Eine Bekannte, die Rußlanddeutsche unterrichtet, sagte mir, sie hätten es sehr schwer. Aus der Stille der sibirischen Steppe oder der friedlichen Landschaft an der Wolga würden sie in die Hölle der Metropole verpflanzt und drohten verrückt zu werden: Der weite Himmel fehle ihnen und die reine Luft, »aber sie schreiben nach Hause, es ginge ihnen ausgezeichnet«. Warum? fragte sie. »Weil unsere Verwandten erwarten, daß es uns gut geht. Wenn wir die Wahrheit schreiben, dann denken sie, wir seien egoistisch und wollten sie nicht hier haben.«

Es kommen die polnischen Banden mit ihrer mörderischen hausgemachten Droge, die billig ist und das Hirn zerstört; die Soldaten, die bei der ehemaligen sowjetischen Armee gedient hatten und nach Hause (das es nicht gibt) geschickt wurden, kommen heimlich wieder, nisten sich in den düsteren verlassenen Kasernen um Sanssouci ein, dem Schloß Friedrichs II. in Potsdam, und verschieben von dort aus Drogen und Waffen.

Das Boot ist voll

In keinem Land der Welt wird das Asylrecht von der Verfassung so großzügig geregelt wie in Deutschland. Wer auch immer verfolgt wird, wird aufgenommen, woher er auch kommt. Innerhalb eines Jahres kamen bis zu einer halben Million Menschen, fast doppelt so viele, wie Bonn Einwohner hat, die Fürsorge, Wohnung, etwas zu essen, eine Hoffnung für die Zukunft brauchen. Das Gesetz wurde in der Nachkriegszeit in Gedenken an jene deutschen Flüchtlinge verabschiedet, die im Dritten Reich in Europa oder den Vereinigten Staaten Asyl fanden.

Dabei dachte man an einen Willy Brandt oder einen Thomas Mann, aber heute erlebt man die Flucht ganzer Völker, die oft vom Hunger getrieben sind. Sind sie keine politischen Flüchtlinge? Ist der Hunger vielleicht nicht eine Folge ungerechter sozialer Systeme? Schön und gut, aber die Deutschen fürchteten auf einmal, von den Neuankömmlingen überschwemmt zu werden, und änderten das Asylgesetz. Nur ein bißchen. Sie haben immer noch die liberalste Verfassung der Welt, und es scheint mir ungerecht, daß andere Länder, die sich davor hüten, es ihnen auch nur andeutungsweise nachzutun, den Deutschen wegen dieser Änderung Vorwürfe machen.

Warum haben in Deutschland 340 000 Flüchtlinge aus dem ehemaligen Jugoslawien Zuflucht gefunden, und wir haben nur 25 000 aufgenommen? Dabei liegt Italien näher am Balkan. Flüchtlinge aus einem kriegführenden Land sind nach den internationalen Konventionen, auch wenn es zynisch klingt, nicht unbedingt politische Flüchtlinge. Wir halten die Ankunft von 25 000 Albanern für eine historische Katastrophe und weisen sie *en bloc* ab, und die Deutschen haben täglich bis zu zweitausend Asylanten aufgenommen. Sie müssen sich nur mit den Polen darauf verständigen, die Zigeuner, die in die Bundesrepublik gekommen waren, »direkt« nach Rumänien zurückzuschicken, schon schreiben die Zeitungen im Ausland von »40 000 Zigeunern, die in plombierten Waggons abgeschoben werden«. So habe Hitler sie ins KZ geschickt. Der Vergleich war zu erwarten. Es handelt sich hier nicht um eine nicht ganz korrekte Meldung, sondern um eine schändliche Manipulation, besonders durch jene, die die Zigeuner am liebsten in Lagern rund um Rom, schlimmer als das schlimmste Bidonville, vergessen würden.

Die Änderung des Asylrechts war zweifellos bitter. Aufgrund der neuen Regelung, die unter den Flüchtlingen jene erfaßt, die aus »sicheren« Ländern kommen und deshalb zurückgeschickt werden können, sobald sie die Grenze erreicht haben, hätten die Norweger 1933 Willy Brandt auch nach Hause geschickt, und sein Fall wäre erst einmal in aller Ruhe geprüft worden. Aber bevor man Deutschland kritisiert, sollte man daran erinnern, daß es Verfolgte aller Art aufnimmt, politische Flüchtlinge, Kriegsflüchtlinge, Verzweifelte auf der Suche nach Nahrung, und zwar mehr als alle anderen Länder Europas zusammen.

Es geht dabei mit System vor, wie es hier so üblich ist. Die Asylanten werden nach einer mathematischen Regel im Land verteilt, und zwar proportional zu der Einwohnerzahl jedes einzelnen Bundeslandes, und innerhalb der Länder wiederum im Verhältnis zur Bevölkerung auf Städte und Dörfer. Das dichtbesiedelte Bayern bekommt mehr als das kleine Saarland, und München nimmt mehr Tamilen auf als Wilflingen, das weitab im Schwarzwald liegt. Als ich dieses System einmal italienischen Freunden erklärte, meinte jemand: »Typisch deutsche Anmaßung. Es muß doch jeder hingehen können, wohin er will.« Das sagte er, bevor auch Italien von Einwanderern überschwemmt wurde.

Wir haben dieses Problem nicht, denn die Gäste, die mit oder ohne Einladung kommen, werden erst gar nicht gezählt. Doch in Deutschland berücksichtigt das numerische Verhältnis offenbar nicht das psychologische Verhältnis, denn zwanzig Afghanen in einem Dorf mit tausend Einwohnern »stören« mehr als tausend in einer Metropole. Nach der Wiedervereinigung wird das System der Verteilung korrigiert, um mehr Neuankömmlinge in die Länder des ehemaligen Ostens schicken zu können, »wo mehr Platz ist«, wo die Menschen aber nach einem halben Jahrhundert der Isolation auch weniger vorbereitet sind.

Der Eindruck, in der früheren DDR gebe es mehr Fälle von Rassendiskriminierung, ist falsch, wie die Daten belegen. In Hoyerswerda oder Rostock war es »auffälliger«, im Westen ist man auch in diesen Dingen »effizienter«, siehe Mölln und Solingen. Die Deutschen des ehemaligen Ostens sind in den 30er Jahren stehengeblieben, bei einer mehr bäuerlichen, provinziellen und einfachen Vorstellung, was ihre Heimat betrifft (und an und für sich nicht verkehrt ist). »Wir wollen unter uns bleiben«, antworten sie, wenn man sie nach den Motiven ihrer Reaktion fragt. Wie eine Familie, die keine Fremden beim Sonntagsmahl dabeihaben will. »Steht uns das etwa nicht zu?« fragen sie. Als Rassisten fühlen sie sich nicht, sie wählen nicht die Parteien der extremen Rechten, die im kosmopolitischen Westen Zustimmung finden.

Die Reaktionen sind nicht nur gewalttätig, sondern auch von einer schmerzlichen Gefühlskälte. Die Bewohner eines Dorfes bei Berlin haben einen Betrag ausgesetzt, ein paar Mark pro Kopf, um den Skinheads ein »Trinkgeld« zu geben, damit sie die Turnhalle, die in eine Herberge für Ausländer umfunktioniert worden war, anzünden, bevor die Asylanten kämen. In einem anderen Dorf sind die Bewohner angetreten, ihre Asylanten zu verteidigen mit denen sie sich angefreundet hatten und denen die Abschiebung drohte; das berichte ich, um »als Chronist der Wahrheit die Ehre zu geben«, wie es früher hieß.

Der Rassismus des Dritten Reiches war gekennzeichnet durch eine vollständige Abschottung gegen alles, was zu Recht oder Unrecht nicht »durch und durch deutsch« war. Es endete damit, daß die tiefsten Wurzeln der nationalen Kultur zerstört wurden, als die Juden in die Konzentrationslager geschickt wurden.

Heute wissen die Deutschen nicht mehr, was sie eigentlich sind. Die Intellektuellen lassen sich endlos darüber aus, was man unter »deutsch« verstehen sollte, ohne zu einem Schluß zu kommen. Die ganz Klugen erklären sogar: Es gibt kein »typisch deutsch« mehr.

Was treibt Jugendliche aus Dresden oder Leipzig, die sich um eine Benetton-Jeans reißen und Dalla lieben, ohne ein Wort zu verstehen, oder ihre Altersgenossen in Hamburg und Frankfurt, die sich vielleicht sogar ein Armani-Jackett leisten könnten, was treibt sie zur Jagd auf Einwanderer?

Die Asylantenflut und die durch die Einheit entstandene Arbeitslosigkeit sind gewiß Gründe, die niemand leugnen kann. Das führt zu Depression und Angst, aber dabei darf man es nicht bewenden lassen.

Im Osten gab es Skinheads auch vor dem Fall der Mauer. 1987/88 waren es etwa tausend. Sie töteten einen Farbigen, indem sie ihn aus dem Zug warfen. Damals erfuhr man weniger, und die Polizei hatte alles noch fest im Griff. Heute ist die Jagd das ganze Jahr über offen, und sie ist nicht auf den Osten beschränkt.

In Berlin schneiden sie einem Polen die Zunge ab. In Trier, der Stadt von Marx, betäuben sie einen Pakistani und legen ihn auf die Schienen; ein Schnellzug reißt ihm ein Bein ab. Flüchtlingsheime werden angezündet. In der einst geteilten und wiedergefundenen Hauptstadt ist der Krieg zwischen Jugendbanden so verworren, als fände er in einem Beirut im Herzen Europas statt. Deutsche gegen Türken, Türken gegen Kurden, linke Deutsche, die sich mit Türken gegen die Skinheads verbünden, Neonazis gegen linke Gruppen. Solche Bündnisse werden nach den momentanen Erfordernissen des Tages oder Ortes geknüpft und wieder gelöst, sie sind von persönlichen Umständen, vom Charisma des augenblicklichen Anführers,

100

beeinflußt; es ist auch nicht immer einfach, dahinter eine Ideologie auszumachen, und die Beziehungen innerhalb eines Viertels sind manchmal stärker als die unter Angehörigen des gleichen Volkes.

Die Aufteilung der Flüchtlinge schafft Kontrollprobleme (man darf nicht vergessen, daß Deutschland ein Bundesstaat ist). In Niedersachsen vergnügen sich im Sommer in einem Schwimmbad zwei junge Tamilen mit waghalsigen Kopfsprüngen und dem Wettstreit, wer am längsten den Atem anhalten kann. Der Bademeister ermahnt sie, vorsichtig zu sein und die sonntägliche Ruhe des Ortes nicht zu stören. Sie machen weiter, bis der Ausdauerndere der beiden am Grund bleibt. Später ist es schwierig, die Identität des Toten festzustellen. Nicht weil er keine Dokumente hatte, sondern weil er zu viele hatte. Er hat sich einen Spaß daraus gemacht, Namen zu bilden, indem er unaussprechliche Silben aneinanderreihte, die vielleicht wirklich Namen sind, vielleicht auch nicht, jedenfalls haben die Behörden sie akzeptiert.

Als der junge Mann entdeckte, daß der Computer die Identitäten jeweils auf Landesebene registriert, reiste er unter immer neuem Namen von Bundesland zu Bundesland und strich die entsprechende Unterstützung ein, jedesmal um die tausend Mark. Empörung seitens der großen Zeitungen und rechtschaffener Menschen ob dieser »Scheinasylanten, die uns unser Geld wegnehmen«. Um die Entstehung eines Polizeistaates zu vermeiden, der von einem elektronischen Big Brother kontrolliert wird, haben einige Länder die finanzielle Unterstützung durch Gutscheine ersetzt, die in den Geschäften eingetauscht werden können, oder direkt durch Lebensmittelrationen und Kleidungsstücke. Empörung seitens der Asylanten: Die paar Mark, die sie gespart und nach Hause geschickt hatten, reichten manchmal aus, um ganze Familien zu ernähren.

In Tübingen, der Stadt Hölderlins, Hegels, Schellings und auch jener Medizinprofessoren, die die anthropometrischen Regeln aufstellten, nach denen die niederen Rassen klassifiziert wurden, forderten die Kirchen zum »zivilen Ungehorsam« auf. Etwa tausend Familien waren begeistert und kauften den Asylanten für sechzig Mark ihre Wochenrationen ab, die sie dann zu Hause probierten. Die Rechtsanwältin Sabine Zanker, die für ihr Leben gern Tortellini ißt, hat mit Vergnügen exotische Gerichte mit Reis und getrockneten Äpfeln zubereitet, aber mit dem Fleisch wollte sie nicht einmal den Hund füttern.

Der Grundschullehrer Martin Löffelhardt hat vor einem mysteriösen Paket mit einem Kilo Kartoffeln, holländischem Billigkäse und einem Kopf Radicchio kapituliert. »Was sollte ich damit anfangen?« Den Fruchtsaft im Tetrapak brachte er seinen Schülern mit: »Die trinken das.« Die ganz Skeptischen brachten Dosen und Tiefgefrorenes zur Kontrolle ins Hygieneamt; zu den Ängsten der Deutschen gehört die Angst vor Salmonellen, die jährlich einige Opfer fordern.

Der Gastwirt Tobias Raidt von den *Brunnenstuben* in Rottenburg hatte ein Flüchtlingsmenü für fünf Mark auf der Speisekarte, das, wie er erzählt, recht gut ankam, aber er gab es wieder auf, weil der Koch mit Kündigung drohte, denn das war unter seiner Würde.

Der Aufstand zeitigte erste Folgen. Schwäbische Richter gaben zwei Asylanten recht, die sich über die Rationen beschwerten: Jeder habe das Recht, frei zu wählen, was er essen wolle, urteilten sie. Und nicht die von Bürokraten verordneten Menüs, die ihr Wissen aus Abenteuerbüchern beziehen. Was würde ich sagen, wenn ich im Exil Lasagne essen müßte, »mein Nationalgericht« vielleicht, das ich aber von klein auf gehaßt habe? Diese Sorge wird den Asylanten bei uns zu Hause erspart, die zusehen müssen, wie sie allein zurechtkommen.

Ein typisch deutscher (?) Tag

Morgens ist die erste Station der Zeitungsstand am Kurfürstendamm. Vom Titelblatt des *Spiegels*, schenkt mir Franz Schönhuber ein gewinnendes Lächeln, der frühere SS-Mann und Chef der Republikaner, jener Partei der extremen Rechten, die nach einem richterlichen Urteil neofaschistisch genannt werden darf. Der Artikel beschreibt ihn als ernsthaften Mann (er ist Journalist), der sich gut kleidet und seine Krawatten zu wählen weiß. In einem Interview behauptet Schönhuber, seine Partei habe mit der alten Nazipartei nichts zu tun, aber »Adolf Hitler« werde bestimmt als der größte Staatsmann unseres Jahrhunderts in die Geschichte eingehen. Es folgt ein vertrauenerweckendes Interview mit seiner Gattin, die eine gutaussehende Frau und »Halbjüdin« ist, auch so ein Detail, das Zweifler überzeugen müßte.

Weiter geht es den Kurfürstendamm entlang bis zu einem Geschäft für Nazisouvenirs. Ich schwanke zwischen einem Krug mit
dem Bildnis des Führers, einem Wimpel mit Hakenkreuz und verschiedenen Büchern über die Taten der SS. Ich gehe in die Bar ne-
benan und bestelle einen Cappuccino, ein Gast grüßt den Barkeeper
mit erhobenem Arm, der andere streckt zur Antwort die Hand hoch
über den Kopf, dann ein freundschaftliches »Heil«.

Ich setze mich an einen Tisch, um meinen Packen Zeitungen durch-
zublättern und die Nachricht des Tages auszuwählen. Das ist gar
nicht so einfach. Soll ich den Prozeß gegen die beiden zehnjährigen
Buben verfolgen, die ein dreijähriges Kind gequält und getötet haben? Ihnen droht lebenslänglich, weil das Gesetz die Kinder wie Erwachsene beurteilt. Die Tatsache, daß sie in einem Viertel leben, in
dem die Arbeitslosigkeit infolge der extrem liberalen wirtschaftlichen Maßnahmen der Regierung bei über 50 Prozent liegt, gilt nicht
als mildernder Umstand. In Deutschland sorgt man sich, weil die Ju-
gendkriminalität überhandnimmt, und fordert, »ihnen eine Lektion
zu erteilen«.

Aus demselben Grund verteidigt die Presse das Verhalten zweier
Polizisten, die einen siebzehnjährigen Farbigen erschossen haben; sie
hatten ihn ohne Papiere in der U-Bahn erwischt. Er sei heimlich ein-
gereist, heißt es in dem Artikel. Es gebe zu viele Ausländer in Deutschland. Und »nur deshalb« komme es zu solchen schlimmen Zwischen-
fällen.

Die Verkehrspolizei hat einen Schwarzen angehalten, der gewagt
Auto fuhr. Er war wahrscheinlich betrunken, leistete Widerstand und
wurde ordentlich niedergeknüppelt. »Leider«, fügt der Kommentar
hinzu, unter den Augen einer Videokamera, und jetzt ist der Film im
Ausland verschwunden. Die Ausländer haben immer solche Vorurteile gegen die Deutschen.

Oder soll ich mich ausnahmsweise mal dem Sport zuwenden? Da
hat eine Fußballmannschaft dem Druck der Fans nachgegeben und
auf einen Champion verzichtet, einen Stürmer, der sie vor dem Ab-
stieg hätte retten können. Die einheimischen Sportsfreunde konnten
nicht hinnehmen, daß ihr Mittelstürmer einen »eindeutig jüdischen«
Namen hat. Also lieber in die zweite Liga, als den eigenen Prinzipien zu entsagen. Der Spieler wurde unter Preis ins Ausland verkauft. Aber die Sportseiten sind immer schon voll, also lasse ich es
bleiben.

Warum sollte ich mich anstatt den Nachrichten nicht lieber dem Schauspiel widmen? Die Kinos, in denen *Schindlers Liste* gezeigt würde, waren immer voll, ganze Schulklassen sehen sich Spielbergs Film an. Bei den bewegendsten und schrecklichsten Szenen pfiffen in der Vorstellung die Kinder, machten häßliche Geräusche und spotteten im Dunkeln, sie stachelten die SS an, ihre Arbeit besser zu tun. Zwei Schülerinnen verließen den Saal voller Abscheu, bevor der Film zu Ende war, und schilderten das Erlebte in einem Brief an die Stadtzeitung. Dies sei eine normale Reaktion, um die Spannung abzubauen, erklärten die Verantwortlichen der Schule, und die Direktorin bestrafte die beiden Schülerinnen wegen unerlaubten Sichentfernens vom Unterricht. Das gemeinsame Ansehen des Film galt als Teil des Unterrichtsprogramms.

Aber von Spielberg und Schindler ist vielleicht schon zuviel geredet worden. Ich könnte im Feuilleton einen Artikel zu einem historischen Thema schreiben, ich könnte über die jüngste Biographie schreiben, die dem Vater des Vaterlandes, Konrad Adenauer, gewidmet ist. Ein Historiker hat unveröffentlichte Unterlagen entdeckt, die die geheimsten Gedanken des Staatsmannes offenlegen: Er fand die Neger unterentwickelt, und ich als Italiener bin das auch, denn ich gehöre einer niederen Rasse an; wie die Zigeuner, fügt er hinzu. Man könne Adenauer nicht als Rassisten bezeichnen, heißt es in der Rezension, solche Aussagen seien der Zeit zuzuordnen, in der sie gemacht wurden. Damals hätten fast alle seine Landsleute so gedacht ...

Ich hätte noch hinzufügen können, daß die interessanteste Nachricht des Tages der Erfolg einer Enkelin Hitlers war, die in München für das Amt der Bürgermeisterin kandidierte und mit 44 Prozent der Stimmen um ein Haar gewonnen hätte. Aber da wären Sie mir gleich auf die Schliche gekommen, denn jeder weiß ja, daß der »Führer« keine Nachkommen hatte. Natürlich ist nichts von alledem in Deutschland passiert.

Der Siebzehnjährige wurde in der Métro von Paris erschossen, der Schwarze in Los Angeles mißhandelt, die Kinder standen in Liverpool vor Gericht, und was die Gedanken des Kanzlers betrifft, so stammen sie in Wirklichkeit von Winston Churchill. Alles andere ist in meinem Land geschehen, auch der faschistische Gruß in der Bar gegenüber dem Gymnasium *Giulio Cesare* in Rom, von dem ich vor ein paar Jahrzehnten, weil nicht mit dem Großteil meiner nostalgischen Schulkameraden vereinbar, praktisch ausgeschlossen (nicht verwiesen) wurde.

Die Barbaren kommen

Die Deutschen? Unheilbare Krieger seit dem Dunkel der Zeiten bis in unsere Tage, von den Barbaren des Tacitus, die in Bärenfelle gehüllt waren, bis zu den eleganten nationalsozialistischen Offizieren in makel- und faltenlosen Uniformen, die Befehle zu Massakern gaben und dabei am Klavier die Pathétique von Beethoven spielten. *Time* schrieb in den Tagen der Wiedervereinigung gar, das neue Deutschland werde 1 800 000 Mann unter Waffen haben, die am meisten zu fürchtende Militärmacht der Welt, wenn man die Soldaten des Ostens und die des Westens plus Reserven zusammenzählt. Das ist eine schamlose Lüge, aber viele glauben sie nur zu gern, wie man an die Ungeheuer und Hexen aus Pappmaché auf der Kirmes glaubt.

Die Soldaten der Reserve werden nie mehr in ihrem Leben einberufen, sie werden keine Zusatzausbildung absolvieren wie die friedfertigen Eidgenossen, abgesehen von äußerst seltenen Ausnahmen. Mit dreißig haben sie meistens Bauch, Familie, Auto, Bankschulden und wählen womöglich grün. Jene, die Uniform tragen und von Jahr zu Jahr weniger werden, um Löcher in der Bilanz zu vermeiden, verfluchen ihr Schicksal und beneiden die anderen, die gut davongekommen sind. 1991 gab es 150 000 Kriegsdienstverweigerer, im Jahr darauf waren es 138 000, durchschnittlich verweigert jeder Dritte den Dienst in der Bundeswehr, 90 Prozent der Anträge werden akzeptiert, jährlich sind über 70 000 nicht tauglich.

Uniform trägt nur, wer nichts dagegen hat, und die Einberufung kann man aus nichtigen Gründen hinauszögern. Sogar Urlaub rechtfertigt eine verspätete Ankunft in der Kaserne, ohne Konsequenzen.

Die Streitkräfte des großen Deutschland bestehen aus knapp 300 000 Soldaten. Wenige, aber gut ausgebildete, bis an die Zähne bewaffnete, unbeugsame Kämpfer? In Wirklichkeit mangelt es an Kampfgeist genauso wie an Munition. Wie gesagt wird den Soldaten im Manöver aus Mangel an »Rohstoff« geraten, wie im Comic mit der Stimme das Schußgeräusch nachzuahmen: peng! ist ein Pistolenschuß, bumm! macht der Granatwerfer, das Maschinengewehr wird mit einem Wortschwall nachgeahmt.

Das ist kein Witz aus dem Kabarett, sondern die offizielle Erklärung des Abgeordneten Alfred Biehle, des Beauftragter für die Berichte zwischen dem Bundestag und dem Personal der Streitkräfte. Auch am Benzin wird gespart: 1992 verbrauchten die Panzer 19,9 Millionen Liter gegenüber 25,3 Millionen Liter im Vorjahr. Und die »Jäger« rechnen mit dem Kerosin. Wir sind an der Grenze unserer Funktionsfähigkeit, klagen die Generäle, aber nach dem Fall der Mauer stoßen sie auf wenig Verständnis. Warum soll man in Voraussicht eines Krieges gegen einen Feind, den es gar nicht gibt, Geld verschwenden, das für den Wiederaufbau der ehemaligen DDR gebraucht wird? Die deutschen Piloten fliegen inzwischen Mig 29, die Moskau auf der verzweifelten Suche nach Westwährung verkauft hat. Sie seien ausgezeichnet, meinen die Piloten erstaunt. Der Kreml hat Sonderangebote im Schlußverkauf des kalten Krieges: zweihundert Mig 29 für zwanzig Millionen Mark das Stück. Ein Gesamtbetrag von vier Milliarden, abzuziehen von den Schulden, die Rußland bei der Bundesrepublik hat. Man solle akzeptieren, rät Manfred Opel, Militärsachverständiger der Sozialdemokraten, das Geld sehe man sowieso nie wieder.

Eine hübsche Einsparung in Anbetracht der Tatsache, daß die Mittel fehlen, um die Arsenale aufzustocken. Gegenüber dem Magazin *Focus* erklären hohe Offiziere, sie könnten in zwei oder drei Jahren dichtmachen, wenn es so weitergehe. Das deutsche Heer ist heute nicht nur nicht in der Lage anzugreifen, sondern garantiert nicht einmal ein Minimum an Verteidigung. »Unsere Armee ist Schrott« lautete der Titel des Magazins.

Die Regierung schmälert von Jahr zu Jahr das Budget, von dem sowieso nur 22 Prozent für die Erneuerung des Materials bestimmt sind, 51,5 Prozent geht in die Personalkosten. Die Mittel sind unzureichend, um den neuen internationalen Anforderungen zu genügen.

Als Bonn während des Golfkrieges beschloß, Truppenteile in die Türkei zu entsenden, in vorsichtigem Abstand zum Kriegsgebiet, stellte man fest, daß die zum Transport notwendigen Flugzeuge nicht vorhanden waren. Von den Russen wurde eine riesige *Antonow* gemietet, die lange auf der Kölner Startbahn blockiert war, weil nach Meinung des Piloten der Flugplatz für den Start der vollbelasteten Maschine nicht sicher genug war.

Am Ziel angekommen, beklagten sich die deutschen Soldaten, weil ihr Sold ein Drittel oder ein Viertel dessen betrug, was »die reichen

Italiener« bekamen. Während der Blockade gegen Restjugoslawien wurde ein Kreuzer mit dem klaren Befehl in die Gewässer der Adria entsandt, sich nicht in Feuergefechte verwickeln zu lassen. Wie er die Aufgabe, »vorsichtig« zu patrouillieren, hätte erfüllen können, ist ein militärisches Geheimnis, das für unsere Tradition charakteristisch scheint. Im Fernsehen wurden rührende Szenen von weinenden Müttern gezeigt, die ihre widerspenstigen Kinder an die Pier begleiteten.

Das seien alles Freiwillige, erklärten die Behörden. Das stimme nicht, sagte ein Rekrut im Fersehen, es werde starker Druck auf sie ausgeübt, sie sollten ihre Einheit und ihre Kameraden verlassen. Die Kritik verursachte einen Skandal und Debatten im Parlament. Laut Verfassung, die formuliert wurde, als die Erinnerung an den Krieg noch erschütternd frisch war, konnten sich die Soldaten der Bundesrepublik nicht an Kriegshandlungen außerhalb der NATO beteiligen, und sonst nur zu Verteidigungszwecken. Also kein Golf, kein Jugoslawien, kein Somalia, solange das Gesetz galt, das die Alliierten ziemlich in Verlegenheit brachte. Die Besatzung der AWACS-Aufklärer zum Beispiel setzt sich aus amerikanischen und deutschen Spezialisten zusammen. Wie sollte man letztere für die Flüge über dem Balkan ersetzen? Es handelt sich um hochspezialisierte Leute, die nicht einfach austauschbar sind.

Vor der Abreise zanken sich Regierung und Opposition monatelang darüber, wie die Mission zu bewerkstelligen sei: innerhalb oder außerhalb des Gebietes? Wie ein Schiedsrichter, der wegen eines Fouls genau auf der Linie einen Strafstoß verordnen muß. Und ist der Zweck friedlich, humanitär, defensiv? Die Deutschen machen sich sozusagen nur dann auf den Weg an die Front. Um für Somalia 1700 Freiwillige aufzustellen, mußten Soldaten aus 380 verschiedenen Einheiten herangezogen werden, und als sie angekommen waren, wurden sie in ein ruhiges Gebiet verlegt, nach Belet-Huen; sie wurden unter den »Schutz« des italienischen Zuges gestellt, der die deutsche Kolonne auch auf der tückischen Reise von der Küste ins Landesinnere begleitete. Sie seien froh, daß die Italiener da seien, die wüßten wenigstens, was zu tun sei, sagten die Soldaten im Zelt vor den Mikrophonen des Fernsehens und meinten es keineswegs ironisch.

Wir Italiener haben über eintausend Somali getötet oder verletzt. Zum ersten Mal seit 1945 hat ein deutscher Soldat einen »Feind« getötet, einen unbewaffneten Dieb, der sich nachts ins Lager geschlichen hatte. Die Kommandanten waren verlegen, das Volk fassungslos, und die Familienangehörigen des Opfers wurden mit Vieh und zahlreichen Entschuldigungen entschädigt. Die Nachricht erschien zusammen mit der Enthüllung, daß Dutzende von Seeleuten des mit der Mission in der Adria betrauten Kreuzers, dauernd unter Marihuana (im besten Fall) standen, um ihr »widriges Schicksal« zu ertragen.

Ich glaube, die Bundeswehr ist das am wenigsten militaristische Heer Europas, weniger noch als unseres. General von Baudissin erläuterte mir vor Jahren in Hamburg seine Theorie vom »Bürger in Uniform«, auf dem eingedenk des letzten Krieges die deutschen Streitkräfte beruhen. Man hat das Recht oder vielmehr die Pflicht, einen Befehl zu verweigern, wenn man ihn für ungerechtfertigt hält. Eine Uniform ist kein Alibi, sein Gewissen zu verleugnen.

Die graue Uniform, die nicht viel hermacht und sowenig wie möglich getragen wird, ginge vielleicht für einen Briefträger oder einen Bahnhofsvorsteher an, aber nicht für die Erben der preußischen Militärtradition. In welchem anderen Land könnte man diskutieren, ob es rechtens ist, die Soldaten als »potentielle Mörder« zu bezeichnen, was ein Arzt getan hat, oder ein Denkmal für den »Unbekannten Deserteur« zu errichten? Es ist ein Block von einem Meter Höhe in Bremen in der Kirchheide vor der Nummer 49.

Haben fünfzig Jahre Kritik, Gewissenserforschung und Reue den Charakter des deutschen Soldaten verändert? Seine kriegerische Gesinnung, den Mut, den blinden Gehorsam bis hin zur Aufopferung ausgelöscht? Möglicherweise schon, aber schaut man sich die Geschichte der letzten Jahrhunderte an, dann scheint dieser deutsche Supersoldat auch ein Mythos zu sein. Eigentlich haben sich die Deutschen nicht verändert, sondern höchstens eine Kehrtwendung gemacht: Verglichen mit den zwölf Jahren Nationalsozialismus gab es Jahrhunderte, in denen die Deutschen in einem ruhelosen, blutrünstigen Europa zu den friedlichsten Völkern gehörten. Als die Spanier mit dem Völkermord in der Neuen Welt beschäftigt waren und die Engländer die Inder massakrierten, als die italienischen Stadtrepubliken darauf warteten, daß der Fußball erfunden werde, und sich derweil wöchentliche Scharmützel mit den Nachbarn lieferten und die Schweden sich in der Kunst der Kriegführung hervortaten, da hatten Städte wie Köln oder der Hansebund nicht einmal ein Heer.

Fünfzig Jahre lang, seit Ende des Zweiten Weltkrieges wollten auf der einen Seite die Westmächte, auf der anderen Seite Moskau, die napoleonische »Tradition« fortsetzen.

Das Heer der Bundesrepublik galt als Schutzschild der NATO, als einzige Macht, die fähig wäre, sich dem Angriff der »Roten« entgegenzustellen und lange genug auszuhalten, bis die »Unsrigen« von jenseits des Atlantiks kämen, die amerikanischen GIs, wie in einem altmodischen Western. Und der Widder, der unsere Linien hätte durchbrechen müssen, der unbesiegbare Hammer, der die westlichen Streitkräfte zerstört hätte, wäre natürlich die NVA gewesen, das Heer des anderen Deutschland.

Deutsche gegen Deutsche, das stand in der ersten Szene des ersten Aktes des Dritten Weltkriegs auf dem Programm. Ich persönlich glaube, daß sie niemals aufeinander geschossen hätten, aber die Mehrheit denkt anders darüber, und zum Glück muß nie der Beweis dafür erbracht werden.

Noch im Frühjahr 1989 sollten die nuklearen Kurzstreckenraketen in das Gebiet der Bundesrepublik verlegt werden, die zwangsläufig höchstens Ziele in Ostdeutschland treffen konnten, wo Moskau als Gegenmaßnahme entsprechende Raketen installiert hätte (oder war dies bereits geschehen, ich will keinen Streit vom Zaun brechen), die höchstens auf Köln oder Trier an der Grenze zu Frankreich und Belgien niedergegangen wären.

Kanzler Helmut Kohl ist zwar vier Zentimeter größer als Kaiser Wilhelm I. (aber der »letzte Preuße« war dank Stiefel und Pickelhaube über zwei Meter groß), aber beileibe kein »Krieger«, er zögerte zu Recht und gab den westlichen Verbündeten schließlich ein eisernes Nein zur Antwort. Unter anderem gefiel es den Deutschen ganz und gar nicht, daß Freund Mitterrand, der zu Helmut du sagt, seine Trikolore-Raketen an der Grenze zu Deutschland aufgestellt hatte, ebenfalls Kurzstreckenraketen, ebenfalls nur dazu geeignet, Deutsche zu töten, egal, ob im Osten oder im Westen. Noch weniger gefielen die Pläne zu einem Manöver der NATO, nach denen das Territorium der Bundesrepublik in den ersten Stunden des Dritten Weltkriegs seinem Schicksal überlassen und die einfallenden Truppen mit nuklearen Minibomben gezielt vernichtet werden sollten; die deutschen Städte wären ein zweites Mal zerstört worden.

Fünfzig Jahre lang herrschte ein Zustand politischer Schizophrenie: Die Bundesrepublik war ein Verbündeter, sogar einer der festesten und treuesten, gleichzeitig aber besetztes Gebiet. Zum ersten Mal in der Geschichte wurde ein besiegtes Land nicht nur zur Strafe oder aus Gründen der Vorsicht aufgeteilt (die Annektierung des Territoriums wäre etwas anderes gewesen), sondern man ließ das besetzte Land offiziell für die Kosten der Besatzung durch die Franzosen, Engländer und vor allem Amerikaner aufkommen, die sich in dem Augenblick in Verteidiger verwandelten, als es ans Bezahlen der Rechnung ging.

Es handelte sich nicht um einen formalen Status. Als der Pilot einer sowjetischen Mig die Freiheit wählte und auf einem Flugplatz in der britischen Zone landete, beschränkten sich die Deutschen darauf, den Flüchtling dem militärischen Verantwortlichen in London zu übergeben, um Ärger mit dem Kreml zu vermeiden, denn sie steckten mitten in ihrer Ostpolitik.

1988 stießen drei Jagdflugzeuge unserer Kunstflugstaffel *Frecce tricolori* am Ende der Vorführung in der amerikanischen Basis Ramstein zusammen und zerbarsten über der Menge. 150 Opfer waren zu beklagen. Im Streit darüber, ob derart gefährliche Schauspiele inszeniert werden dürfen, verlautete, daß »die Deutschen nichts damit zu tun haben«. In der Tat war die Basis amerikanisches Territorium, und die militärischen Behörden der USA konnten dort machen, was sie wollten, und einladen, wen sie wollten.

Aber weil es ja auch um uns Italiener ging, sprach der italienische Botschafter bei der Trauerfeier in Ramstein als Priester: »Lasset uns diese Seelen Gott geben.« Er schloß damit, daß eigentlich seit Leonardo, ganz zu schweigen vom sagenhaften Ikarus, der Mensch immer davon geträumt habe, fliegen zu können, und Träume hätten eben ihren Preis. Auf meinen und den Einwand einiger Kollegen hin erwiderten der Botschafter und unser Verteidigungsminister trocken: »Was hätten wir denn sagen sollen? Es war ja nicht unsere Schuld.« Als handelte es sich um die Klärung der Schuldfrage nach einem Auffahrunfall. Das schrieb ich und wurde nicht mehr in die Botschaft eingeladen.

In Italien dachte man gar nicht daran, den Deutschen ein Wort der Entschuldigung zu übersenden, und kündigte mit dem Unterton von *the show must go on* eine Vorstellung der *Frecce tricolori* für die folgende Woche an.

Was hätte ich schreiben müssen, wenn das Gegenteil geschehen wäre, wenn die deutsche Luftwaffe verkündet hätte, sie würde wieder fliegen, wenige Tage nachdem sie ein Blutbad unter der Menge in Italien angerichtet hat (oder Werkzeug dafür war, man muß die Worte richtig wählen). Aha, diese erbarmungslosen, kriegslüsternen Deutschen, Rassisten, Nazis und so weiter und so fort.

Ich weiß noch, wie verlegen meine Buchhändlerin in Bonn während des Golfkriegs war, als Deutschland nicht einen Soldaten, aber George Bush einen Scheck über elf Millionen Mark schickte, als Kostenbeteiligung für die Rettung der Welt vor dem derzeitigen Bösen. Sie war engagiert, eine 68erin, aber sie war mit einem Offizier verheiratet und fühlte sich schuldig.

»Mein Mann«, vertraute sie mir an, »hat eine schwere Zeit. Was soll ich sagen, wenn meine Freunde, italienische oder französische Kollegen, mich fragen, wo ich in diesen Tagen war?« Gleichzeitig dachte sie, es sei nicht falsch, sich aus dem Konflikt herauszuhalten. Schließlich schenkte sie mir ein Buch über die Waffenverkäufe der Deutschen. Sozusagen als Buße. Es war aber ein Taschenbuch.

Mit Marlene im Cabaret

Ich habe *Cabaret* in Savarys Inszenierung gesehen. Während des Festes zu Ehren von Christopher Isherwood ließ der französische Regisseur im Hintergrund plötzlich eine riesige Hakenkreuzfahne herunter. Das Kölner Publikum war fassungslos und mit einemmal ganz still. Die Leute um mich herum hielten den Atem an. Die Verlegenheit der Zuschauer war förmlich zu spüren, sollte man nun applaudieren oder nicht? Würde Schweigen als Mißbilligung interpretiert, oder der Applaus als zweideutig oder zuwenig »ernst« vor dem Symbol des Nationalsozialismus gewertet? Vielsagendes Zögern.

»Doktor Goebbels hat wirklich recht«, tadelt Elisabeth die Schwester Marlene vor dem Hintergrund eines düsteren Konzentrationslagers. »Du bist dekadent, du liebst die Juden und die Frauen. Du bist keine gute Deutsche, du bist eine Verräterin.« Das ist ein Schlüsselsatz des Musicals über die Dietrich *Sag mir, wo die Blumen sind*, das im April 1993 im *Theater am Kurfürstendamm*, ehemals Max Reinhardts Theater, uraufgeführt wurde. Schon das spezielle Publikum der Premiere, die der Presse vorbehalten war, war verstimmt, und der eine oder andere murrte.

111

Noch weniger gefiel *Sag mir, wo die Blumen sind* (den Italienern besser bekannt in der süßlichen Version von Joan Baëz), wie es die großartige Jutta Habich mitten in einem Lazarett des Zweiten Weltkriegs sang. »Geschmacklos«, stand in einigen Zeitungen.

»Es ist eine Hommage an Marlene«, sagte Friedrich Kurz, der Produzent des Stückes. »Sie ist eine Heldin, eine der wenigen deutschen Persönlichkeiten, die ich schätze. In Deutschland mag man sie nicht besonders. Keiner unserer Politiker fühlte sich verpflichtet, an der Trauerfeier in Paris teilzunehmen.« In Berlin wurde das Grab der Dietrich geschändet, und der Beschluß des Senats, 100 000 DM für den Nachlaß der Diva auszugeben und Kleider, Straußenfedern, Schuhe, Drehbücher, Photos zu kaufen, stieß auf Kritik.

Das Stück, das bis zum Jahr 2000 auf dem Programm stehen und Touristen in die neue alte Hauptstadt locken sollte, hat nicht einmal den ersten Sommer überlebt. Es war nicht vollkommen, aber so schlecht fand ich es gar nicht, und ich vermute, daß die Hauptdarstellerin selbst an diesem frühen Ende »schuld« war, jene Marlene, die Deutschland verläßt, um Josef v. Sternberg nach Hollywood zu folgen, Goebbels' verlockende Angebote ausschlägt und in der amerikanischen Uniform in ihre Heimat zurückkommt.

Wie Stefan Heym, der unbequeme Schriftsteller, der dem Dritten Reich entflieht, in amerikanischer Uniform zurückkehrt und sich im kommunistischen Deutschland niederläßt, wo er unerwünschte Bücher schreibt, die dort nicht veröffentlicht werden dürfen und im Westen erscheinen. Oder Willy Brandt, der als norwegischer Offizier in »sein« Berlin zurückkehrt, oder Thomas Mann, ebenfalls amerikanischer Staatsbürger, der nach dem Krieg nicht in die Heimat zurückwill, sondern lieber vor der Haustür im Exil lebt, in der behaglichen Zürcher Villa.

Es ist einer der deutschen Widersprüche. Man preist die Entscheidung von Marlene Dietrich, Stefan Heym, Willy Brandt und Thomas Mann, findet ihr Verhalten aber im Grunde des Herzens ungehörig. Man gibt es nicht zu, vielleicht nicht einmal vor sich selbst, aber man ist überzeugt, sie hätten in Deutschland bleiben und sich dem Regime entgegenstellen müssen. Mit Logik ist solcher Einstellung nicht beizukommen. Und Außenstehende stolpern immer wieder darüber.

Die Deutschen akzeptieren die Lektionen über die Vergangenheit, sie sind sogar bereit, einen Gast zurechtzuweisen, der versöhnlich sein möchte: Nein, es ist wirklich in keinem anderen Land etwas Vergleichbares geschehen, erklären sie traurig und schämen sich. In weniger als einem Monat haben dreieinhalb Millionen Menschen *Schindlers Liste* gesehen, und die wenigen Kritiker (»Indiana Jones in Auschwitz«) wurden als der Reaktion verdächtig abgestempelt.

Wir haben die Überprüfung unserer Vergangenheit mit einem einfachen Achselzucken erledigt. Ein Dokumentarfilm im Fernsehen mit einem Kommentar, der weniger ernsthaft war als ein Schlager, das war's. In Deutschland läuft die 1986 von dem Historiker Ernst Nolte in die Wege geleitete Diskussion über die »Vergangenheit, die nicht vergeht« noch immer, mühsam und gequält.

Der Professor, der (wegen einer Mißbildung an einer Hand) keinen Militärdienst geleistet hat, erzählte mir von seinen Kriegsjahren, als er als einziger Student unter vielen Kommilitoninnen in Heidelberg bei einem Lehrer namens Heidegger Philosophie studierte. Seine These (die diskutabel, aber nicht so plump ist, wie seine Gegner behaupten): Hitler war nicht der einzige und auch nicht der erste; der Nationalsozialismus ist als Reaktion auf den Bolschewismus entstanden.

Es ist eine Relativierung, keine Absolution. Aber in Deutschland reagierte man schroff. Nachdem in der *Frankfurter Allgemeinen Zeitung* ein Artikel von ihm erschienen war, nahm das Verlagshaus, mit dem er bereits einen Vertrag über ein Buch abgeschlossen hatte, von einer Veröffentlichung Abstand. Sechs weitere Verlage lehnten es ab, bis es dann doch in den Buchhandel gelangte. »Die italienischen Kollegen«, sagte Nolte zu mir, »behandeln mich, auch wenn sie nicht mit mir einverstanden sind, korrekt, wie es in Deutschland sehr selten der Fall ist.«

Geht es in Gesprächen um die Vergangenheit, dann schweigen die Deutschen, oder sie werden unbeherrscht und versuchen, ihr Gegenüber davon zu überzeugen, daß sie anders sind als die anderen. Am 9. November 1988, damals nur der Jahrestag der »Reichskristallnacht«, als noch niemand ahnte, daß ein Jahr später, ebenfalls an diesem Tag, die Mauer fallen würde, gedachte Bundestagspräsident Jenninger der Ereignisse mit einer schönen Rede, die er schlecht las.

Er, oder besser sein Ghostwriter, erklärte, warum das deutsche Volk diesem »faszinierenden« Phänomen, das Hitler war, folgte und in jener Nacht vor einem halben Jahrhundert die Synagogen in Brand steckte und die Schaufenster der jüdischen Geschäfte zerschlug. Dieses Pogrom wurde von oben inszeniert, aber das Volk machte gern mit, und jene Nacht, mahnte Jenninger, beweist, daß es eine kollektive Schuld war und nicht die Schuld einiger teuflischer Nazihäupter, was zu glauben beruhigender wäre. Aber die Rede war voller langer Zitate, der Redner machte die Sätze zwischen den Anführungsstrichen nicht »spürbar«, und die zerstreuten Abgeordneten hielten sie für seine eigenen. Wie konnte er es wagen, zu behaupten, Hitler sei »faszinierend« gewesen? Ein gut Teil der grünen Abgeordneten und einige Sozialdemokraten verließen den Saal.

Der Skandal zwang Jenninger zum Rücktritt, auch die verspäteten Reaktionen aus dem Ausland reichten nicht aus, um ihn zu retten. Freund Kohl »tröstete« ihn mit dem Posten des Botschafters in Wien. Das traurigste Los aber traf den Urheber der Rede. Er, der in Bonn als einer der brillantesten Redenschreiber galt, verlor seinen Posten, er begann zu trinken, seine Frau verließ ihn, angetrunken wurde er am Steuer erwischt und verlor seinen Führerschein. Kann man sich eine ähnliche Geschichte in Rom oder Paris oder London vorstellen?

Der Mäzen, Kunstsammler und Schokoladenfabrikant Peter Ludwig beschert der Allgemeinheit Museen voller Meisterwerke. Er besitzt die größte Sammlung nationalsozialistischer Künstler, drei- oder viertausend Gemälde, aber es ist ihm nie gelungen, sie auszustellen. Das Gesetz verbietet es. Auf den Bildern der Nazimaler sind mehr Kühe auf der Weide und ahnungslose, pausbackige blonde Nymphen am Ufer eines Baches zu sehen als SS-Leute, die der aufgehenden Sonne und dem Ruhm entgegenmarschieren. Hitler belohnte sie, während er befahl, die Werke der »entarteten« Künstler zu zerstören (seine Parteibonzen versteckten sie in weiser Voraussicht bei sich zu Hause oder verkauften sie heimlich im Ausland), aber manche Bilder sind gar nicht schlecht, das eine oder andere, ich wage es zu sagen, ist sogar besser als Sironi. Aber sagen Sie das mal einem Deutschen. Da ernten Sie böse oder argwöhnische Blicke.

Juden

1973 folgte ich Willy Brandt nach Israel. Es war der erste Besuch eines deutschen Kanzlers in Tel Aviv und Jerusalem. Wenn jemand die Beziehungen zwischen Deutschland und Israel normalisieren konnte, dann war das Brandt, der Mann der Ostpolitik, der Entspannung, der Kanzler, der es wagte, im Warschauer Ghetto niederzuknien. Vor dem Hotel *King David* in Jerusalem erwartete uns eine Gruppe Demonstranten, die Plakate trugen. »We like Willy«, hatten sie darauf geschrieben, und in der nächsten Zeile stand: »Aber Willy ist kein Deutscher«.

Die Beziehungen zwischen Israel und Deutschland werden immer »sehr speziell« sein, was eigentlich gar nicht so bedauerlich ist. Die Deutschen sind gezwungen zu schweigen, wenn die Welt gegen die Politik von Tel Aviv protestiert. Gewähren sie Hilfe, dann wirft man ihnen vor, sie wollten »die Vergangenheit mit ihrer Deutschen Mark kaufen«. Verweigerten sie die Hilfe, würden sie der »Gleichgültigkeit« bezichtigt.

Auch den Israelis wird ein ungerechtfertigter Vorwurf gemacht: Sie würden die Toten benutzen, um immer noch mehr Geld und verschiedene Hilfsleistungen, inklusive Waffen, von Bonn zu bekommen. Es ist eine beiderseits ausweglose Situation, trotz der Bitte um Verständnis und Versöhnung, die jüdische Intellektuelle immer wieder vorbringen. Der gute Wille der Deutschen müsse auch von jüdischer Seite anerkannt werden, erklärt der Schriftsteller Schalom Ben-Chorin, 80, der in München geboren ist. 1935 floh er aus Hitler-Deutschland nach Palästina, wo er in Jerusalem lebt und weiterhin auf deutsch schreibt. Nur zwei seiner Bücher wurden ins Hebräische übersetzt.

Die Beziehungen zwischen Juden und Deutschen seien noch ein zartes Pflänzchen, mahnt Ben-Chorin, und der neue Antisemitismus in Deutschland wecke alte Ängste, aber es gebe keine kollektive Schuld, und von einer kollektiven Scham solle man auch nicht sprechen: Es gebe eine kollektive Verantwortung. Was er von den Deutschen verlange, sei kritische Solidarität. Von ihnen mehr als von anderen Völkern.

Elf Prozent der Israelis sind überzeugt, daß das heutige Deutschland »sicher demokratisch ist«, weitere 50 Prozent halten es für »fast sicher«. Ebenso viele betrachten die Skinheads als eine »Gefahr für die Demokratie«. Die Musik des »Antisemiten Wagner« ist in Israel weiterhin verpönt, aber gleichzeitig ist der Deutsche der meistgespielte Komponist. Die Musik, die Frischvermählte in der Hauptstadt oder im entlegensten Kibbuz begleitet, ist nichts anderes als der Hochzeitsmarsch aus dem Lohengrin, nur wissen sie es nicht.

Auf deutscher Seite meinen 76 Prozent, daß »Israel ein Staat wie jeder andere« ist; diese Ansicht teilen übrigens 27 Prozent der Israelis. 36 Prozent finden immer noch, daß »die Juden in den Angelegenheiten der Welt zuviel Einfluß haben«. Und 62 Prozent würden gern einen Schlußstrich unter die Vergangenheit ziehen.

»Ohne die Juden gibt es keine deutsche Identität, ohne die Deutschen gibt es keine jüdische Identität. Deutsche und Juden sind und bleiben aneinandergekettet, und nach dem Holocaust noch mehr als vorher«, sagte mir Michael Wolffsohn, geboren 1947 als Sohn jüdischer Eltern, Professor für Zeitgeschichte an der Bundeswehrhochschule München.

Er ist selbst der Beweis für seine Auffassung. Den Eltern, dem Berliner Vater, der Bamberger Mutter, gelang gerade noch rechtzeitig die Flucht aus dem Dritten Reich; gleich nach Kriegsende 1945 kamen sie zurück. Sie hielten ein paar Jahre durch und wanderten 1947 nach Israel aus, wo im selben Jahr Michael in Tel Aviv geboren wurde. Bis 1954 bleiben sie dort und kehrten dann wieder nach Berlin zurück. Aber 1967 ging der Sohn nach Israel, um am Sechstagekrieg teilzunehmen; drei Jahre lang diente er im Heer. Ein Leben und eine Familie der Widersprüche oder, jenseits von Äußerlichkeiten, des schmerzhaften und erkämpften Miteinander?

»Warum sind Sie zurückgekommen?« fragte ich Professor Wolffsohn.

»Wie eine Pflanze spürte ich, daß hier in Deutschland die Erde war, die mich am besten nähren würde, wo ich mich würde entwickeln können. Hier waren meine Wurzeln.«

»Und die Freunde?«

»Sie reagierten sehr verständnisvoll. Sie fragten nur: Warum ausgerechnet Deutschland? Ich erklärte es ihnen genauso, und sie akzeptierten es … Ich lebe sehr gern in München, und es fällt mir nicht schwer, Deutscher zu sein und Jude zu bleiben. Beide Identitäten sind vereinbar. Ich zögere nicht, mich einen deutsch-jüdischen Patrioten zu nennen. Dieses Deutschland nach der Wiedervereinigung ist eine doppelte und erneuerte Gemeinschaft, die sich von der Vergangenheit löst. Ist sie es wert, geliebt zu werden? Menschen sind es wert, geliebt zu werden, nicht Staaten. Es genügt, wenn man in ihnen leben kann.«

Die israelische Zeitung *Maariv* schrieb, die Rechnung zwischen den Juden und ihren Henkern sei ein halbes Jahrhundert nach Kriegsende noch offen. Wolffsohn ist nicht einverstanden: »Diese Behauptungen sind ein großer Fehler … Schuld ist nicht vererbbar, Martyrium auch nicht. Deshalb sind die Deutschen von heute, die nach dem Holocaust geboren sind, nicht schuldig, so wie die Juden von heute nicht die Märtyrer von damals sind. Ich glaube, daß eine Generation von Juden, die heute ›wir Opfer‹ sagt, sowohl einen historischen wie politischen und auch biologischen Fehler macht, den man nicht akzeptieren kann. Genausowenig kann ich als Deutscher mich mit dem Ausdruck ›wir Mörder‹, ›wir Schuldigen‹ identifizieren. Die Deutschen, die heute leben, sind nicht das ›Volk der Mörder und Henker‹ und auch nicht ›das Volk der Dichter und Denker‹, was genausooft zu hören ist. Als Deutscher kann ich nicht sagen: ›Wir haben Juden in Auschwitz vergast‹, und als Jude kann ich nicht sagen: ›Wir wurden in Auschwitz vergast.‹ Als Jude kann ich sagen: ›Deutsche haben Juden in Auschwitz getötet.‹«

Zwei, nein drei, eventuell vier

Ich folgte Präsident Sandro Pertini auf seiner ersten Auslandsreise. Viele Italiener wunderten sich, daß er sich als ehemaliger Partisan, der in Flossenbürg einen Bruder verloren hatte, sich ausgerechnet für Deutschland entschied. Er kannte die Deutschen offensichtlich gut, er hatte ein reines Gewissen und mußte sich nicht hinter grollenden Erklärungen und Argwohn gegen die Bundesrepublik verstecken.

Auf dem Flug von Rom nach Köln ging ein deutscher Kollege niedergeschlagen von Reihe zu Reihe und forderte uns auf, eine Kassette anzuhören. Vor der Abreise hatte Pertini während eines Interviews zu ihm gesagt, die Fünfprozentklausel, welche die kleinen Parteien vom Bundestag ausschließt, sollte auch in Italien angewendet werden. Als unsere Liberalen, Sozialdemokraten und Radikalen, für die diese Klausel das Todesurteil wäre, protestierten, hatte er nonchalant dementiert.

»Aber ich hab's doch aufgenommen«, sagte der Unglückliche immer wieder, um Solidarität bemüht.

Pertini eroberte die Herzen der Deutschen. Er besuchte Flossenbürg im Regen, untergehakt bei Franz Josef Strauß, ein seltsames Paar, der eine klein und dünn, üppig der andere. In Berlin, vor dem Brandenburger Tor, war er der einzige, der es mit dem Andenken an die historischen Worte von John F. Kennedy aufnehmen konnte. Schlesinger hatte sie sich für seinen Präsidenten ausgedacht und »auf

117

englisch« auf einen Zettel geschrieben, denn Kennedy sprach nicht Deutsch: Eak bean i-n bar-lee-ner. Pertini erklärte:»Wenn mein Genua durch eine Mauer geteilt wäre, würde ich bis zu meinem Tod für die Wiedervereinigung kämpfen«, was Kennedy sich nicht hätte erlauben können, ohne die Panzer der Roten Armee Unter den Linden anrollen zu sehen.

Dann sah er einen Vogel, ich glaube, es war eine Krähe, die vom Osten in den Westen flog, und er fügte hinzu:»Sie kann rüber, aber auf die Menschen schießen sie.« Damit hatte er die Titelseiten und die Sympathie der Menschen für sich. Seine Abschlußrede hielt er in München im Hotel *Vierjahreszeiten*. Pertini blieb auf der Schwelle stehen und sagte laut:»In dieses Hotel sollte man mit einer Frau gehen.« Er wandte sich dem verblüfften Außenminister zu und erklärte:»Sie schauen so zweifelnd, Herr Außenminister, aber ich kann schon noch, wissen Sie.« In seiner Rede kam er wieder auf die Fünfprozentklausel zu sprechen, die es den Deutschen erlaubte, »nur zwei Parteien zu haben«. Der skeptische Außenminister signalisierte ihm mit den Fingern verzweifelt »drei, drei«, aber Pertini fuhr fort, »die zwei Parteien« zu preisen, bis er keine Lust mehr hatte und sich ergab:»Ich verstehe schon, Herr Außenminister, aber die zwei sind wichtiger als die dritte.« Die Reise neigte sich sowieso ihrem Ende zu, und auch die deutschen Kollegen hatten gelernt, die Fauxpas und Kapricen unseres Präsidenten, der eine Seele von Mensch ist, der aber kein Blatt vor den Mund nimmt, zu »vergessen«.

Pertini und Scharen italienischer Politiker, Politologen und Soziologen haben stets das deutsche Wahlgesetz, mit dem eine Wiederholung der Geschichte vermieden werden soll, gepriesen, aber man hütete sich jahrzehntelang davor, es zu kopieren. Schön und gut, für die anderen. Als wir dann eine Änderung beschlossen, schlitterten wir von einem Extrem ins andere. Das System der Bundesrepublik ist eine vernünftige Verhältniswahl, korrigiert durch die heißersehnte und ebenso geschmähte Fünfprozentklausel. Wer sie erreicht, zieht in den Bundestag ein, wer sie verfehlt, und sei es nur mit einer Stimme, bleibt draußen, alles oder nichts. Bei den bayerischen Landtagswahlen liegt die Grenze sogar bei zehn Prozent.

Ich will ja nicht übertreiben, aber den Schimmer einer Seele haben sich die Parteien bewahrt. Hin und wieder kämpfen sie, gegen die eigenen Interessen, für ihre Ideen. Die Sozialdemokraten widersetzten sich der Verfassungsänderung, die den Asylanten den Zugang verwehren sollte, und forderten damit die öffentliche Meinung heraus. Bundestagspräsidentin Rita Süßmuth ist zwar Christdemokratin, erweckte aber den Zorn ihres Kanzlers, als sie sich bei der Debatte über die Abtreibung den sozialdemokratischen Frauen anschloß. Die Grünen setzten ihren Platz im Bundestag aufs Spiel, um ihren Prinzipien treu zu bleiben, die in der Zeit der Wirtschaftskrise zu kostspielig waren.

Vielleicht bin ich sentimental, aber es ist schön, eine Bundestagsdebatte mitzuerleben, in der die Abgeordneten für sich sprechen und die Parteidirektiven vergessen, wie es beim Ja zu dem bulgarischen Künstler Christo der Fall war: Sollte er den Reichstag verhüllen dürfen oder nicht? Jeder stimmte nach seinem eigenen künstlerischen Gewissen. Ein zweitrangiges Problem? Helmut Kohl hat ein Gedächtnis wie ein Elefant, was man nicht unterschätzen darf, und als erklärter Gegner Christos wird er die Namen der »Abweichler« nicht vergessen, die dieses Sakrileg mit ihrer Entscheidung gegen die Empfehlung des Kanzlers zugelassen haben. Die Tücher, die den Reichstag verhüllten, könnten eines Tages zum Leichentuch ihrer politischen Karriere werden.

Die grundsätzlichen Bündnisse sind schon vor der Wahl bekannt, man kann sich danach also an die Arbeit machen, ohne Zeit zu verlieren. Nicht immer, aber fast immer. 1969 erteilte der damalige Präsident Heinemann Willy Brandt das Mandat, die Regierung zu bilden, obwohl die SPD nur zweite Partei war, denn die Liberalen hatten ihre Absicht angekündigt, den traditionellen christdemokratischen Partner zu verlassen. Der »Treubruch« war eine schwierige Sache und hatte Diskussionen und mehr oder weniger geheime Verhandlungen zur Folge. Einige liberale Abgeordnete wechselten das Hemd, und drei Jahre später war ein Mißtrauensvotum notwendig, das in einem überraschenden Patt und vorgezogenen Wahlen endete. Solche Ereignisse sind extrem selten und für die Öffentlichkeit ein Schock.

Noch ein wichtiges Merkmal des deutschen Systems: Wenn man eine Regierung stürzen will, genügt es nicht, sie über diese oder jene Frage in die Minderheit zu bringen. Der Herausforderer muß auch deutlich machen, wie seine wahrscheinliche neue Mehrheit aussieht. Es ist das sogenannte konstruktive Mißtrauensvotum, das bei uns ausgereicht hätte, viele Krisen zu vermeiden.

Toskana-Fraktion und Saumagen

Pertini hatte schon recht. In Deutschland zählen nur zwei Parteien, nämlich die »Saumagenpartei« und die »Toskana-Fraktion«, respektive die deutschen Tories und die Labour Party, die Rechte und die Linke, die alte und die neue. Aber wenn das so wäre, dann wäre es zu einfach. Die beiden Gruppen, die sich da gegenüberstehen, rekrutieren ihre Mitglieder aus den traditionellen Parteien.

In der Toskana-Fraktion, die in der Mehrheit aus Sozialdemokraten besteht, tummeln sich liberale und christdemokratische Abgeordnete und ein paar Grüne, die schon so weit auf Abwege geraten sind, daß sie *la dolce vita* noch genießen können. Und unter dem Etikett »Saumagen« findet sich Kanzler Helmut Kohl Seite an Seite mit seinem Gegner wieder, dem Sozialdemokraten Rudolf Scharping, denn beide vereint die unbändige Leidenschaft für diese Spezialität aus ihrer Heimat Rheinland-Pfalz.

Der athletische kürzlich zurückgetretene Chef der Sozialdemokraten (90 Kilo bei 1,89, also vier Zentimeter kleiner und 40 Kilo leichter als sein Rivale) büßt dafür, indem er wie ein Irrer radfährt, der Kanzler zieht sich zu Ostern nach Bad Gastein in Österreich zurück und verbringt zwei Wochen bei Wasser und Brot, wobei ihm seine Frau Hannelore auf die Finger schaut, um seinen Umfang um acht Prozent, wie es bei den Wirtschaftsfachleuten heißt, das sind etwa zehn Kilo, zu verringern.

Der Saumagen ist von undefinierbarer Füllung, geheim wie die Coca-Cola-Mixtur, und besteht in etwa aus Schweinebauch, Schinken, Bratwurst, Kartoffeln und Karotten; er wird in Scheiben aufgeschnitten und gegrillt. Kohl pflegt ihn seinen Ehrengästen vorzusetzen, Gorbatschow und Mitterrand, Bush und der Eisernen Lady, die er in seinen Heimatort Oggersheim schleppt und dabei Bonns internationale Beziehungen aufs Spiel setzt. Mir hat er ihn auch angeboten, und wir haben es alle überlebt. Das beweist nur, daß ich wenigstens einen Magen wie ein Staatsoberhaupt habe.

Die pfälzische Wurst ist zum Symbol einer bestimmten Landespolitik emporgestiegen, so daß Wolfgang Herles, hervorragender Korrespondent des ZDF in Bonn, ihr sogar einen Essay gewidmet hat, *Das Saumagen-Syndrom*, das Syndrom der Politiker, die eine bestimmte Vorstellung vom Leben und vom Staat vertreten, die leichter zu »fühlen« als zu erklären ist. Grob zusammengefaßt ist es aus rechtem Blickwinkel die Substanz gegen die Erscheinung der To-skana-Fraktion. Aus linker (oder südlicher?) Sicht ist es die Schwere gegen die Leichtigkeit, die mit Gerümpel und Cholesterin beladene Tradition gegen die »neue Grenze«. Es ist ja nicht so, daß Ribollita und Pappardelle mit Wildschweinsauce keine Triglyzeride enthiel-ten, aber das ist nicht der einzige ambivalente Punkt dieser Gegenü-berstellung.

Zur Toskana-Fraktion gehören Otto Schily, einst Anwalt der Baa-der-Meinhof-Terroristen, Grüner der ersten Stunde und heute sozi-aldemokratischer Abgeordneter, Joschka Fischer, Chef der Grünen mit ein paar Kilo zuviel und beiden Beinen auf der Erde; daneben Björn Engholm, Sozialdemokrat von der Ostsee, ein schlanker, gut-aussehender Mann, maßvoller Pfeifenraucher, der einem Drama von Ibsen entsprungen scheint und das Gegenteil von Oskar Lafon-taine ist. Die Toskaner reden lieber über Frauen und mit Frauen, die entzückt von ihnen sind, verrät Lafontaine, der mit Spitznamen »Na-poleon von der Saar« heißt, als sich die Nächte mit dem Schmieden von Machtintrigen um die Ohren zu hauen.

Engholm meint, die Politik dürfe nicht nur schlechten Menschen anvertraut werden. Aber die Macht gefällt auch den Vertretern der Toskana-Fraktion, und Parteigenosse Scharping bemerkt kritisch, die Sozialdemokraten müßten über soziale Probleme und nicht über Weine und Urlaubsorte diskutieren; aber auch die Saumagen-An-hänger lieben das Vaterland nicht mehr als sich selbst. Sie erwecken nur den Eindruck, als würden sie sich opfern, unterstellen die Kolle-gen und reisen ab in die Toskana.

Die Abgeordneten sind nicht bestechlich

Im Frühling 1972 verlor Rainer Barzel gegen Brandt, weil ein Ab-geordneter aus den eigenen Reihen für den Gegner stimmte. Der ost-deutsche Geheimdienst, der um die Fortsetzung der Ostpolitik des sozialdemokratischen Kanzlers besorgt war, hatte ihn mit 50 000 DM gekauft, wie Jahrzehnte später festgestellt wurde, als nach dem Fall der Mauer die Archive geöffnet wurden.

Zum Preis eines Mercedes änderte sich die europäische Geschichte, aber derjenige, der dafür verantwortlich war (er ist inzwischen ver-schwunden), hätte sowieso nicht bestraft werden können. Die deutschen Abgeordneten sind nicht bestechlich. Denn wer sie kauft, begeht keine strafbare Handlung, zumindest nicht bis zum Herbst 1993. Die Schmiergeldzahler *all'italiana* mögen sich jedoch in acht nehmen: Die Abgeordneten konnten Autos und Villen, Aktien und Bargeld annehmen und riskierten dafür nicht einmal eine gelbe Karte. Die Bestrafung wurde den Wählern übertragen, wenn sie schon so dumm waren, sich erwischen zu lassen (ich fürchte, das Ende des Privilegs war dem Echo der Skandale bei uns zu Hause zu verdanken).

Man begeht jedoch eine strafbare Handlung, wenn man einen Beamten, den unantastbaren Funktionär des Staates, besticht, also auch einen Minister, der als erster Staatsbeamter gilt. Einem Beamten können Sie einen Blumenstrauß oder eine Flasche Wein anbieten, solange der Wert nicht ein paar Mark übersteigt. Jenseits davon setzt die Korruption ein. Außer das Geschenk landet beim Staat: das gilt für den Minister auf Auslandsreise ebenso wie für den Beamten hinter dem Schalter.

Am Ende eines Besuches in einem arabischen Emirat kamen die Gastgeber zum Abschied auf die Rollbahn des Flughafens und brachten zahlreiche Päckchen für die Sekretärinnen des Gefolges mit. Sie wickelten goldene Rolex aus, jede im Wert von ein paar tausend Mark. Das Geschenk wurde nicht zurückgegeben, um die Araber nicht zu beleidigen, aber alle wurden aufgefordert, ihre Uhren beim Außenminister abzuliefern, sie konnten ihre Rolex aber auch zu einem »günstigen Preis« zurückkaufen. Nur eine Sekretärin tat es, um ein kleines Andenken zu behalten.

Die Geschichte wurde mir im Bundespresseamt erzählt, aber es schwang die Erinnerung an gute und für immer verlorene Zeiten mit. Auch in Deutschland drückt man ein Auge (oder zwei?) zu, und das immer häufiger. Vielleicht will man mich auch mitten in unserer Schmiergeldaffäre trösten. Kann schon sein, antworte ich, aber ihr Deutschen seid im Vergleich zu uns Amateure, Dilettanten. In Italien zahlt man Schmiergeld, in Deutschland Trinkgeld.

Der aufstrebende Wirtschaftsminister, der Liberale Möllemann, der eine große Zukunft vor sich hatte, ist über einen Plastikjeton gestolpert, ohne daß er auch nur einen Pfennig abgezweigt hätte.

Da es ärgerlich ist, wenn man beim Einkaufen kein Markstück bei der Hand hat, hatte ein entfernter Verwandter Möllemanns die geniale Idee, einen universellen Plastikjeton zu erfinden, mit irgendeiner Werbung auf beiden Seiten. In einer schwachen Stunde empfahl der Minister den Erfinder verschiedenen Ladenketten, und dies auch noch, unverzeihlich nachlässig, auf dem Briefpapier des Ministeriums. Als die familiäre Schieberei herauskam, leugnete Möllemann erst, dann ergab er sich. Adieu Ministerium, adieu Blitzkarriere.

Aber das Wichtigste dabei ist, daß von den verschiedenen angeschriebenen Ketten nur zwei auf den Vorschlag mit dem Jeton antworteten. Sie lehnten ab. In welchem anderen Land hätte man das Ansuchen eines Wirtschaftsministers schon mit derart eisiger Gleichgültigkeit ignoriert? Möllemanns »Schuld« ist auch nicht unverzeihlich, und wie ein Fußballspieler, der gegen die Spielregeln verstoßen hat, wird der Exminister wohl für eine mehr oder weniger lange Zeit auf der Bank Platz nehmen müssen. Früher oder später kann er wieder mitspielen. Wie sein Parteifreund Graf Lambsdorff.

Das ist der grundlegende Unterschied zu uns. Man verlangt Vollkommenheit, und theoretisch ist die Strafe so drastisch, daß man am Ende die Augen verschließt, um nicht unter den Schuldigen aufräumen zu müssen. In Deutschland weiß man, daß niemand vollkommen ist, und legt Regeln und Strafen fest. Die Korruption gehört zum Spiel, vorausgesetzt, es wird fair gespielt. Mit anderen Worten, eine Frage der Qualität.

In Magdeburg leerte der lokale Verantwortliche der CDU die Parteikasse und machte seiner Freundin Geschenke, unter anderem sechshundert Flaschen Sekt, die er ihr schickte und als Aufwandsentschädigung angab. Als es herauskam, heiratete er seine Freundin einfach. So bleibt alles in der Familie.

Der christdemokratische Verkehrsminister Günther Krause, der aus dem Osten gekommen war, schaffte als Neuling nicht den plötzlichen Sprung vom Kommunismus zum Konsumismus. Ihm fehlte es vor allem am rechten Schliff, und das scheint schwer verzeihlich: Er ließ sich vom Staat die Kosten für den »dienstlich begründeten« Umzug von seinem Dorf an der Ostsee nach Berlin erstatten, ein paar tausend Mark. Er aber hätte das Recht auf die Bezahlung eines Umzugs nach Bonn gehabt, wo sich sein Ministerium befand. Das zweite Vergehen wog schwerer: Er stellte stundenweise eine Haushaltshilfe ein, die arbeitslos gemeldet war, und ließ sich vom Arbeitsamt einen Teil des Lohnes erstatten.

Ein eher lächerliches als böses Foul, rote Karte und ab vom Platz, denn der Politiker aus dem Osten hat das komplizierte System der westlichen Regeln nicht begriffen. Frau Süßmuth jedoch, die ihrem

Mann als privatem Bürger Dienstmercedes und Chauffeur »geliehen« hatte, wurde ritterlich, oder weil es gerade paßte, verziehen.

Es kommt eben darauf an. Weniger auf die Sünde als auf den Sünder. Lothar Späth, Ministerpräsident von Baden-Württemberg, nahm Einladungen in die Karibik in Flugzeugen und auf Yachten der hiesigen Industriellen an (wofür er ihnen nichts gewährte). Er mußte zurücktreten, weil er leichtsinnig gewesen war, vielleicht auch weil er als möglicher Nachfolger Kohls galt, der damals in Schwierigkeiten steckte.

Sein Kollege und bayerischer Nachbar Max Streibl stolperte über eine ähnliche Geschichte. Er fuhr »zur Probe« Auto und Motorrad von BMW, Münchens »Hausfirma«, obwohl er kein Experte ist, und nahm vor allem Reisen nach Südamerika an, um einen Freund, einen Flugzeugkonstrukteur, in einer Sache zu vertreten. Seit damals heißt Tangentopoli auf deutsch Amigoland. Damit ist Bayern gemeint, aber die ganze Bundesrepublik verdient diesen Namen.

Was die Beschuldigungen betrifft, so soll der Amigo par excellence Franz Josef Strauß gewesen sein, der 1987 verstorbene Vorgänger Streibls, vorzüglicher *press agent* für die Unternehmen seines Landes, die ihn in ihre Aufsichtsräte aufnahmen. Der »bayerische Löwe« sagte offen, man könne mit allen Geschäfte machen, auch auf dem Rüstungssektor, nur Kuba und Nicaragua dürfe man keine Waffen verkaufen. Ich verschaffe meinen Landsleuten Aufträge und Arbeit, erklärte er. Und auch den einen oder anderen Vorteil sich selber, behaupten seine Gegner. Er soll zum Beispiel Amigo Zwick geholfen haben, der dank eines riesigen »Gesundheitszentrums« (ein bißchen Klinik und vor allem Luxushotel) und dank des Lasters, die Steuern zu hinterziehen, Millionär geworden war. Er flüchtet in die Schweiz, um dem Fiskus eine Rechnung über 30 Millionen Mark nicht zahlen zu müssen, wo ihn »der liebe Franz« besuchte und ihm seine Hilfe zusicherte. Als Gegenleistung überwies ihm Zwick jeden Monat 20 000 DM auf ein diskretes Zürcher Konto.

Strauß starb infolge eines Sturzes bei einer Jagdpartie, aber Versprechen müssen gehalten werden, und dafür sorgte die Schwester des »Löwen« dank der Verbindung zu ihrem Kindergartenfreund Streibl. Das Finanzamt gewährte ein Skonto: von 30 auf 8 Millionen Mark.

Geht es in Deutschland zu wie Italien? Man rechnet, daß jährlich 20 Milliarden Mark, die für den Aufbau der ehemaligen DDR bestimmt sind, in den Taschen der Spekulanten verschwinden, das sind etwas weniger als zehn Prozent der gesamten Investitionen. Wir bewegen uns also noch innerhalb eines tolerierbaren Rahmens. Und es gibt einen Unterschied. In Deutschland stiehlt man für sich oder für seine Partei, aber die notwendigen öffentlichen Arbeiten werden geleistet, und trotz des Schmiergeldes werden sie sogar gut gemacht. Sozusagen legen auch die Diebe Wert auf Effizienz.

Lobbies und Industrieunternehmen, auch Privatpersonen, können die Parteien offen unterstützen, nur muß der »Obolus« von einer gewissen Summe an namentlich sein. So spendete 1992 Daimler-Benz Kohls CDU/CSU 600 000 DM, den Sozialdemokraten 500 000 DM, den Liberalen 200 000 DM und den Grünen, die gegen die umweltverschmutzenden Autos wüten, keinen Pfennig. Es scheint mir korrekt. Wer für die Grünen stimmt, kann ja ein anderes Auto kaufen, wenn er es für richtig hält. Die Metallindustrie zahlt der CDU 645 000 DM, den Sozialdemokraten 75 000 DM.

Die Parteien erhalten Geld vom Staat im Verhältnis zum Stimmenanteil bei der letzten Wahl. Wie bei uns. Aber hier reicht das Geld, vielleicht weil es auf Parteitagen Würstel und Bier gibt und man die meistens auch noch selber zahlen darf. Und alle finden es normal, sogar die Journalisten.

Kohl weiß, wie empfindlich seine Landsleute in puncto Geld sind, und achtet gewissenhaft darauf. Als sein Sohn bei einem Verkehrsunfall in der Nähe von Bologna schwer verletzt wurde, eilte die Mutter an Bord eines Militärflugzeuges an sein Bett. Wer hätte sich bei uns schon darum gekümmert? Die Maschinen und ihre Mannschaften müssen sowieso jeden Monat eine bestimmte Anzahl an Flugstunden erfüllen. Mit dieser Ausrede schickte ein gewisser italienischer Verteidigungsminister, wo auch immer in Europa er unterwegs war, einen »Jäger« nach Rom, denn er wollte druckfrische Zeitungen zu seinem üppigen Frühstück haben.

Auch der Flug von Köln nach Bologna hätte als normaler Übungsflug aufgenommen werden können. Aber Herrn Kohl wurde die Rechnung für das Ticket ins Haus geschickt: 76 000 DM und ein paar Zerquetschte, was auch für einen Kanzler (Jahresgehalt 460 000 DM) kein Pappenstiel ist. Nicht klar ist, ob Kohl um die Rechnung gebeten hat oder ob er nicht wußte, was da auf ihn zukam, aber in Anbetracht der Umstände wäre es geschmacklos gewesen, sich kleinlich zu zeigen. Tatsache ist, daß er wortlos, vielleicht mit einem kleinen Seufzer, zahlte. Ein Lufttaxi wäre ihn billiger gekommen.

In Bonn und morgen in Berlin versuchen die Politiker einen einfachen Stil an den Tag zu legen. Kohl hat mich einmal im September zu dem üblichen Fest im Kanzleramt eingeladen. Auf der Wiese waren hübsche Zelte aufgebaut, man ließ sich (gratis) Würstel und Bier schmecken und freute sich an Feuerschluckern und Schlangenbeschwörerinnen. Die heile Atmosphäre eines ländlichen Festes im Haus des mächtigsten Mannes von Europa.

Zu Weihnachten habe ich in Rom einen unserer Expolitiker gesehen, wie er mit zwei Autos als Eskorte, eines vorn, eines hinten, und einem Auto mit Hofschranzen im Gefolge zwei Minuten nach Ladenschluß vorfuhr und den armen Kaufmann zu einer außerplanmäßigen Verlängerung der Öffnungszeiten zwang. Meine Freunde staunten, daß ich erstaunt war. Die Eskorte überlebt als Statussymbol. In Deutschland ist es für einen Politiker wichtiger, daß man ohne sie auskommt.

Die jüngste Generation der RAF war bis 1992 weiter aktiv und wählte dabei sorgfältig außergewöhnliche Ziele: Der Diplomat, der sich an der Seite von Außenminister Hans-Dietrich Genscher bemüht hatte, die Beziehungen zwischen Reagan und dem Kreml wiederherzustellen (und dessen Namen niemand kannte, der nicht direkt mit ihm zu tun hatte); der Wissenschaftler bei Siemens, der mit dem »Krieg der Sterne« beschäftigt war; der Chef der Deutschen Bank, Alfred Herrhausen, der den Kanzler beraten hat, wie man die deutsche Wiedervereinigung erreichen könne, und sich dadurch schuldig gemacht hat; Detlef Rohwedder, der erste Chef der Treuhand, die die Unternehmen der früheren DDR vom Marxismus zur Marktwirtschaft (oder zu ihrem Ausverkauf, wie die Kritiker meinen) geführt hat.

Unvorhersehbarer und daher gefährlicher sind jene Verrückten, die Politiker grundlos angreifen. Eine Krankenschwester näherte sich Oskar Lafontaine mit einem großen Küchenmesser, das in einem Blumenstrauß versteckt war, und versuchte, ihn wie ein Zicklein abzustechen. Der Chef der sozialdemokratischen Linken wäre fast verblutet. Ein Verrückter schoß aus nächster Nähe auf Wolfgang Schäuble, damaliger Innenminister und wahrscheinlicher Nachfolger von Kanzler Kohl; er ist gelähmt und für immer auf den Rollstuhl angewiesen.

Bei diesen Gelegenheiten wurden die Sicherheitsdienste beschuldigt, aber sogleich von den Opfern selbst in Schutz genommen: »Wir können nicht unter einer kugelsicheren Glasglocke leben«, erklärten Politiker von Regierung und Opposition einmütig. »Wir wollen nicht auf den direkten Kontakt mit den Menschen verzichten, eine gewisse Dosis Gefahr gehört zu unserem Beruf.«

Sie sind weiterhin aufgetreten. In Berlin wurde Kohl während einer Demonstration gegen den Rassismus mit Steinen beworfen, und die Photos des Bundespräsidenten Richard von Weizsäcker, dessen weißer Regenmantel mit faulen Eiern beschmutzt war, gingen um die Welt. Und wenn sie etwas Gefährlicheres geworfen hätten?

Als Weizsäcker in Hamburg ins Theater ging, fragte ihn am Eingang ein riesenhafter Passant freundlich: »Darf ich Ihnen die Hand schütteln?« Der Präsident wandte sich ihm zu, und der Besessene, ehemaliger deutscher Meister im Gewichtheben, ehemaliger Zuhälter, Raußschmeißer eines Striplokals auf der Reeperbahn und fast zwei Meter groß, versetzte ihm einen gezielten Kinnhaken.

»Meine beiden Leibwächter trifft keine Schuld«, sagte Weizsäcker, »einem solchen Schlag kann man nicht zuvorkommen.« Und wenn er einen Dolch gehabt hätte? Der Präsident zuckte die Schultern, ließ sich ein Pflaster aufs Kinn kleben und betrat pünktlich das Parkett, bevor der Vorhang hochging.

Die deutschen Politiker denken mehr an die Würde als an die Gefahr. Tausende von Demonstranten belagerten den Bundestag während der Debatte über die Änderung des Asylrechts.

Die Abgeordneten mußten mit dem Hubschrauber kommen oder wie die Marine mit Booten am Ufer des Rheins landen, aber der Bonner Polizeichef hatte klug einen Zusammenstoß vermieden. Er bildete sozusagen einen elastischen »Catenaccio«, indem er die Demonstranten zurückhielt und mit weicher Hand in Richtung vorbereiteter Einbuchtungen umleitete. Die Wiesen des Regierungsviertels, das schmucke kleine Brasilien am Rhein, waren zwar in einen Schweinestall verwandelt, aber der Tag ging zu Ende, ohne daß sich jemand einen blutigen Schädel holte.

Kohl wetterte gegen das Verhalten der Polizei, die die Würde des Parlaments nicht geschützt habe. Der weise Kommandant hat seine Karriere nicht riskiert: Er ist Nordrhein-Westfalen unterstellt, das von der sozialdemokratischen Opposition regiert wird.

Als auf den Kanzler einmal in Halle in der ehemaligen DDR Eier niederhagelten, packte ihn die Wut. Rot im Gesicht, unbezwingbar wie ein Muria-Stier riß er die Leibwächter und die Würdenträger des Gefolges mit sich und stürmte auf die Absperrung zu, um sich dem

127

Nahkampf mit den Demonstranten zu stellen, allein gegen alle, mit Eigelb beschmiert, bis es gelang, ihn nach hinten zu ziehen. Nur wenige Nachrichtensendungen zeigten diese überraschende Sequenz. Zensur? Ich würde sagen Schutz.

Der rasende Kohl von Halle, das besudelte Weiß des Präsidentenregenmantels haben meinen deutschen Bekannten argen Kummer bereitet. Wie weit ist es nur mit uns gekommen? war ihr einhelliger Kommentar. Aber ich fand es beruhigend. Es war ein Zeichen dafür, daß Deutschland sich nicht hinter den Plexiglasschilden der Polizei versteckt und daß es, wenn es die Nerven verliert, nur für eine handfeste Rauferei die Ärmel hochkrempelt.

Meine Freunde dachten, ich als boshafter Italiener mache mich über sie lustig. Ein deutscher Politiker muß starke Nerven haben. Wie soll man jemandem vertrauen, den der Zorn packt, wenn's drauf ankommt? Wahrscheinlich haben sie recht, aber als ehemaliger (bescheidener) Rugbyspieler bewunderte ich seinen Stil. Ich war Halbspieler und entschieden kleiner als die Kolosse der vordersten Linie. In meinem »Haufen«, in dem ich auch zusehen mußte, daß ich unversehrt blieb, hätte ich immer gern einen Durchbrecher wie Kohl gehabt. In Halle hat Kohl seinen Wählern mißfallen. In Italien und Frankreich hätte er Applaus und Stimmen eingeheimst. Rugby ist in der Bundesrepublik ja auch ein fast unbekannter Sport.

Deutschlands Politiker müssen Ruhe bewahren (Bismarck hat Wilhelm II. nie einen Fußtritt versetzt) und ihr Wort halten. Kohl hat das Vertrauen der Deutschen aus Ost und West mit zwei harmlosen Wahllügen auf ewig verspielt. Zu den ehemaligen Untertanen Honeckers, die zur ersten freien Wahl nach fast sechzig Jahren aufgerufen waren, sagte er, sie würden ebenso wohlhabend wie die Menschen im Westen werden, und das so schnell wie möglich. Ich als Italiener verstand, was er wollte. Sie waren betäubt von der Enthaltsamkeit, was Demokratie betrifft, und verstanden nicht. Den reichen Landsleuten im Westen versprach er, die Steuern nicht zu erhöhen, was während eines Wahlkampfes ja gar keine Lüge ist; es ist ungefähr, als fragte man: »Alles in Ordnung bei euch zu Hause?«

Die beiden Protagonisten einer shakespearischen politischen Tragödie haben, weil sie gelogen haben, verloren, der eine das Leben, der andere die Karriere. In Italien sprach man wenig davon, wahrscheinlich weil der Name des Bundeslandes, in dem sie sich abspielte, Schleswig-Holstein, für die meisten unaussprechlich ist, auch für die

Auslandsredakteure, ebenso der Name von Björn Engholm, dem dortigen Chef der Sozialdemokraten. Gutaussehend und intelligent, gefährdete er den damaligen Chef der Landesregierung, den ebenfalls faszinierenden Uwe Barschel, dem man eine Karriere ohne Grenzen, sogar das Erbe Kohls in Bonn, prognostizierte.

Barschel ließ den Rivalen bespitzeln und verbreitete Verleumdungen über ihn: er sei homosexuell und zahle keine Steuern, zwei tödliche Verdächtigungen im lutherisch-moralistischen äußersten Norden. Aber sein Komplize, einst ein ausgezeichneter Journalist, verriet ihn und enthüllte das Komplott gegen Engholm. Als der Skandal aufflog, distanzierten sich auch die christdemokratischen Parteifreunde von Barschel. Ich sah ihn live im Fernsehen, allein gegen alle, wie er sich die Hand aufs Herz legte und seine Unschuld erklärte. Als Ausländer dachte ich sofort (zu Unrecht?), daß er demnach zweifellos schuldig sein müsse.

Ein paar Tage später wurde Barschel vergiftet in einem Luxushotel in Genf gefunden; vollständig bekleidet lag er in der bis zum Rand gefüllten Badewanne. Die Deutschen zweifelten nicht: Als seine Lügengeschichte ans Licht kam, hatte er sich das Leben genommen. Nur seine Witwe kämpft noch, sie glaubt, die Stasi, die Geheimpolizei des damals noch vitalen Ostdeutschland, habe ihn ausgeschaltet.

Nun zum zweiten Akt. Engholm gewann die Wahlen in Schleswig-Holstein, übernahm Lafontaines Posten in der Führung der SPD und galt als Favorit in der Auseinandersetzung mit Kohl um die Kanzlerschaft. Wenn es keine weiteren Enthüllungen gegeben hätte. Es kam heraus, daß er schon Tage vorher gewußt hatte, daß er bespitzelt wurde, er schwieg und profitierte von dem unfairen Tun des Gegners. So etwas inszenieren normalerweise feindliche Geheimdienste, wie wir aus Spionagefilmen und -romanen wissen. Hat das Opfer denn die Pflicht, sich sogleich als solches zu erklären? Als er es erfahren habe, rechtfertigte sich Engholm, sei er erschüttert, wie betäubt gewesen, er habe sich zurückziehen wollen, wenn so Politik gemacht werde.

Es war nichts zu machen. Auch er mußte seinen Hut nehmen.

Ein weiteres Detail verdient, erwähnt zu werden. Auch im Hamlet sind die Darsteller der zweiten Reihe, Rosenkranz und Güldenstern, wichtig. Ein Journalist des *Sterns* entdeckte Barschels Leiche. Anstatt sofort die Polizei zu rufen, ließ er dem Photographen Zeit, seine Bilder zu schießen, und untersuchte das Zimmer. Ein Knüller ohnegleichen. Aber *Die Zeit*, die vorgehabt hatte, den Reporter einzustellen, teilte ihm sogleich mit, sie habe ihre Meinung geändert. Die Zeitung, zu deren Chefredakteuren *honoris causa* Exkanzler Helmut Schmidt gehört, fand sein Verhalten skrupellos.

»Loyales« Verhalten wird in Deutschland auch von Leuten verlangt, die meinen Beruf ausüben. Alle wissen, daß nur wenige Politiker und, ich fürchte, auch wenige Journalisten das Handbuch der Pfadfinder befolgen, aber man darf sich nicht im Abseits erwischen lassen. Wenn ein deutscher Maradona für die Nationalmannschaft mit dem Händchen ein Tor schießen würde, würde er allseits auf Mißbilligung stoßen. Und wenn das erbarmungslose *replay* das trickreiche Foul eines deutschen Champions offenbart, erkennt der Kommentator fast immer als erster an, daß der Schiedsrichter recht hat, auch wenn er einen fatalen Strafstoß in der neunzigsten Minute verordnet.

»›Der Zweck heiligt die Mittel‹, hat euer Machiavelli gesagt, aber nicht bei uns«, erklärte mir ein alter Kollege aus Hamburg. Als ich ihm auseinandersetzte, daß der Autor des »Fürsten« zu Unrecht verleumdet wird und diese zynische Maxime niemals ausgesprochen hat, zumindest nicht in der Form der brutalen Quintessenz, die ihm von ihren Verkündern zugeschrieben wird, schaute er mich zweifelnd und enttäuscht an. Ihr Italiener seid also zu gar nichts fähig, nicht einmal zu der eisigen, genialen machiavellistischen Intelligenz? las ich in seinem Blick. Uns Italienern ist wirklich nicht zu trauen.

Die Grünhemden

Besteht die Gefahr, daß in es Deutschland wieder ein totalitäres System gibt? Zwei von fünf Amerikanern beantworten diese Frage mit Ja. Ich auch. Aber sie denken dabei an Deutsche in braunen Hemden, die im Gleichschritt vor dem Reichstag aufmarschieren. Ich sehe sie alle durcheinander in leuchtend grasgrünen Hemden daherkommen. Die einzige Diktatur, die in der Bundesrepublik möglich ist, ist die ökologische Diktatur, die vielleicht schon begonnen hat. Die deutschen *Grünen* waren die ersten in Europa, die eine Partei gegründet haben, sie sind als erste in ein regionales Parlament und als erste in ein nationales Parlament gekommen, sie sind als erste ins europäische Parlament eingezogen und gehörten als erste zu einer Landesregierung.

Die Italiener waren die ersten (und einzigen), die per Referendum die Atomkraftwerke abschafften, während der Grüne Joschka Fischer, hessischer Umweltminister, noch mit dem Ideal und den alltäglichen politischen Anforderungen ringt. Er schließt das heruntergekommene Atomkraftwerk Biblis, die Sozialdemokraten machen es wieder auf, und er tritt nicht zurück, wie es die Basis gern hätte, die neidisch und respektvoll nach Italien blickt.

Aber wir haben die Atomkraft abgeschafft und kaufen die Energie für teures Geld in Frankreich, das seine Atomanlagen direkt an der Grenze zu uns und zu Deutschland gebaut hat und sein radioaktives Wasser in den Rhein abläßt, der dann durch Deutschland fließt. Wenn die Grünen an der Macht sind, werden sie mit ganz anderer Ernsthaftigkeit und Konsequenz ans Werk gehen, sie werden ihre Landsleute zwingen, Kerzen zu verwenden oder auf dem Hometrainer zu radeln, um den Fernseher mit Strom zu versorgen. Zwingen ist das falsche Wort, denn die meisten werden einverstanden sein. Was mich beunruhigt, ist dieser Konsens.

Bei uns ist jeder davon überzeugt, daß die Umwelt geschont werden muß, aber man erwartet, daß es die anderen für einen tun. Man zerstört das jahrtausendealte sardische Gestein, um es daheim im Wohnzimmer auszustellen und so seine Liebe zur Natur zu bezeigen, und flucht, wenn man das Tischchen fürs Picknick am Strand nicht mehr aufstellen kann, weil er vom Müll übersät ist. *Les Verts*, französische Grüne, setzten ihre Zukunft aufs Spiel, als sie vorschlugen, die Straßen von Paris aufzureißen und die Bewohner der Viertel zu verpflichten, abwechselnd höchstpersönlich die eigenen und die Abfälle der Nachbarn zu beseitigen. Die *Grünen* hätten den Vorschlag genial gefunden. Früher oder später werden sie ihn in die Tat umsetzen.

Sie schlagen vor, den Benzinpreis auf fünf oder sechs Mark pro Liter zu erhöhen, damit weniger Auto gefahren wird. Der Umwelt zuliebe wollen sie, daß in der Nähe von Wäldern, also praktisch überall, nicht schneller als 100 km pro Stunde gefahren wird. Im Schwarzwald und anderswo wurde jeder Baum katalogisiert, jeder Pfad hat seine Nummer. Einer der wichtigsten Texte von Martin Heidegger trägt den Titel *Holzwege*. Heidegger, der gern durch die schwäbischen Wälder wanderte, meint damit jene von den Holzfällern geschlagenen Wege, die nur zu Lichtungen ohne Ausweg führen, in denen die Bäume für Brennholz gefällt wurden. Dort sieht man Licht, aber man kommt nirgendwohin. Die Grünen werden den Ausgang kennzeichnen und Abfalleimer aufstellen.

Manchmal stellt jemand überrascht eine Verbindung der Grünen mit dem Nationalsozialismus oder vielmehr beider Bewegungen mit den tiefen Wurzeln einer grünen nationalen Ideologie fest, die sich zwischen Hitler, Wagner und den Nibelungen bewegt.

Sie zwangen alle großen Ladenketten, am Ausgang neben den Kassen Behälter aufzustellen, in die die Kunden die platzraubenden und umweltbelastenden Verpackungen aus Papier, Plastik und Pappe hineinwerfen können. Man kann die Zahnpasta also »nackt« mit nach Hause nehmen. In unserem Hof stehen Papiercontainer, die ich fast ausschließlich mit alten Zeitungen fülle, und es wurde bereits angekündigt, daß es bald zwei verschiedene geben werde: einen für normales Papier und einen für das Glanzpapier der Zeitschriften. Ein Behälter für Dosen, einer für Karton und immerhin drei für Flaschen: für weißes, grünes und braunes Glas. So tun, als ob nichts wäre? Ein holländischer Bekannter, der ehrlich gesagt nicht besonders sympathisch ist, erzählte mir, er habe eine gesalzene Strafe zahlen müssen. Von seinem ideologisch nicht ganz astrein beseitigten Müll kamen sie dank der Adresse auf einem alten Umschlag auf seinen Namen. Ich weiß nicht, was er angestellt hat, ich traue ihm nicht recht, aber die Effizienz der grünen Polizei ist besorgniserregend. Die Schaffung von *Ökocops* wurde angekündigt, von grünen Polizisten, die den Auftrag haben, die Supermärkte zu überwachen, den Klienten, die wiederverwertbare Flaschen kaufen, zu folgen und sie diesbezüglich zu sensibilisieren. Laut Statistik werden »nur« 60 Prozent der Pfandflaschen zurückgegeben. Ich vermute, daß ich für die übrigen 40 Prozent verantwortlich bin. Die Ökocops werden Ratschläge und Tadel erteilen, aber keine Strafen auferlegen. Noch nicht.

Ich sehe schon ein ökologisches Viertes Reich auf uns zukommen, das Europa und dann den Erdball erobern wird; ich bereite mich darauf vor, im Untergrund zu leben. Wieviel kostet wohl ein Gerät, mit dem man geheime Unterlagen vernichten kann? Ich müßte die Zeitungen mit dem Streifband vernichten, auf dem mein Name steht, damit sie nicht in der falschen Tonne landen. Für mich hat die Zukunft schon begonnen.

Liebe am Rhein

»Bonn ähnelt einem Dorf auf dem Balkan«, schreibt John Le Carré in *Eine kleine Stadt in Deutschland*, das abgesehen vom Titel nicht gerade zu seinen besten Romanen gehört. Bonn ist nicht mehr Hauptstadt, aber noch Regierungssitz. Der Umzug nach Berlin, zu dem wenige Lust haben, steht bevor, die Schafe weiden nicht mehr um den Bundestag, und die kleine Universitätsstadt wurde mit Wolkenkratzern und postmodernen Gebäuden verziert (oder verunziert). Aber das Leben hier bleibt verträumt.

Scheinbar. Wie in jedem Land, das etwas auf sich hält, wissen alle von allen alles und sprechen leise darüber. Sex und Politik scheinen sich an den Gestaden des Rheins nicht so gut zu mischen wie in London oder Washington. Skandale wie jene, in die britische Parlamentarier verwickelt sind, oder Rücktritte von Präsidentschaftskandidaten wegen eines Photos, auf dem sie ein hübsches Mädchen auf den Knien sitzen haben, sind in Deutschland undenkbar.

Die nächtliche Abwechslung in den Villen von Bad Godesberg oder auf dem Venusberg, einem kleinen Hügel, der die Ortschaft beherrscht, steht einem Lustspiel von Feydeau in nichts nach, aber die Hauptdarsteller müssen gegebenenfalls die jeweiligen Ehegatten (eine Scheidung in Deutschland kostet viel Unterhalt) mehr fürchten als die Indiskretionen der Presse. In diesem Punkt unterscheiden sich die Deutschen nicht sehr von uns Italienern oder den Franzosen.

Willy Brandt war ein *tombeur de femmes*, das ist bekannt, aber dieser Ruf hat ihn nie eine Stimme gekostet. Wahrscheinlich hat er dadurch sogar eine Menge Stimmen gewonnen. Man munkelt, er sei, als der »Spion im Kanzleramt« entlarvt wurde, nur deshalb zurückgetreten, weil ihm die Enthüllung seiner Herzensangelegenheiten drohte, die der Ostberliner Agent Günther Guillaume pflichtgemäß notiert hatte und die viel gefährlicher waren als Staatsskandale. Aber der Willy der Nation fürchtete gewiß weder seine Frau (von der er sich Jahre später wegen einer dreißig Jahre jüngeren Journalistin trennte) noch die Wähler.

Die Presse machte eine Ausnahme und enthüllte eine Geschichte, die jedoch absolut platonisch war. Der Kanzler und Romy Schneider, für viele Deutsche »Sissi«, telefonierten stundenlang miteinander: sie in Paris, er in Bonn. »Sie sprachen über Politik«, versichert Romys damaliger Freund, und man muß ihm fairerweise glauben.

Fast nach einem Gesetz des Wechselschrittes bekam Brandt die Folgen seines Rufs zu spüren, als er vollkommen unschuldig war. Seine Parteigenossinnen zwangen ihn, als SPD-Vorsitzender zurückzutreten (im März 1987), als er die dunkelhaarige Margherita Mathiopulos an die Spitze des Pressebüros der SPD berief, Journalistin und Tochter eines griechischen Kollegen, der zur Zeit der Militärregierung im Exil in Bonn lebte. Es gibt Photos mit Margherita auf »Onkel Willys« Knien, aber da ist sie fünf. Nur ein paar schlechtinformierte ausländische Journalisten verdächtigten den Exkanzler und Träger des Friedensnobelpreises eines späten Flirts. Die Rebellion begründeten die Genossinnen damit, daß Margherita Mathiopulos nicht einmal Parteimitglied war und das Amt mit monatlich zehntausend Mark dotiert ist.

In einer anderen Rubrik landete das Privatleben von Theo Waigel, Katholik und Finanzminister, in den Schlagzeilen. Diesmal jedoch wegen seiner Parteifreunde, der bayerischen CSU. Um seine Nominierung zum Parteichef zu verhindern, hatten sie nichts Besseres zu tun, als auf einem Parteitag Waigels Beziehung (»trotz Frau und Kindern«) zu einer ehemaligen Skisportlerin zu diskutieren. Er trat mit seiner Gefährtin in einer Talkshow auf und legte das Verhältnis zu seiner Frau dar; diese machte sich fast gleichzeitig in einer anderen Sendung Luft und erzählte das genaue Gegenteil. Eine Art *C'eravamo tanto amati** auf getrennten Kanälen. Die Einschaltquote war auch nicht höher als sonst.

Sogar der Kanzler der Wiedervereinigung, »der Bismarck des 20. Jahrhunderts«, Helmut Kohl, landete vor Jahren einmal in den Klatschspalten. Die Verdächtigungen rührten von der übermäßigen Treue zu seiner persönlichen Sekretärin, die seit dreißig Jahren bei ihm arbeitet, seit er ein unbekannter Politiker in Mainz war. Die fragliche Dame hat in der Tat eine suspekte Macht über den Kanzler: Niemand außer ihr darf ihm den Teller mit den Süßigkeiten wegnehmen, auf die er ganz wild ist, und seine Schreibtischschubladen nach verbotenen Keksen durchsuchen. Von mir aus können Sie denken, was Sie wollen, aber die Sekretärin pflegt ihren Urlaub mit Frau Hannelore, der Gattin des Kanzlers, zu verbringen, wenn Helmut sich eisern zu trockenem Brot und Wasser nach Österreich zurückzieht.

---

* Italienische Fernsehshow

Die einzige echte Liebesgeschichte, die in Bonn entstand und auch dort endete, nämlich die Geschichte von Petra Kelly, die zu den Grünen gehörte, und General Gert Bastian, einst, obwohl er Pazifist war, Nummer zwei des Heeres, ist leider eine tragische Geschichte. Für sie verließ er Familie und Uniform, aber Petra Kelly war ein unruhiger Geist. Schließlich hatte sie die Partei satt, nicht aber Bastian. Sie sagte ihm immer wieder, daß sie ohne ihn nicht mehr leben könne, und er glaubte ihr. Er konnte jedoch nicht mehr mit ihr leben, hatte aber auch nicht den Mut, sie zu verlassen. Aus Liebe erschoß er sie und nahm sich dann selbst das Leben. In Bonn wurde ihre Abwesenheit nach »fast« zwei Wochen bemerkt. Der Respekt vor dem Privatleben kann manchmal auch eine Schuld sein.

Deutsche Rekorde

Die Deutschen? Großartige Arbeiter! tönt es im Chor von Bogotá bis Tokio, von Canicattì bis Stockholm. Sie sind auch selbst davon überzeugt, daß der Fleiß ihre größte Tugend sei, um die sie die ganze Welt beneidet. Wie kann man sich nur so gründlich täuschen! George Bernard Shaw hatte schon recht: Wenn alle von etwas überzeugt sind, dann stimmt das Gegenteil. Der deutsche Arbeiter hält in der Tat einen zweifachen Weltrekord: Er arbeitet am wenigsten und wird am besten bezahlt. Niemand auf der Welt arbeitet so wenig, 1600 Stunden pro Jahr, die Japaner arbeiten 2350 Stunden, die Amerikaner 2007, sogar wir Italiener, die berühmten Faulpelze, überbieten sie mit 1725 Stunden.

Das sind wohlgemerkt die offiziellen Arbeitsstunden. Wie steht es mit Fehlzeiten, Streiks, Krankheit? Auch diese Disziplinen nehmen die Deutschen keineswegs auf die leichte Schulter. Sie sind inzwischen Spezialisten im Verlängern von Wochenenden; krank wird man meistens am Freitag (37 Prozent), der Montag folgt mit 30 Prozent (das ist das Dreifache vom Dienstag), wobei es keinen Unterschied zwischen öffentlichem Dienst und privat Beschäftigten gibt.

Von den Arbeitern feiern 42 Prozent krank, von den Beamten 25 Prozent. Einer von drei Angestellten gibt zu, regelmäßig ein passendes Attest vorzulegen, und jeder zweite kennt einen Arzt, der es problemlos ausstellt.

Am 13. Mai 1994 war an der Tür des Kreuzberger Finanzamtes ein Aushang zu lesen, der in die Geschichte eingehen sollte: Geschlossen wegen Krankheit aller Angestellten. Firmen beschäftigen Privatdetektive, die Nachforschungen über die Abwesenden anstellen sollten. Der Professor für Ökonomie Eberhard Hamer stellt fest, die auf die Drückeberger zurückzuführenden Schäden würden sich auf jährlich 31 Milliarden belaufen.

Auf der Bestsellerliste steht inzwischen ein Büchlein mit dem Titel *Lieber krank feiern als gesund arbeiten*. Die Kölner Stadtverwaltung belohnt jeden mit 5 000 DM, der ein Jahr lang nicht krank wird. 1910 gab es fünf Urlaubstage, 1960, zu Beginn des Wirtschaftswunders, waren es 16, heute sind es mit 31 Tagen doppelt so viele, wie in Italien auch. Die reine Arbeitszeit ist auf 1519 Stunden jährlich gesunken. Für den Augenblick.

Es wird weniger gearbeitet und mehr verdient. Der Stundenlohn beträgt 25 Dollar gegenüber 18 Dollar bei uns in Italien, womit wir an zweiter Stelle stehen – daß dem Arbeitnehmer viel weniger im Beutel bleibt, ist ein anderes Kapitel –, in Kanada und Frankreich sind es 17, in Amerika und Japan 16, in Großbritannien 14 Dollar.

Die Deutschen arbeiten also weniger, arbeiten sie denn besser? Zweifel beschleichen uns, zu Recht: Nach eigenen Berechnungen rangiert ihre Produktivität weltweit unter den niedrigsten, und die Qualität des *made in Germany* wird von Herstellern wie Verbrauchern in Frage gestellt.

Herman Marcus schrieb schon 1970 in *Die faule Gesellschaft. Wie die Deutschen arbeiten*, nirgendwo sonst sei in der Nachkriegszeit soviel gebaut worden wie hier, und die Deutschen besäßen nach den Amerikanern die meisten Autos, Fernseher, Radios, Kühlschränke und Waschmaschinen. Er fragt nach der Ursache des deutschen Wunders und erklärt, es bedeute nicht, daß alle so fleißig und tüchtig seien. Das Wunder wurde mit Hilfe der Gastarbeiter vollbracht – eine freundliche Bezeichnung der Immigranten, von denen es heute fast sechs Millionen gibt.

Ich war gerade nach Deutschland gekommen, als das Hamburger Verlagshaus, das mich beherbergte, die Redaktionen weißen lassen wollte. Mein Büro war so eng wie alle anderen auch (wäre es eine Zelle gewesen, dann hätte Amnesty International protestiert). Nach einem Monat waren die Maler immer noch nicht fertig. Ich war es leid, Schreibmaschinen und andere Kleinigkeiten mit Planen abzudecken, und beschwerte mich bei ihrem Vorarbeiter.

»Tut mir leid«, entschuldigte er sich, »aber ich habe keine Italiener bekommen.« Ich glaubte, er mache sich über mich lustig, aber er meinte es ganz und gar ernst. Seine deutschen Arbeiter, erklärte er mir, waren nicht wie die Gastarbeiter bereit, Überstunden zu machen. Ganz konnte er mich nicht überzeugen, denn ich war ein Neuling und glaubte noch an die Überlegenheit der Deutschen.

Bei einer anderen Gelegenheit, einem Umzug in Hamburg, kommen die Möbelpacker pünktlich um acht, aber sie haben vergessen, sich bei der Polizei eine Parkerlaubnis für ihren Lastwagen zu besorgen. Sie erledigen das und kommen um 9 Uhr zurück, gerade rechtzeitig zur Kaffeepause. Sie dauert gut zwanzig Minuten. Um halb elf muß es Brotzeit geben, um zwölf ist Mittagessen angesagt, und um drei wird Kaffee getrunken …

Ein Vierteljahrhundert später wieder ein Umzug, diesmal nach Berlin. Als wir den Mietvertrag abschließen wollen, stellen wir fest, daß die Hintertür nicht schließt. Man verspricht uns, das Schloß auszuwechseln. Einen Monat später, als wir von Bonn kommen, steht die Tür immer noch sperrangelweit offen. Ich rufe die Gesellschaft an, der das Haus gehört. Die Sachbearbeiterin ist im Urlaub. Und ihr Stellvertreter? Beim Mittagessen. Als er zurückkommt, teilt er mir mit, daß Kundenverkehr nur mittwochs stattfindet. Ich drohe, ein Telegramm oder ein Fax zu schicken, in dem ich sie für jeden Diebstahl verantwortlich mache, der in der Zwischenzeit stattfinden sollte. Das wirkt: »Ich schicke Ihnen ein neues Schloß.« Ein Mann kommt mit einem Päckchen und reicht es mir. Was ist das?

»Das Schloß.« Und wer baut es mir ein? Er zuckt die Schultern, er sollte es nur bringen, von Einbauen hat keiner was gesagt, und geht wieder. Ich rufe bei der Gesellschaft an. »Feierabend«, sagt der Anrufbeantworter, dieses Zauberwort, freitags um 15 Uhr sind alle schon zu Haus. Übers Wochenende verbarrikadieren wir die Tür mit meinen Bücherkisten.

Dann stelle ich fest, daß in der Küche die Abflußrohre der Waschmaschine verkehrt herum angeschlossen sind. Die Küche ist der größte Raum, aber der Herd steht ohne jeden Grund hinter der einzigen Säule, und der Schalter der Dunsthaube liegt so hoch oben, daß sogar Basketballstar Magic Johnson seine Schwierigkeiten hätte.

Focus zufolge sind die Handwerker vom Aussterben bedroht. Es gibt zuwenig Lehrlinge, und die »alte Garde« bummelt. Aber das ist nicht nur ein deutsches Übel; auch Woody Allen hat Schwierigkeiten, in New York Gott und einen Installateur zu finden.

137

Faß ohne Boden

Sind die Deutschen große Sparer? In einem Jahr haben sie auf ihren Konten und Sparbüchern 230 Milliarden DM angehäuft, das ist mehr, als für den Wiederaufbau Ostdeutschlands ausgegeben wird. Aber die deutschen Ameisen halten nicht den Weltrekord. Überraschenderweise haben wir, die italienischen Zikaden, mit 18, 9 Prozent den ersten Platz erobert, dann folgen die Japaner mit 16, 6 Prozent und die Franzosen mit 12, 7 Prozent. Die Deutschen bekommen mit ihren 12, 4 Prozent nicht einmal die Bronzemedaille, dabei ist das noch dreimal soviel wie die Sparquote eines Amerikaners (4, 5 Prozent des Einkommens).

Mit solchen Zahlen muß man jedoch vorsichtig sein. Die Deutschen sparen absolut gesehen am meisten, und man muß hinzufügen, daß sich für sie das Sparen auch am meisten lohnt, selbst wenn es auf den ersten Blick nicht so aussieht. Die Aktivzinsen scheinen niedriger als bei uns, sie sind gut halb so hoch, aber auf Dauer gesehen halten die Ersparnisse in DM aufgrund der niedrigen Inflationsrate der Zeit besser stand. In Deutschland kann man systematisch auf den Kauf eines Hauses sparen, mit der berechtigten Hoffnung, das Ziel auch zu erreichen. Wie das bei uns geht, weiß man ja: Nach zehn Jahren kann man mit der ersparten Summe statt einer Zweizimmerwohnung noch ein Auto kaufen, ein Auto ohne jeden Luxus, und nach zwanzig Jahren kann man die Freunde noch zum Abendessen einladen. Mit den 9,5 Billionen DM, die die Deutschen auf die hohe Kante gelegt haben, könnten sie Deutschland dichtmachen und für fünf Jahre in Urlaub fahren, ohne fürchten zu müssen, daß ihre Mark zerbröckelt und von der Inflation verschlungen wird.

Aber so etwas fällt niemandem auch nur im Traum ein. Kaum nähert sich die Inflation der Schicksalsmarke von vier Prozent, setzen die Zeitschriften die Deutsche Mark auf die Titelseiten, verunstalten und durchlöchern sie oder lassen sie dahinschmelzen wie Wachs in der Sonne. Der Staat ist schuld, lautet das Urteil.

Die Kosten für den Wiederaufbau des Ostens, die sich ein oder zwei Jahrzehnte lang auf jährlich 230 Milliarden DM belaufen werden, reißen tiefe Löcher in den Staatshaushalt. Aber für öffentliche Versorgungsbetriebe, von den Zügen bis zu den Flugzeugen, wird auch zuviel ausgegeben, und Länder und Gemeinden haben die alte Tugend des Sparens verlernt. Finanzminister Theo Waigel hat mehr

Schulden angehäuft als alle seine Vorgänger zusammengenommen, wofür er selbst oder die Geschichte verantwortlich ist; man bewegt sich auf ein »italienisches« Defizit von 2000 Milliarden Mark zu, das wäre eine Zwei mit dreizehn Nullen.

Aber prozentual zum Bruttosozialprodukt liegen wir bei fast 125 Prozent, und die Deutschen bei 59 Prozent. Zur Bekämpfung des Defizits erhöht man, wie in Italien, die Steuern, anstatt die Ausgaben zu senken, und fängt auch hier beim Benzin an. Vor zehn Jahren kostete ein Liter Super unter 70 Pfennig. Heute, nach Abwertungen unsererseits, Aufwertungen ihrerseits und Steuererhöhungen, kostet er mit über 1,70 DM ungefähr soviel wie bei uns. Auch sind Mautstellen an den Autobahnen im Gespräch, eine feste Gebühr wie die Schweizer Vignette (allerdings 300 DM im Jahr und 2000 DM für Lastwagen) oder ein kompliziertes elektronisches System, bei dem das Nummernschild »gelesen« wird, sobald man auf die Autobahn fährt: Deutschland ist dann eine Art Riesenflipper, und die Autos sind die Kugeln, die erwischt werden müssen. Wetten, daß es irgendeinem Computerfreak gelingen wird, das Fiskusauge des Großen Bruders lahmzulegen? Vielleicht sogar einem Deutschen, der in Neapel promoviert hat.

In seiner Verzweiflung greift der Finanzminister inzwischen zu extremen Mitteln – einst eine Spezialität seiner italienischen Kollegen –, wobei er auch nicht das Risiko scheut, Ostdeutschland postum anzuerkennen. Unmittelbar nach dem Fall der Mauer, aber noch vor der Vereinigung, strömten die Ostdeutschen in den Westen, um Autos zu kaufen, und vielen drehten die vom Glück begünstigten Kapitalisten »alte Mühlen« aus zweiter Hand an. Natürlich »vergaßen« sie, den üppigen Einfuhrzoll zu bezahlen, mit dem das kommunistische Regime seine Trabbis aus Pappe und Plastik schützte. Aber Waigel vergaß die Steuer nicht: Sie war vom Staat vorgesehen und gesetzlich beschlossen worden und folglich an den Erben der DDR, also Bonn, zu entrichten. Auf diese Weise hätten ein paar Milliarden DM eingenommen werden können, aber Waigel, Honeckers letzter Zöllner, mußte schweren Herzens darauf verzichten, zu scharf war der Protest.

Auch mit überflüssigen Bauwerken wird zuviel Geld vergeudet. Man rechnet, daß in den letzten zehn Jahren über 18 Milliarden DM dafür ausgegeben wurden. Das ist immer noch ein Drittel dessen, was nach dem Erdbeben in Irpinia »verschwunden« ist, und die Tatsache, daß überhaupt Berechnungen angestellt werden können, ist schon tröstlich. Nie wurde in Bonn so viel gebaut wie jetzt, da es nicht mehr Hauptstadt ist, aber auch schon vorher ließ man sich nicht lumpen: Die Renovierung des Luxushotels auf dem Petersberg kostete dreimal soviel wie ursprünglich geplant, dabei wird es nur selten genutzt, weil es ausländischen Staatsoberhäuptern vorbehalten ist.

Die Arbeiten für das neue Parlament dauerten viereinhalb Jahre, während das riesige Hotel Maritim in der Nachbarschaft in zehn Monaten fertiggestellt wurde. Und wozu das alles, wenn Bonn wieder eine kleine Universitätsstadt wird, wie zu den Zeiten, als Pirandello hier studierte? Man wird eine neue staatliche Betätigung erfinden müssen, um die Gebäude zu füllen.

Überflüssig und schlecht gebaut. Eines von vielen Beispielen ist der Schürmannbau, der neue 300-Millionen-Wolkenkratzer, in dem die Büros der Abgeordneten untergebracht werden sollen, falls diese dann noch nicht nach Berlin umgezogen sind und der Turm noch steht. Für die Fundamente wurde ein riesiges Loch ausgehoben, groß wie der Fußballplatz, auf dem sich die Politiker bei zwischenparteilichen Spielchen die Beine vertraten. Im Dezember 1993 wurde es beim schlimmsten Hochwasser seit 1926 von den Wassermassen des Rheins überschwemmt: Die Basis des Gebäudes begann wie eine ungeheure Schuhschachtel aus Beton zu schwimmen, Risse tauchten auf, die es möglicherweise für immer gefährden. Manche Experten raten, alles wieder zuzuschütten und nicht mehr daran zu denken.

Und wer trägt die Schuld daran? Der Fluß natürlich. Heutzutage kann man sich in Deutschland nicht einmal mehr darauf verlassen, daß der heilige Vater Rhein pünktlich ist. Das Hochwasser sollte nicht im Dezember, sondern erst im Februar kommen, verteidigen sich die Bauherren, die es versäumt hatten, den Deich zum Schutz der Fundamente zu schließen.

Made in Germany

1987 ist *made in Germany* hundert Jahre alt geworden. Die Deutschen waren die Japaner des letzten Jahrhunderts. Sie reisten durch die Welt und kopierten ungeniert. In Sheffield schlich sich der erste Krupp als einfacher Angestellter in einen Stahlbetrieb und der Tochter des Hauses ins Herz hinein. In einer leidenschaftlichen Nacht vertraute sie ihm die Geheimnisse des britischen Stahls an, und er kehrte sogleich in seine Heimat zurück; daß er ein gebrochenes Herz zurückließ, kümmerte ihn nicht.

Sie kopierten Lokomotiven und Webstühle, Werkzeugmaschinen und das Design von Löffeln und Gabeln, bis die Engländer die Nase voll hatten und die Deutschen zwangen, ihre Produkte mit einem *made in Germany* zu kennzeichnen. Es sollte ein Hinweis auf Fälschung und schlechte Qualität sein, aber das Gebot erwies sich als Bumerang. Das Schandmal wurde zur Garantie für hohe Qualität und Zuverlässigkeit. Das galt über ein Jahrhundert lang. Bis gestern.

Noch im Jahr des Jubiläums erreichte das Plus im Export-Import die Rekordhöhe von 110 Milliarden Mark. Anstatt nach der Wiedervereinigung ihre international starke Position auszubauen, begannen die Deutschen jedoch an Terrain zu verlieren. Reinhard Furrer, Astronaut und Physiker, meint, Deutschland sei ein Opfer seines Erfolgs und ruhe sich auf seinen Lorbeeren aus.

Die Arbeiter kosten zuviel und arbeiten wenig, die Produktivität sinkt, die Steuern sind hoch, die Ideen der Grünen steigern die Herstellungskosten, die zu starke Mark verteuert den Export. Stimmt alles, aber auch das *made in Germany* verfällt zusehends. Heute heißt es *Standort*, ein Begriff, der nach der Vereinigung aufgetaucht ist und auch so eine schlichte Aneinanderreihung zweier Wörter ist, die die Ausländer zu gewundenen Umschreibungen zwingt. Im großen und ganzen bedeutet es »Produktionsort«, also Deutschland, und dazu gehören die *Standortprobleme*.

Die Hausfrauen wissen längst, daß an den Wasch- und Spülmaschinen, solide wie ein Mercedes und unverwüstlich, nur noch der magische (und teure) Name deutsch ist und sie sonstwo in der Welt zusammengesetzt werden. Man kann also ebensogut ein Haushaltsgerät aus einem anderen Land kaufen, das weniger als die Hälfte kostet und womöglich genauso zuverlässig ist.

Der Mercedes ist auch nicht mehr das, was er mal war. Noch bis vor kurzem mußte man ihn auf Jahre im voraus bestellen, und schlaue Händler verkauften ihn ungeduldigen Kunden zu einem höheren als dem Listenpreis. Heute ist das Stuttgarter Vorzeigestück kein Statussymbol mehr, weder in New York noch in Saudi-Arabien. Es ist teuer, sperrig und nicht besonders verläßlich. Der 190er ist in Deutschland das Auto der Taxifahrer, die ja etwas davon verstehen und sich über häufige Defekte beklagen. Laut ADAC-Statistik sind nur die Autos der gehobenen Klasse zuverlässig: Hier belegen Mercedes 200, BMW und Mercedes 500 die ersten drei Plätze. Aber die Zuverlässigkeit muß man teuer bezahlen. Die japanischen Wagen, über die man vor nicht allzu langer Zeit noch die Nase rümpfte, bieten mehr, kosten weniger und werden schneller produziert als die Autos *made in Germany*. Es geht wie mit den Waschmaschinen: Die Produktion wird nach Mexiko oder Tschechien oder in die Vereinigten Staaten verlagert, in Länder, die aufgrund von Zusicherungen der örtlichen Politiker und Gewerkschaften (»Kein Streik, niedrige Löhne«) ausgesucht werden.

Aber wer kauft schon einen mexikanischen Mercedes oder einen BMW, der jenseits des Atlantiks gebaut wurde? *Made in Germany* wird zu *made by Germany*. Deutsche Techniker sollen die Produktion überwachen und für Qualität bürgen. Wieviel wird ihr Wort wohl in DM kosten?

Man investiert im Ausland, weil dort die Arbeit weniger kostet und die Steuern niedriger sind. Arbeitgeberchef Murmann zieht den Zorn der Gewerkschaften auf sich, wenn er erklärt, ein deutscher Arbeiter koste soviel wie 17 Polen oder 48 Russen. Aber er hat recht und fügt hinzu, ein Arbeiter in Prag sei genauso zuverlässig wie sein Nürnberger Kollege. Laut Wirtschaftswoche stirbt der Facharbeiter aus wie der Pandabär; einst war er Garant des *made in Germany*.

Ein Opel-Arbeiter stellt im Jahr 18 Autos her, sein Kollege bei Mazda kommt auf 30. In Italien sind die Maschinen 73 Stunden in der Woche in Betrieb, in Holland 74, in Belgien 77. In Deutschland sind es 53 Stunden.

Unter der Steuerlast ächzend und blockiert von den Grünen, die für produktionsverteuernde Umweltmaßnahmen sorgen, wandern die Firmen ab: Hoechst investierte 18 Millionen Dollar in ein Labor für Molekularneurobiologie in den USA, Bayer eröffnete für 130 Millionen Dollar ein Forschungszentrum in Yale, BASF in der Nähe von Harvard für 100 Millionen, Schering investiert ebenfalls in den USA 200 Millionen.

Der Unternehmensberater Roland Berger räumt ein, 60 Prozent der deutschen Industrie seien auf dem Weltmarkt nicht mehr konkurrenzfähig. Das Bruttosozialprodukt pro Kopf fällt vom fünften Platz, den es vor der Vereinigung belegte, auf den sechzehnten Platz und liegt damit hinter Italien und Österreich. Die Deutschen machen die Augen zu und verlangen, »getrennt« von der früheren DDR berechnet zu werden, die von der Landkarte, nicht aber aus der Statistik verschwunden ist. Wie es gerade am besten paßt.

Frau Monika, warnen Sie bitte auch mich

Ich habe noch nie etwas von einem deutschen Streik gemerkt. Aber es gibt ihn. Ich weiß es erst am nächsten Tag, wenn ich in der Zeitung vom Warnstreik der Angestellten im öffentlichen Dienst lese. Wenn die Postboten streiken, müßte ich es ja mitkriegen, aber der Kampf der Metaller und Bergleute, der Oberschicht der Arbeiterklasse, kann mir durchaus entgehen.

Ich habe auch Streikende gesehen, aber im Fernsehen. Sie tragen grell orangefarbene Westen, die wie riesige Lätzchen mit der Aufschrift *Wir sind im Streik* an den Schultern befestigt sind. Verlegen und zufrieden grinsen sie in die Kameras, wie Kinder, die beim Pfützenplanschen erwischt wurden.

Weil ein Streik die Öffentlichkeit erschreckt, wurde der *Warnstreik* erfunden. Man streikt und versucht dabei, möglichst nicht lästig zu sein, ja möglichst gar nicht bemerkt zu werden, außer vom Arbeitgeber, der gewarnt wird: Wir sind im Streik, wohlgemerkt im Warnstreik, aber morgen könnte es ernst werden.

Das Verfahren ist äußerst aufwendig. Zuerst treffen sich die Parteien. Bei uns werden 100 Prozent gefordert, und die Antwort lautet zwei Prozent. Ein Streik ist unvermeidlich. Man fängt sogar mit dem Streik an, um sich ein bißchen aufzuwärmen, und dann verhandelt man. Hier verlangen die Gewerkschaften vier Prozent, die Arbeitgeber bieten drei Prozent, und keine Seite gibt nach. Es kommt zu Warnstreiks. Der gewarnte Chef bewahrt die Ruhe. Die Gewerkschaften kündigen die Urabstimmung an. Alle Mitglieder sollen ihre Zustimmung geben, aber es muß mindestens 75 Prozent Jastimmen geben. In der Fußballsprache hieße das, daß man 3:1 gewinnen muß. Es gibt immer über 90 Prozent Jastimmen. Wird jetzt gestreikt? Noch nicht, immer mit der Ruhe. Die Gewerkschaftsführer sind jetzt zum Streik ermächtigt und haben einen Trumpf in der Hand, um auf die Gegenseite Druck ausüben zu können. Die Zeitungen befürchten ein neues Weimar, Deutschland wird dem Ruin anheimfallen. In Live-

Sendungen sieht man die Gewerkschafter den Verhandlungssaal betreten, sie sehen so kriegerisch aus wie Eddi Constantine: Haltet mich, oder ich schlage alles kurz und klein. Bevor sich die Tür hinter ihnen schließt, werfen sie noch einen Blick in die Kamera: Was ist jetzt? Hält uns niemand zurück?

Die tüchtigste Kämpferin, der Schrecken aller Minister und Kanzler hieß lange Zeit Monika, genannt die rote Monika wegen ihres, wie es sich für eine Kriegerin gehört, kurzgeschnittenen Haares, dessen Farbe zwischen karmin- und amarantrot schwankt. Sie war die Vorsitzende der Gewerkschaft für Öffentliche Dienste, Transport und Verkehr. Frau Monika Wulf-Mathies trug ein Outfit, das zu ihrer finsteren Miene paßte, Blazer mit riesigem schwarzweißem Hahnentrittmuster, einem Rock passend zum Haar, und verkündete die Lähmung des Landes.

In Erwartung der Ereignisse bleibe ich auf. Wie der Dirigent auf der *Titanic* den Taktstock hebt, um der Kapelle den letzten Walzer zu dirigieren, informiert mich der Sprecher der letzten Nachrichten darüber, daß die Verhandlungen bis in die Nacht hinein dauern würden. Gleich darauf erscheint das Sendeschlußzeichen mit wehender Fahne und Nationalhymne kurz vor dem Schiffbruch.

Am nächsten Morgen, das Make-up war makel-, der Rock faltenlos, tröstete uns die rote Monika: Der Eisberg sei noch mal umschifft. Man habe einen ehrenvollen Kompromiß auf halbem Wege geschlossen: 3, 5 Prozent, welch ein Zufall, das ist ja genau die Inflationsrate. Eine Riesenschlacht für nichts. Jetzt hatte ich noch eine persönliche Bitte an Frau Monika und ihre Kollegen: Das nächste Mal möchten sie doch bitte auch mich »warnen«, ich wollte auch mal das aufregende Gefühl haben, in einem Postamt vor geschlossene Schalter zu treten, vergeblich auf den Bus zu warten oder in einen leeren Briefkasten zu schauen. Ich wünsche mir, nein, ich bestehe darauf, einen deutschen Streik zu erleben, nur einmal in meinem Leben.

Vom Supermarkt zur Supermark

Eines Freitags versuchten meine Frau und ich ein paar Minuten vor halb sieben, in einem Supermarkt in Meckenheim bei Bonn einzukaufen. Wir standen schon in der Schlange, als ihr die Tomaten einfielen. Sie holte sie schnell noch, wog sie selbst ab, wie es üblich ist, klebte das Etikett auf die Plastiktüte und kam zu mir zurück.

Ein mürrischer Verkäufer stürzte auf sie zu, riß ihr die Tomaten aus der Hand und trug sie zum Gemüsestand zurück. Sie holte sie sich wieder, er versperrte ihr den Weg. Schließlich wurde klar, was er wollte. Halb sieben war schon vorüber. An der Kasse hätten wir mit seiner und seiner Kollegen Güte die Lebensmittel bezahlen können, die wir »vorher« in den Einkaufswagen gelegt, nicht aber die, die wir »nachher« geholt hatten. Obwohl die Kassiererin sowieso ein paar Überminuten hätte machen müssen, wären bestimmt wir und andere Nachzügler schuld daran gewesen.

Über den Streit um den Ladenschluß berichtete ich schon, als ich das erste Mal nach Deutschland kam. Ein Vierteljahrhundert ist vergangen, und nichts hat sich geändert. Politiker und Wirtschaftler, Soziologen, Hausfrauen und Händler geraten aneinander und finden keine Lösung. Seit den dreißiger Jahren stehen die Öffnungszeiten unverrückbar fest: von neun bis 18.30 Uhr, ohne Pause, außer in kleineren Ortschaften. Samstags wird um 13 Uhr geschlossen, und in diesen wenigen Stunden finden 25 Prozent der Einkäufe statt. Berufstätige Frauen und Singles müssen auch am Samstag früh aufstehen, um ihren Wocheneinkauf zu erledigen, wenn Kaufhäuser und Geschäfte überfüllt und Parkplätze rar sind.

Einzige Ablaßventile sind der Donnerstag, an dem bis 20.30 Uhr geöffnet ist, aber auch nicht überall, und der legendäre lange Samstag, wenn die Städte buchstäblich vom Umland überfallen werden. Ein Konsumfest, das zu einem masochistischen Ritus wird. In Italien kann man auch um 20 Uhr noch ein Brot kaufen, in Paris sind viele Läden bis spät in die Nacht hinein geöffnet, und die Geschäftsleute im Viertel empfangen Kunden, solange sie Lust haben. Das ist in Deutschland völlig ausgeschlossen. Längere Öffnungszeiten könnten den Konsum ankurbeln und Tausende von neuen Arbeitsplätzen, auch im Teilzeitbereich, schaffen, erklärte der ehemalige Wirtschaftsminister Günther Rexrodt, aber sein Feldzug, wurde er gewarnt, könnte die liberale Partei wertvolle Stimmen kosten.

Jeder befürwortet die Liberalisierung, solange es die anderen sind, die geöffnet haben. Die Verkäuferinnen der Schuhgeschäfte beschweren sich, daß sie nicht einkaufen können, aber selbst wollen sie kein Opfer bringen. Die kleinen Kaufleute, die durch die großen Ketten gefährdet sind, verzichten nicht auf ihren *Feierabend*, und die Supermärkte sind nicht interessiert: Sie würden nicht mehr verdienen, müßten aber Überstunden bezahlen. Soll die Kundschaft doch sehen, wie sie zurechtkommt.

Merkwürdigerweise konnte man in Ostdeutschland vor dem Fall der Mauer auch bis 22 Uhr noch ein paar Eier, Brot oder Fleisch kaufen, aber seit mit der Freiheit auch der Konsumwahn triumphiert, gelten auch dort die erbarmungslos starren Öffnungszeiten. Anstatt lockerer zu werden, versucht man mit allen Mitteln, den wenigen »Inseln« ohne Ladenschluß einen Riegel vorzuschieben, etwa den Tankstellen, wo man zu jeder Tages- und Nachtzeit Limo oder Bier und ein Brötchen kaufen kann. Die Behörden drohen ihnen mit harten Strafen, Ausnahmen kommen nur an Autobahnen, aber nicht in Wohngegenden in Frage.

In Deutschland gibt es nichts, was dirigistischer und starrer wäre als das, was sich freier Handel nennt. Die Italiener haben oft Schwierigkeiten mit der Tatsache, daß die Preise gebunden sind. Sie verlangen Nachlässe und fühlen sich auf den Arm genommen, wenn der Händler höchstens drei Prozent anbietet, vorausgesetzt, man zahlt bar und nicht mit Kreditkarte. Sie wissen nicht, daß es verboten ist, großzügiger zu sein: Der maximale Preisnachlaß wurde 1933 festgesetzt, in dem Jahr, als Hitler an die Macht kam.

Fürs Schlangestehen an der Kasse eines Supermarktes braucht man starke Nerven und Geduld. Drei Leute vor einem können ohne weiteres zehn Minuten Wartezeit bedeuten. Bezahlt wird nach einer strengen Prozedur: Die Kassiererin verkündet die Summe, zum Beispiel 7, 88 DM. Der Kunde prüft den Kassenzettel (seit in der Zeitung stand, daß vier Prozent fehlerhaft sind) und zückt dann den Geldbeutel, als merke er jetzt erst, daß das sein muß. Er sucht ein Fünfmarkstück, zwei einzelne Mark oder ein Zweimarkstück und Zehnpfennig- oder Fünfpfennigmünzen, und schließlich noch drei Pfennige oder ein Zweipfennigstück und einen einzelnen Pfennig. Wenn er mit Zählen fertig ist, merkt er, daß er nur sieben Pfennig hat. Er steckt die Münzen wieder in den Geldbeutel und reicht der Kassiererin einen Fünfzigmarkschein. Jetzt muß sie Pfennige suchen, und auch wenn die Rechnung 99,99 DM beträgt, bekommt man einen Pfennig Restgeld.

Die Deutschen sind also mit Taschen voller Kleingeld unterwegs und versuchen, ihrem Nächsten so viele Münzen wie nur möglich anzudrehen. Es ist ein erbitterter Kampf. Wenn man nur einen Au-

146

genblick zerstreut ist und das Haus ohne Kleingeld verläßt, kehrt man mit schmählichem Restgeld zurück, das man besser wiegt als zählt. Ein Sieg ist unmöglich. Man kann hoffen, man kann seine Pfennigreserven ausleeren, aber plötzlich bricht die Abwehr in sich zusammen, und die triumphierende Verkäuferin erdrückt einen mit ihrer klimpernden Lawine. Es ist das Gesetz des Wilden Westens: Man kann der schnellste Revolverheld zwischen Texas und Kalifornien sein, aber früher oder später trifft man in einem Saloon oder einem Cañon einen, der noch schneller ist.

Seit einiger Zeit stehen in manchen Sparkassen den Kunden Geldzählmaschinen zur Verfügung. Man wirft die »Beute« hinein, sie wird fein säuberlich sortiert und gezählt, und nach ein paar Sekunden kann man auf einem Zettel den Betrag lesen, den man in Scheine wechseln oder dem Konto gutschreiben lassen kann, sofern man bei dieser Bank Kunde ist.

Nur einmal in den vielen Jahren, die ich nun in Deutschland lebe, hat mich eine Verkäuferin, der ich 20,01 DM schuldig war, gestoppt. »Lassen Sie nur«, sagte sie, als ich in der Jackentasche nach einem Pfennig suchte. Aber sie war sehr jung, und wenn sie sich nicht vorsieht, wird sie ihren Job verlieren. *Bild am Sonntag* führte eine Marktuntersuchung *sui generis* durch: Sie schickte eine gutaussehende Reporterin los, die mit 20 DM in Zehnpfennigstücken zahlen sollte. Kassen, Restaurants, Zeitungshändler sind gesetzlich verpflichtet, Kleingeld anzunehmen. Und alle, alle zählten geduldig die zweihundert Münzen. Die Kosten der vertanen Zeit, verglichen mit einem möglichen »Betrug« von zehn oder zwanzig Pfennig, kalkulierte niemand ein. Nur ein Eisverkäufer fegte entschlossen den Groschenberg in seine Schürzentasche. »Ich vertraue Ihnen, Signorina«, sagte er lächelnd zu der Journalistin. Signorina, nicht Fräulein. Er war Italiener.

Auch ich weigere mich niederträchtig italienisch seit meinem Debüt in der Bundesrepublik, an diesem zermürbenden Krieg der Pfennige teilzunehmen. Wenn ich zufällig welche bei der Hand habe, zahle ich damit, sonst werfe ich sie zu Hause in ein extra Gefäß. Vor Jahren benützte ich dafür einen riesigen Kristallaschenbecher. Als ich nach Frankreich versetzt wurde, wollte ich diese Geld- beziehungsweise Kupferreserve loswerden, schüttete all die Münzen in ein Glas und schenkte sie dem Sohn von Freunden. »Aber du mußt sie zählen und mir sagen, wieviel es ist«, sagte ich zu ihm.

Ich weiß den Betrag nicht mehr, aber ich war erstaunt, wieviel es war. Ich schrieb einen Artikel darüber und nannte diesen schweren Schatz den symbolischen Unterschied zwischen der deutschen und der italienischen Wirtschaft, zwischen den sparsamen deutschen Ameisen und den verrückten mediterranen Zikaden. dpa begriff die Ironie nicht und übernahm den Artikel fast komplett, und die Zeitungen veröffentlichten dann die Agenturmeldung.

Vielleicht hatten sie ja recht, denn was ist schon ironisch daran? Für die Deutschen sind die Pfennige eine ernste Angelegenheit, ein Pfeiler der Nation, Grundlage ihres Gesellschaftsvertrags.

Der Präsident der Bundesbank denkt und handelt nach genau den gleichen Prinzipien wie die Kassiererin im Supermarkt: Ein Pfennig ist ein Pfennig und gehört verteidigt zum Heil der Nation.

Der Kassierer in Frankfurt

Pfennig um Pfennig kämpft die Bundesbank für die Stabilität der Deutschen Mark. Die Verfassung, die sie dazu verpflichtet, wurde in Erinnerung an die katastrophale Inflation während der Weimarer Republik verabschiedet, als ein Ei morgens eine Million und abends eine Milliarde Reichsmark kostete. Die Bundesrepublik ist nach dem Krieg *de facto* mit der Währungsreform entstanden. Das Geld der Schwarzhändler und der Spekulanten überhaupt sollte sich in nichts auflösen (natürlich tat das auch das Geld der armen Rentnerin), die Währung war über Nacht ungültig, und jeder erhielt 40 DM. Es war die Grundlage für die Wiedergeburt und das deutsche Wirtschaftswunder. Irgend jemand hat das auch für Italien vorgeschlagen, ist aber auf taube Ohren gestoßen. Schade, Italien wäre völlig anders geworden.

Die Bundesbank bereitete auch die Wiedervereinigung Deutschlands vor. In der Nacht vom 30. Juni auf den 1. Juli 1990 fuhren Hunderte von Lastern, die mit Banknoten beladen waren, in den Osten. Die wertlos gewordene Ostmark sollte durch die (zumindest damals) stärkste Währung des Westens ersetzt werden. Die Währungsunion war die Voraussetzung für die politische Einheit, die am 3. Oktober des Jahres erfolgte.

Kleinsparer konnten bis zu einer bestimmten Summe 1:1 tauschen, dann 2:1, als das günstigste Kursverhältnis 5:1 gewesen wäre, und in den Tagen nach dem Fall der Mauer stürzte die rote Mark auf dem Schwarzmarkt auf 20:1. Ein Geschenk an die wiedergewonnenen Brüder und Schwestern im Osten? Diese nutzten die Gunst der Stunde und teilten ihre Ersparnisse unter allen Verwandten auf, von der fast 100jährigen Uroma bis zum Säugling, um am günstigsten tauschen zu können. Viele Spekulanten verdienten Milliarden bei diesem Streich mit den Papieren. Bonn hatte sich verpflichtet, alle Auslandsschulden der DDR zu begleichen, und diese vervielfachten sich vor dem Einzug der Deutschen Mark.

Der damalige Präsident der Bundesbank, Karl Otto Pöhl, wehrte sich mit ganzer Kraft gegen den 1:1-Tausch, bis er sich schließlich dem historischen Gebot der Stunde und dem Diktat des Kanzlers beugte. Dann trat er zurück und verdient jetzt das Doppelte bei einer kleinen, aber feinen Privatbank. Es sei daran erinnert, daß Kohl ihn an der Spitze der Bundesbank bestätigt hatte, »obwohl« er Sozialdemokrat war: Zwar zählt in Deutschland das Parteibuch, aber am Ende siegt die Professionalität.

Die italienische Verfassung »vergißt« unsere Zentralbank, die deutsche Verfassung jedoch verpflichtet die Bundesbank, vor allem für die Stabilität der Währung zu sorgen. Es ist kein theoretisches Gesetz: Wenn es darum geht, entweder die Produktion zu steigern, die Beschäftigung zu fördern oder der Inflation die Stirn zu bieten, wird man immer letzterer Aufgabe den Vorrang geben, ohne den Drohungen der Bonner Politiker und den flehenden Bitten der europäischen Partner nachzugeben. Die gefürchtete Zeremonie erfolgt jeden zweiten Donnerstag. Dann teilen der Bundesbankpräsident, seine Direktoren und die Präsidenten der Landeszentralbanken ihre Entscheidung mit, die die Bonner Regierung, die deutschen Banken und Unternehmer und die ganze Welt gespannt erwarten.

Bitten werden nicht angehört, Schmähungen werden ignoriert, entschieden wird im Namen der heiligen DM. In Frankfurt erklärte man mir, der »große Chef« der Bundesbank sei in der ganzen Welt am wenigsten abhängig von seiner Regierung, doch müsse er die gemeinschaftliche Entscheidung seiner Direktoren berücksichtigen, die ihn überstimmen können. Der Präsident unserer Zentralbank hat intern eine absolute, diktatorische Macht. Er muß nur den Mut haben, seiner Regierung zu trotzen.

Gut für die Deutsche Mark, aber was ist mit der internationalen Solidarität? Das bekommt die Bundesbank oft zu hören, und ihr wird vorgeworfen, sich wie Hitlers Reichsbank zu benehmen. David Marsh, früher mal Korrespondent der *Financial Times*, hat ein schillerndes, böses Buch geschrieben, in dem er die Herren in Frankfurt des Nazismus bezichtigt.

Es ist wahr, die Bundesbank ist nicht solidarisch mit uns. Warum sollte sie auch? Ich frage Mister Marsh und meine Landsleute, ob sie sich ganz offen trauen würden, zu behaupten, daß ein Italiener, ein Franzose oder ein Untertan Ihrer Majestät jemals eine Lira, einen Franc oder einen Penny verschwenden würde, um der armen Mark unter die Arme zu greifen, wenn sie in Schwierigkeiten ist.

Hypotheken und hypothetische Fragen

Seit ich in Deutschland lebe, weiß ich endlich, wieviel ich auf meinem Konto habe beziehungsweise nicht habe. In den Zahlenschlangen, die mir meine italienische Bank in der Überzeugung, alle ihre Kunden seien Experten in doppelter Buchführung, in unregelmäßigen Abständen zuschickt, habe ich mich noch nie zurechtgefunden. In Deutschland bekommt man eine sonnenklare Mitteilung ins Haus, die nicht mit entsetzlichen Kosten verbunden ist.

Im Umschlag stecken auch kleine Briefe mit eindringlichen Fragen: Möchten Sie Urlaub auf Kosten der Deutschen Bank oder der Commerzbank oder der Dresdner Bank machen, trauen sich aber nicht, danach zu fragen? Zahlen Sie in den Raten, die Ihnen am besten passen! Wie geht es Ihrem Auto? Sollten Sie sich nicht mal ein neues zulegen? Denken Sie an die Sicherheit und an Ihre Lieben! Apropos: Warum schließen Sie die Versicherung nicht gleich bei Ihrer Filiale ab? Möchten Sie ein Haus kaufen, eine Villa am Meer? Ihre Bank macht das schon. Als ich gefragt wurde, ob ich mir nicht zufällig ein Pferd wünsche, war ich nah dran, der Versuchung zu erliegen. Ich hatte zwar nicht vor, mich dem Reitsport zu widmen, aber ich fragte meinen »Kontoführer«, ob er mir ein Darlehen bewilligen würde, um ein Haus in Rom zu kaufen.

»Ich weiß nicht«, antwortete er, »warum nicht? Ich glaube schon.« Er wollte sich informieren. Tags darauf rief er mich zu Hause an.

»Wie hoch sollte das Darlehen denn sein?« Ich versuchte ihm zu erklären, daß meine Frage eine hypothetische Frage sei, ich wolle gar kein Haus kaufen. Aber die Deutschen kennen hypothetische Fragen nicht.

»Leider bewilligt die Bank keine Darlehen für Italien. Zumindest noch nicht.« Er hat also auch eine hypothetische Frage gestellt, dachte ich und bereute mein Vorurteil.

»Wieviel brauchen Sie denn?« Ich wußte es nicht, ich wußte nicht, wieviel ein Haus in Rom kostet, und nahm an, es würde meine und die Möglichkeiten einer Bank übersteigen, auch wenn es sich um eine deutsche Bank handelte.

»Warum wollen Sie das wissen, wenn Sie doch kein Darlehen gewähren?«

»Möchten Sie vielleicht einen Personalkredit?«

»Was ist das?« Der Kontoführer begann an meinen Deutschkenntnissen zu zweifeln.

»Sie sagen uns, wieviel Sie brauchen, und wir geben es Ihnen.«

»Ohne das Haus zu schätzen?«

»Das Haus interessiert uns nicht. Wir geben Ihnen das Geld, und Sie kaufen, was Sie wollen. Auch einen Ferrari«, fügte er taktvoll hinzu.

»Welche Sicherheit gibt es für den Kredit?«

»Sie.« Dieses vergnügliche Gespräch, von dem ein italienischer Kontoinhaber nicht mal zu träumen wagt, hat wirklich stattgefunden. Ich habe keinen Ferrari gekauft, aber meinen Kontoführer aufgesucht und ihm ein paar Fragen gestellt.

Wir schätzen den Kunden ein, schmeichelte er mir, und bitten ihn, eine Versicherung zu unterschreiben. Das ist alles. Und wenn ein junger Zahnarzt kommt, der gerade fertigstudiert hat und eine halbe Million für seine Folterinstrumente braucht? Er muß nur sein Diplom vorzeigen, und wenn er anständige Noten hat, kann er sie auf Raten kaufen, zu Lasten seiner zukünftigen Patienten. Haben Sie eine Idee für etwas Neues, möchten Sie ein Geschäft eröffnen oder ein tibetisches Restaurant? Sie müssen nur Ihren Kontoführer davon überzeugen.

»Wie viele Personalkredite gehen schief?« Ein Zahnarzt fängt an zu trinken oder setzt sich mit einer Schönen mit strahlendem Lächeln nach Südamerika ab. Man kann nie wissen, nicht nur bei Zahnärzten.

»Zwei Prozent, und für sie zahlen die restlichen 98 Prozent.«

Mit der fortschreitenden europäischen Integration werden die deutschen Banken die italienischen Banken wegfegen, ahnte ich hoffnungsvoll. Es ist noch nicht geschehen. Je näher die Einigung Europas rückt, desto italienischer werden die Deutschen. Sie kopieren unsere Laster, aber wir übernehmen nicht ihre Tugenden.

Leider hat mein Kontoführer Karriere gemacht und wurde versetzt, aber ich muß zugeben, daß auch die Beziehung zu seinen Nachfolgern bestens ist.

Doch als Zeitungsleser stelle ich fest, daß das Image der Banken getrübt ist: Grundlos werden Gebühren drastisch erhöht, Schuldner ausgesaugt, Galgenstrickklauseln verordnet. Schuld ist die Krise. Wenn die Kühe wieder fett sind, werde ich hoffentlich immer noch gefragt, ob ich nicht ein Vollblutpferd kaufen möchte.

Auch mitten in der Rezession waren die einzigen, die nicht litten, sondern sogar immer mehr verdienten, natürlich die Banken. Auf ihnen fußt die Maschinerie der deutschen Wirtschaft, sie beschränken sich nicht wie bei uns darauf, Wachhund zu spielen, sondern nehmen selbst am Rennen teil. Die Bankhäuser sind Aktionäre der bedeutendsten Industrieunternehmen des Landes, und da es die großen Familien nicht mehr gibt, sind sie es, die mit ihrem weitgestreuten Aktienbesitz auch mit Minderheitsanteilen das letzte Wort sprechen können.

Der Chef der Deutschen Bank, Alfred Herrhausen, war mit Helmut Kohl befreundet, der ihn scherzhaft »Don Alfredo« nannte und sich von ihm beraten ließ. Herrhausen führte ihn in die deutsche Wiedervereinigung und bezahlte dafür mit seinem Leben. Wenige Tage nach dem Fall der Mauer erklärte er, man könne Ostdeutschland kaufen.

Die RAF-Terroristen ließen sein Auto Ende November 1989 hochgehen, und Kohl kaufte mittels Währungsunion und über 30 Milliarden an Michail Gorbatschow am Ende tatsächlich die 110 000 km^2 des »anderen« Deutschland. Wenn man nur diese Summe zugrunde legt, hat er weniger als 40 Pfennig für den Quadratmeter bezahlt. Zuwenig, zuviel? Trotz aller Kritik glaube ich, daß Don Alfredo seinem Freund Helmut zu einem guten Geschäft geraten hat. Er war sozusagen der Kontoführer des Kanzlers.

Die Deutschen zahlen immer noch ihre Raten. Frühestens die nächste Generation wird Zinsen dafür bekommen, aber Herrhausen stellte in seinem letzten Interview im *Spiegel* fest, seine Arbeit bestehe darin, Kapital gewinnbringend einzusetzen, aber nicht nur. Es müsse auch mit einem Ziel eingesetzt werden, und er sei ein deutscher Patriot. Alle glaubten ihm, zu Recht. Wo auf der Welt könnte ein Bankier so etwas sagen, ohne daß seine Gesprächspartner unwillkürlich argwöhnen, es sei ein Trick, um ihnen Geld abzuknöpfen?

Die Deutsche Bank ist die erste Bank Deutschlands und steht weltweit erst an achtzehnter Stelle, doch es gibt kein Bankhaus, das sich in seinem Land einer solchen Macht rühmen könnte. Von ihrem Sitz im Herzen Frankfurts aus ist der Vorstand, elf Männer und eine Frau, an allen Aktivitäten des Landes beteiligt, vom Krieg der Sterne bis zu den Staubsaugern.

Aus Tradition wird der Vorstandsvorsitzende schlicht »Sprecher« genannt; ebenfalls aus Tradition sollten es zwei Sprecher sein, eine Art römische Konsuln, aber Traditionen müssen ja nicht unbedingt fortgeführt werden; Herrhausen tat es dem legendären Abs nach, dem ersten Sprecher nach dem Krieg, und so macht es auch sein Nachfolger Hilmar Kopper. Adenauer wollte Abs als Minister in seine Regierung holen, aber dieser lehnte mit der Begründung ab, er habe in Frankfurt doch viel mehr Macht. Der Sprecher ist nur ein *Primus inter pares*, Ausdruck eines gemeinschaftlichen Willens, und seine Stimme zählt auch in einer Pattsituation nicht mehr als die der anderen, wie es zum Beispiel in der Bundesbank der Fall ist.

»Sehen Sie«, erklärte mir Hilmar Kopper, »bei uns wird nicht mal abgestimmt. Man diskutiert ein Problem gründlich und kommt zu einem Schluß. Das ist alles.« Sein Jahresgehalt beträgt anderthalb Millionen Mark, dazu kommen die Einkünfte aus seinen Aufsichtsratsposten in Unternehmen, an denen die Deutsche Bank beteiligt ist. Zu Herrhausens Zeiten hielt das Bankhaus 28 Prozent des Aktienpakets von Daimler-Benz, Deutschlands größtem Industriekomplex. Die mächtigste Bank hat im größten Konzern eine Schlüsselposition inne. Und sie besitzt nicht nur die Banca d'America e d'Italia, sondern auch etwa drei Prozent von Fiat. Als Ghaddafi die Aktien der Turiner Firma verkaufte, fungierte die Deutsche Bank als Maklerin; sie behielt die Papiere, die sie nicht verkaufen konnte. Eine unbedeutende Beteiligung? Eher nicht, wenn schon allein wegen der Tatsache, daß die Deutsche Bank Mercedes- und Fiataktien besitzt, manchmal sogar von einer möglichen Fusion der beiden Unternehmen gesprochen wird. Und was käme wohl dabei heraus? Ein *Topolino* mit Daimler-Motor oder ein Mercedes mit Turiner Design?

Daimler-Benz wiederum besitzt ein Aktienpaket der Deutschen

Bank, und beide sind an der größten Versicherungsgesellschaft beteiligt, der Allianz, die natürlich zehn Prozent der Deutschen Bank und von Daimler besitzt. Ein Gewirr, in dem sich auch der genialste Experte betrieblicher Bilanzen verirrt. Daimler-Benz und damit die Deutsche Bank kontrollieren die Staubsauger- und Satellitenproduktion, Stahl und Porzellan, Lebensversicherungen und Toaster. Die Jahresbilanz der fünf wichtigsten deutschen Banken entspricht der gesamten Staatsschuld Deutschlands.

Für die Regierung ist es nicht einfach, eine solche Macht unter Kontrolle zu halten. Mitte der 80er Jahre, als Reagan gegen das sogenannte Reich des Bösen wetterte, setzte Edzard Reuter auf die Rüstungsindustrie. Aber mit dem Fall der Mauer wurde er vom Frieden überrascht. Für die DASA hätte ein dicker Batzen Profit vom *Jäger 90* kommen sollen, dem Superkampfflieger des ausgehenden Jahrhunderts, zum Preis von 130 Millionen Mark pro Stück, ein einziges Flugzeug für 3000 Mercedes der Mittelklasse. Der ehemalige Wirtschaftsminister Möllemann meinte ironisch, es sei der sicherste Jäger aller Zeiten, er könne nicht abgeschossen werden, weil er gar nicht starte.

Der frühere DASA-Chef Jürgen Schrempp erklärte, man könne nicht nach Bonn gehen und mit der Faust auf den Tisch hauen. Politiker und Manager müßten jeweils ihre Arbeit leisten, ein jeder in seinem Verantwortungsbereich. Man könne die Regierung nicht erpressen oder ein Ministerium mit der Pistole auf der Brust zwingen, eine Entscheidung zu treffen.

Schrempp beginnt Tausende von Arbeitsplätzen abzubauen, er schließt zwei Fabriken und plant, den Großteil der Produktion ins Ausland zu verlegen, in ein Land mit weniger bürokratischen Hürden, wenn es um den Export von Rüstungsprodukten geht. Der *Jäger* bekommt einen neuen Namen und startet, wenn auch in einer Version für 80–90 Millionen, eine Art Kleinwagen des Himmels. Es ist trotzdem ein überflüssiges Jagdflugzeug: Die Strategie nach der Mauer erfordert eigentlich Flugzeuge, die für den Guerillakrieg, für den Transport von Truppen geeignet wären, und Science-fiction-Jäger, um sich per Bordcomputer zu duellieren.

Reuter irrte sehr, aber wer kann ihm vorwerfen, er habe die Zukunft nicht vorausgesehen? *Manager Magazine* fragt, wofür er und seine Kollegen denn eigentlich bezahlt würden. In guten Zeiten seien Manager überflüssig, in Krisenzeiten würden sie sich als machtlos erweisen. Ihrem Stand würden schwere Fehler vorgeworfen, die Deutschland in die zweite Liga zurückwerfen könnten (eine italienische Redensart, importiert von den immer pessimistischen Deutschen).

Der Journalist Günther Ogger hat den Managern ein Buch mit dem bezeichnenden Titel *Nieten in Nadelstreifen* gewidmet, eine Collage von Fehlern, Irrtümern und Ignoranz. Nicht nur schuldig, sondern auch ignorant. VW-Chef Ferdinand Piëch sei der Enkel jenes Ferdinand Porsche, der den Käfer erfunden habe, und selbst ein guter Konstrukteur, wie er Audi bewiesen habe, aber Reuter könne höchstens einen Reifen wechseln, schimpft Ogger. Sein Buch war zwei Jahre lang ganz oben auf der Bestsellerliste, bis sein neues Werk, *Das Kartell der Kassierer*, das den blutsaugenden Banken gewidmet ist, es auf den zweiten Platz verwies.

Ich wollte von Ogger erfahren, was er von unseren Managern hält. »Absolute Nullen«, schnaubte er. Er kennt uns Italiener gut, denn er lebt einen großen Teil des Jahres in Bozen. Mit seiner Schelte verdiente er jährlich über eine Million und bekam Schwierigkeiten mit dem Fiskus. Vor Gericht bekannte er sich schuldig, eine halbe Million Steuern hinterzogen zu haben. Er bekam zwei Jahre auf Bewährung und 100 Millionen Strafe, die er dank seines Autorenhonorars zahlte, ohne mit der Wimper zu zucken. Er habe geglaubt, erzählt er, er müsse in Italien Steuern zahlen, er habe nicht daran gedacht, daß er ja ein Büro habe, ein Zimmerchen in der Wohnung einer Freundin in München, aber das Finanzamt hatte es nicht vergessen. Oggers Kollegen schrieben, vielleicht weil sie neidisch waren, daß die einzige Firma, die der Managerkritiker gegründet hatte, Konkurs anmelden mußte. Er sei Journalist und kein Manager, rechtfertigte er sich. Sein Sozius meinte, als Manager sei auch Günther eine Niete.

Bekanntermaßen muß man ja nicht malen können, um ein Kunstwerk zu beurteilen. Die deutschen Manager sind ja auch keine Michelangelos, und Ogger hat nur geduldig die Fälle gesammelt, welche die Presse präsentierte. Allein die Deutsche Bank hat ihre Leute in über 400 deutschen Unternehmen, das sind 160 mehr als 1976. Direktoren der Bank sitzen im Vorstand der französischen Firma Saint Gobain, der belgischen Solvay und der britischen Pilkington Brothers. Und die einzige Frau des Vorstands, Ellen Ruth Schiner Lenné, ist beauftragt, den amerikanischen Kosmetikproduzenten Avon zu überwachen, wie es sich für eine Frau gehört.

Die deutschen Banken sind an 4802 deutschen Unternehmen mit über zehn Prozent beteiligt, und wenn man auch die kleineren Pakete und zweitrangige Aufträge berücksichtigt, dann kann man sich vorstellen, daß Kontrolle hier ein Ding der Unmöglichkeit ist. Tyll Necker, ehemals Präsident des Unternehmerverbands, räumt selbst ein, man habe einfach keine Zeit dazu. Schon Ludwig Bamberger, einer der Direktoren der Deutschen Bank, meinte, wenn der Vorstand gut sei, dann sei der Aufsichtsrat überflüssig. Ist er schlecht, sei der Aufsichtsrat machtlos, denn seine Mitglieder hätten gerade mal Zeit, in der Limousine, die sie vom Flughafen zum Versammlungsort bringt, einen Blick in ihre Unterlagen zu werfen, sich dann am Buffet mit Langusten und Lachs zu stärken und gerade noch rechtzeitig zum nächsten Termin zu fliegen.

Industrie und Banken werden in Deutschland von einer Oligarchie von vielleicht vierhundert Leuten regiert, die niemandem Rechenschaft schulden, keinem Eigentümer, keiner Familie, keinem Aktionär, denn die Aktienpakete sind weit gestreut. Sie haben sich nur vor sich selbst und ihren Kollegen zu verantworten, nach dem Motto »Eine Hand wäscht die andere«. Der Kontrolleur einer Gesellschaft wird seinerseits von jenen Leuten aus den eigenen Reihen kontrolliert werden, die er heute unter die Lupe nimmt. Man gehört zu einem Club, und es ist nicht fein, die anderen Gesellschafter zu kritisieren, übrigens auch nicht klug.

Auch wegen Reuters falscher Expansionspolitik gerät Daimler-Benz in tiefrote Zahlen, aber wie kann ein Hilmar Kopper von der Deutschen Bank, der Hauptaktionärin, ihm Vorwürfe machen, der ihn doch am meisten unterstützt und darauf gedrängt hat, sein Mandat über die Altersgrenze hinaus zu verlängern? Die Deutsche Bank »merkt« auch nicht, daß die Metallgesellschaft wegen Fehlspekulationen im Ölgeschäft Konkurs riskiert, und interveniert mit sträflicher Verspätung, die den Schaden vervielfacht.

Die Deutsche Bank sieht auch nicht oder gibt vor, nicht zu sehen, daß der Baulöwe Jürgen Schneider in Milliardenschulden versinkt, und gewährt ihm weiterhin aufs Geratewohl Kredit. Schneider setzt auf den Aufschwung in Ostdeutschland und kauft Häuser und Hotels, modernisiert sie oder baut neue. Sein Augapfel ist die Mädler-Galerie im Herzen Leipzigs mit der *Taverna di Mefisto*, in der Faust zwischen Bier und Würstel schließlich der Versuchung erlag.

Schneider kann auch nicht widerstehen. Er fälscht Dokumente und

Lagepläne, wie man das sonst in Neapel macht, und läßt sich Miet-verträge mit höheren als den tatsächlichen Beträgen unterschreiben, um die kreditgebenden Banken zu täuschen, nicht nur die Deutsche Bank ist im Spiel. Der Aufschwung läßt auf sich warten, und seine Geschäfte und Büros stehen leer. Schneider schickt der Deutschen Bank, der er 1,2 Milliarden Mark schuldet, ein ärztliches Attest und verschwindet im Ausland, um sich »behandeln« zu lassen.

Wer ihn hätte kontrollieren müssen, war Koppers Kollege Ulrich Weiss. Im nachhinein wirft er Schneider Falschinformation vor. Eines der besten Bürogebäude befindet sich einen Steinwurf vom Sitz der Deutschen Bank in Frankfurt entfernt – hat die Bank denn nicht daran gedacht, jemanden zur Kontrolle zu schicken, ob die Quadrat-meter tatsächlich den von Schneider vorgelegten Plänen entsprachen? fragen sich die kleinen Kunden, denen gleich der Ruin droht, wenn sie einer Verpflichtung von ein paar tausend Mark nicht nachkom-men. Der Verdacht regt sich, die Bank habe schon lange Bescheid ge-wußt und geschwiegen, um zu retten, was zu retten war, aber Hun-derte von Handwerkern, Inhaber von Baufirmen, die für Schneider arbeiteten, mußten dafür herhalten.

Ein widersprüchliches Kapitel? Erst äußere ich mich positiv über die deutschen Banken, und dann lasse ich kein gutes Haar an ihnen? Es kommt eben darauf an, aus welchem Grund man eine Filiale der Deutschen Bank oder der Commerzbank oder der Dresdner Bank betritt.

Auf jeden Fall müssen Sie nicht Schlange stehen. Sobald ein An-gestellter Sie am Schalter gesichtet hat, läßt er sofort seine Arbeit liegen und fragt Sie nach Ihren Wünschen. Auch der Direktor selbst und auch, wenn Sie gar nicht Kunde sind. Das ist doch schon mal was.

Befehl ist Befehl

Befehl ist Befehl – ein alte Regel, die in der jüngeren Geschichte Deutschlands zu Katastrophen geführt hat. Sie ist out, im Heer und in den Betrieben, ganz zu schweigen von den Familien – hier wagt inzwischen kein Elternteil mehr, Befehle oder Ratschläge zu erteilen.

Was ist der Unterschied zwischen einem italienischen und einem deutschen Manager? Wir stellen uns den Industriekapitän des großen Deutschland wie eine Art Bismarck im Zweireiher vor, einen energischen, resoluten Alleinherrscher über sein Unternehmen, der um jeden Preis ganz oben stehen will. Ich stellte die Frage dem Italiener Giuseppe Vita, der an die Spitze des multinationalen Unternehmens Schering in Berlin geholt wurde.

»Ein Manager«, erklärt er, »muß in Deutschland vor allem seine Mitarbeiter davon überzeugen, daß das, was er tut, richtig ist. Entscheidungen werden gemeinsam getroffen, aber die Verantwortung liegt beim Chef. Die wichtigste Arbeit besteht darin, die eigene Mannschaft zu überzeugen, die dann aber auch geschlossen handelt und Meinungen oder Zweifel des einzelnen außer acht läßt.« Das ist das genaue Gegenteil unseres Vorurteils. Ein deutsches Unternehmen wird demokratischer und weniger hierarchisch geführt als ein italienischer oder französischer Betrieb.

Die Zeit berichtete von einer Arbeitskonferenz französischer und deutscher Manager: Auf der Tagesordnung steht Konzept, wie es die Deutschen, und Concept, wie es die Franzosen verstehen. Die Aussprache ist fast gleich, aber dazwischen liegen Welten. Die Franzosen erscheinen ohne ein Blatt Papier in der Hand bei dem Treffen, das sie als simples *Brainstorming* betrachten. Die Deutschen kommen mit einem detaillierten Plan zur Programmgestaltung an. »*Typisch französisch*, ohne Substanz«, meinen die einen. »*Diktat* der Deutschen«, antworten die anderen. Sie beschließen, die Zusammenarbeit aufzukündigen und allein weiterzumachen.

Auf der einen Seite des Rheins seien die Manager vom Protestantismus geprägt, auf der anderen vom Rationalismus: Hier würden Luther und Descartes aneinandergeraten, erklärt Günther Ammon, Professor für Betriebswirtschaft in Erlangen. Unserem Vorurteil gemäß müßten die Deutschen eigentlich eine autoritäre Betriebsführung vorziehen, aber Henri Mondo, Vorsitzender von Roussel Uclaf, Tochtergesellschaft von Hoechst, berichtet, es seien die Deutschen, die an einem runden Tisch sitzen wollten, während die Franzosen eine Pyramide bilden würden.

Udo Hück, der die deutsche Telekom in Paris vertritt, meint, in Deutschland beuge sich der Chef der mehrheitlichen Meinung, in Frankreich würde man das für Schwäche halten. Man erwarte, daß er auch als Herr auftrete. Der Generaldirektor treffe in Vorstandssitzungen keine Entscheidungen, er wolle sich nur informieren. Entsprechend verhalten sich die Untergebenen: Wer eine Idee hat, redet in Deutschland mit gleichrangigen Kollegen, in anderen Ländern geht man gleich zum Chef.

In Deutschland sei die Arbeit blockiert, solange die Unterlagen nicht komplett seien, sagt Kurt Hollederer, Generaldirektor von Siemens France, in Paris mache sich jeder seine Notizen, und dann gehe es gleich an die Arbeit. Als die Banque Nationale de Paris und die Dresdner Bank beschlossen zusammenzuarbeiten, stand René Thomas, Chef der BNP, beim ersten Treffen allein vor Wolfgang Roeller und einem Dutzend Mitarbeitern. Roeller mußte sich dauernd mit seinen Leuten beraten, und das wirkte auf die Franzosen, als habe er entweder nichts zu sagen oder wolle sich über sie lustig machen.

Drei K oder drei S

Einst gründete sich die Familie auf die drei klassischen K: *Kinder, Küche, Kirche*, was nicht unbedingt in dieser Reihenfolge und eher für die Frauen als die Männer galt. Aber heute sind die Kirchen leer, das nützlichste Küchengerät ist die Tiefkühltruhe, für gewöhnlich ißt man in der Büro- oder Fabrikkantine, und abends verzehrt man vor dem Fernseher das Abendbrot, Wurst und Käse auf Schwarzbrot, falls man nicht italienisch essen geht. Was die Kinder anbelangt, so werden immer weniger geboren, und sie leben immer gefährlicher: 43 000 wurden 1989 in Unfälle verwickelt, und die Zahl der Unfälle ist seitdem um 83 Prozent gestiegen.

Heute gründet sich die Familie weniger auf drei K als auf drei S: *Sex, Stau und Stasi.* Ersterer läuft elektronisch ab, denn die verstopften Autobahnen zerren an den Nerven, und die Stasi, die rote Gestapo des kommunistischen Regimes, spionierte besonders gern das Familienleben aus.

Die deutschen Mütter fanden oder finden es normal, lieber bei ihren Kindern zu bleiben, als arbeiten zu gehen. Auch weil die Gesellschaft sie dazu zwingt. In der früheren DDR standen mehr als genug Krippenplätze zur Verfügung, nicht etwa weil man etwas für die Frauen tun wollte, sondern weil Arbeitskräfte gebraucht wurden, und fast alle Frauen waren ja beschäftigt; im Westen und jetzt im vereinigten Deutschland sind die Plätze sehr knapp und private Kindergärten sehr teuer. Auch wenn kein Politiker es zugeben könnte oder wollte, ist der gewünschte Effekt, daß die Frauen zu Hause bleiben oder höchstens einer Teilzeitarbeit nachgehen, was der Beschäftigung der Männer zugute kommt. Viele Frauen sind damit einverstanden oder sagen, sie seien es. Sie bleiben also zu Hause und kümmern sich um ihre Kinder, genau wie eine italienische Mamma, wie man sie sich halt so vorstellt.

Sobald das Kind allein zurechtkommt, ändert sich die Situation mit einem Schlag. In Deutschland werden Sie nie eine solche italienische Szene erleben, bei der die Eltern sich vor der Schule versammeln und auf ihre Kinder warten, die wie zerbrechliche Ministars beim Künstlereingang herauskommen. Die Kleinen müssen vor dem Regen und dem Verkehr geschützt werden. Ich habe gesehen, wie Schulkinder im Bus Erwachsene fragten, wo sie denn seien, weil sie zu klein waren, um aus dem Fenster sehen zu können, und nicht wußten, wann sie aussteigen mußten. Jedes Jahr ereignen sich auf dem Schul- oder Nachhauseweg Katastrophen. Im ersten Jahr nach der Wiedervereinigung gab es im Osten ein Blutbad unter den Kindern, die überhaupt nicht auf den Verkehr, wie er sich in westlichen Ländern abspielt, vorbereitet waren, und die höhere Geschwindigkeit der kapitalistischen Modelle im Vergleich zu den alten Plastiktrabbis nicht richtig einschätzten.

Der italienische Nachwuchs braucht viel länger, um flügge zu werden und das Nest zu verlassen. Die Deutschen werfen ihre einstigen Kinder mit achtzehn Jahren unsanft aus dem Haus. Sie sollen tunlichst allein zurechtkommen. Auch weil es in Deutschland trotz allem, trotz Krise und Wohnungsmangel, immer noch leichter ist, ein Dach über dem Kopf zu finden, eventuell auch in einer Wohngemeinschaft, und wenn man mit der Studienunterstützung zurechtkommt, dann läßt sich's leben, auch wenn man keine großen Sprünge machen kann. Ein Italiener bleibt ein Kind, bis er vierzig ist, oder auch sein ganzes Leben lang. Ein Deutscher ist sofort entwöhnt.

Ich lese in den Zeitungen immer die Leserbriefe. Der Rat der Experten, die Meinung des Soziologen. Die Briefe verraten einiges. Die Frage eines geschiedenen Vaters hat mich getroffen. Mußte er seinem Sohn immer noch Unterhalt zahlen, obwohl dieser ein Stipendium erhielt? Es handelte sich um ein paar hundert Mark, eine Summe, die für den Leser an sich kein Problem war. Wie üblich ging es ums Prinzip, und der Experte nahm ihn ernst. In der Tat mußte er noch Unterhalt zahlen, der aber um eine gesetzlich festge-

160

legte Quote gekürzt wurde, weil der Sohn teilweise selbständig war. Die Deutsche Mark ist stärker als Kinderliebe.

Eine Familie ist eine wenig ertragreiche finanzielle Investition. Ihr Schutz ist zwar einer der Fixpunkte im politischen Programm von Kanzler Kohls Christdemokraten, aber Paare mit Kindern werden letztendlich vom Fiskus strenger bestraft, trotz des Kindergeldes, das großzügiger ist als bei uns, trotz der Steuererleichterungen für Verheiratete mit Nachwuchs.

Ein Drittel der Paare hat die lächerliche Angewohnheit, sich gegenseitig mit Mutti und Vati anzureden, auch wenn sie schon über dreißig sind. Ein trügerischer häuslicher Frieden. 40 Prozent der Verheirateten denken an Scheidung, und mit Scheidung endet die Hälfte der Ehen in der Stadt, ein Drittel der Ehen auf dem Land. Nur 60 Prozent der Ehefrauen würden ihren Mann noch einmal heiraten, ähnlich viele sind ihm untreu (gegenüber 80 Prozent der Männer).

Lohnt es sich schon nicht zu heiraten, dann ist die Scheidung gar eine wirtschaftliche Katastrophe. Das Gesetz zwingt die Ehemänner, fast das gesamte Einkommen für den Unterhalt aufzuwenden. Ein extremer Fall ist Herr Fritz Nill, 87 Jahre alt und blind, der vor sieben Jahren eine dreizehn Jahre Jüngere geheiratet hatte: Jetzt muß er ihr jeden Monat 1100 DM überweisen, das ist die Hälfte seiner Invalidenrente.

Thomas Doll, Stürmer bei Lazio, der im Leben vorsichtiger als im Strafraum ist und im Jahr zwei Milliarden Lire, also ca. 2 Millionen DM, einnimmt, ließ sein Zukünftige, Denise, vor der Hochzeit einen regulären Ehevertrag unterschreiben, wie es auch Onassis und Jacky Kennedy gemacht haben. Ist die Liebe zu Ende, zahlt er ihr, bis die Tochter 18 Jahre alt ist, nur 4000 DM im Monat anstatt der Hälfte des Vermögens. Man braucht sich nicht zu wundern, wenn eventuelle Muttis und Vatis es sich zweimal überlegen, bevor sie einen schicksalsschweren Schritt tun: 35 Prozent der Deutschen leben als Singles, in Italien sind es 19 Prozent.

Der liebe Gott mag ein kühles Blondes

Schuster, bleib bei deinem Leisten, heißt es, aber eines Sonntags beschlossen die beiden Kölner Freunde Karl und Manfred, es mit den Sprichwörtern nicht so genau zu nehmen. Das wäre an sich nichts

Außergewöhnliches, wenn ersterer nicht Wirt eines der bekanntesten Bierlokale der Stadt und letzterer Pfarrer in der Christuskirche wäre. »Wenn die Gläubigen nicht in die Kirche kommen, dann muß ich mich eben hinter die Theke stellen«, sagte Pfarrer Manfred Bertram, 47 Jahre alt, und das Experiment gelang.

Auch bei Gastwirt Karl Schiesberg, 43, war die Kirche voll »wie sonst nur an Heiligabend«. Die treuen Gäste seines Lokals, des *Weissen Heigoder*, wollten sehen, wie er sich wohl so machte auf der Kanzel. »Ich wünsche euch«, sagte Karl am Ende seiner Predigt, »daß ihr immer ein kühles Blondes habt.« Er meinte Kölsch, das leichte Kölner Bier. »Und daß ihr immer jemanden findet, der euch dazu einlädt, wenn ihr keinen Pfennig mehr im Beutel habt«, fügte er in einem Anflug christlicher Nächstenliebe hinzu.

»Gott ist dort, wo die Menschen feiern«, meint Pfarrer Bertram. Er kam auch ganz gut zurecht, als er hinter der Theke Bier, Würstel und Frikadellen verkaufte. »Ich konnte sogar einen Rechtsanwalt überzeugen, wieder in die Kirche zu gehen, wo er seit Jahren nicht mehr gewesen war«, erzählte er, als das Experiment zu Ende war, »allerdings hatte er zehn Bier intus.«

Es steckte mehr dahinter als ein Jux von zwei Freunden. Die Kirchen in Deutschland werden immer leerer. Allein in Köln sind 1993 5120 Protestanten und 6941 Katholiken aus ihrer Kirche ausgetreten. In ganz Deutschland waren es über 300 000 Gläubige der Kirche Roms und Luthers zu gleichen Teilen. Es ist nicht nur eine formelle Geste. Jeder Bürger muß an seine Kirche Steuern abführen, den klassischen Zehnten, beziehungsweise etwas weniger, nämlich acht Prozent *extra*. Außer man erklärt ausdrücklich, keiner Konfession anzugehören.

Es ist ein hübscher Obolus: Jährlich kommen 19 Milliarden Mark von den Katholiken und 16,5 Milliarden von den Protestanten, aber es wird immer weniger. Der gläubige Schriftsteller Heinrich Böll, Nobelpreisträger von 1972, begehrte auf: Er wollte nicht aus der Kirche austreten, aber er fand die Steuer ungerechtfertigt und weigerte sich zu zahlen. Der Bischof von Köln schickte ihm den Gerichtsvollzieher, der seine Möbel pfänden sollte. Der Verleger Axel Springer, der Vater der *Bildzeitung*, verließ die evangelische Kirche und überwies seine acht Prozent, mehrere Millionen, an eine mehr oder weniger unbekannte Sekte. Die Protestanten versuchten mit der Begründung Einspruch zu erheben, der neue Glaube, dem der Verleger anhänge, sei nicht »gültig«. Aber nach wem und welchem Gesetz?

Uta Ranke-Heinemann trennte sich vom Glauben ihres Vaters, des protestantischen sozialdemokratischen Bundespräsidenten Gustav Heinemann, und wurde katholisch. Sie war die erste Katholikin, die einen Lehrstuhl für Theologie erhielt. Dann schrieb sie ein Buch, das weltweit ein Bestseller wurde, *Eunuchen für das Himmelreich*, woraufhin sie von der Kirche »entlassen« wurde: Wie kann eine Theologin die Existenz der Hölle, das Wort der Evangelien, gar die Jungfräulichkeit der Mutter Gottes anzweifeln?

»Sie sind aus der Kirche ausgetreten, nehme ich an?« fragte ich sie.

»Aber nein, ich hätte doch von außen nicht das Recht gehabt zu kritisieren«, sagte sie und zahlt weiterhin den Zehnten: 1993 waren es 40 000 DM.

»Der Episkopat hat mir ein Dankschreiben geschickt, wie es alle besseren Steuerzahler bekommen«, lächelt sie. Dieser Zehnte wird mit Autorenhonoraren aus blasphemischen Büchern bezahlt.

Man darf aber nicht denken, die »Abschwörungen« seien eine reine Geldfrage. Die Steuern sind zwar der klassische Tropfen, das auslösende Moment, aber immer weniger Gläubige identifizieren sich auch mit ihrer Kirche. 69 Prozent beider Konfessionen erklären, daß »die Kirche mir nichts mehr sagt«. Sie teilen nicht die Meinung der Obrigkeit über Sexualität, Scheidung, Priesterehe oder Empfängnisverhütung. 61 Prozent glauben an Gott, 51 Prozent sind von einem »Leben nach dem Tod« überzeugt, aber man verläßt sich immer mehr auf das eigene Gewissen, das nicht von oben gelenkt werden will.

Es ist ja nicht so, daß die Deutschen keine Sünden begingen; sie werden von Schuldgefühlen geplagt. Wir bereuen und können alles vergessen, weil wir sicher sind, daß Gott, die Familie oder gegebenenfalls die Wähler uns vergeben. Die Deutschen fühlen sich ein Leben lang gebrandmarkt, von der Erkenntnis zermürbt, daß sie jene Vollkommenheit, zu der sie sich von Geburt an verpflichtet fühlen, nicht erlangen können.

In Italien glaubt man, Deutschland sei vorwiegend protestantisch, aber das ist nur zum Teil richtig. In der alten Bundesrepublik sind die Katholiken 1984 mit 27 Millionen gegenüber 25 Millionen zum erstenmal vorn, auch aufgrund der Einwanderer und ihrer höheren Geburtenzahl. Mit der Wiedervereinigung sind die Protestanten wieder in der Mehrheit, aber auch die evangelische Kirche macht eine schwere Krise durch.

Er wolle seinen Freund vorstellen, erklärte von der Kanzel herab der neue Pastor der evangelischen Kirche in Menz, einem Dorf mit 500 Einwohnern in der Nähe von Magdeburg in der ehemaligen DDR. Die Gemeinde nahm keinen Anstoß daran. Seit er hier sei, habe nie jemand ein böses Wort an ihn gerichtet, sagt anerkennend der dreißigjährige Geistliche Wolfgang Loebe. Die Menschen auf dem Land seien offener, als manche glauben wollen. Für seinen Bischof Christoph Demke zählt die Arbeit, die er leistet. Aber ein paar Kilometer weiter, im westlichen Niedersachsen, das sich für fortschrittlich hält, ist Bischof Horst Hirschler anderer Meinung, für ihn widerspricht Homosexualität der christlichen Moral und kann bei den Gläubigen nicht akzeptiert werden, schon gar nicht bei den Geistlichen. Der rechte Flügel der Kirche, die Gruppe »Lebendige Volkskirche«, gibt ihm recht und fordert die Entfernung der homosexuellen Pfarrer. Der Theologe Andreas Gerber, 29, mußte sich zur Keuschheit verpflichten, bevor er in Hannover als Pfarrer ordiniert wurde. Ob das heiße, fragte er, daß er sich von seinem Freund trennen müsse? Ein Vertreter der Landeskirche antwortete, man könne ihm nicht sagen, was er tun müsse, aber er solle es heimlich tun.

Die Kirche greift sogar auf Werbung zurück, um den Exodus zu stoppen: Drogenprobleme? Herzenssorgen? Wir sind die Experten – aber die Wirkung ist bescheiden. Kirchen mit weniger als fünfzig »Stammkunden« sollen geschlossen werden, als wären es Jeansläden oder Bierstuben.

Amputieren

Gehen Sie nicht zu einem deutschen Arzt, wenn Sie keine eisernen Nerven haben. Er hat ein gutes Allheilmittel gefunden, um keinen Fehler zu machen: Er denkt immer an das Schlimmste. Und weil er Deutscher ist, lügt er nicht. Er legt seine Vermutungen also ganz und gar aufrichtig und grob dar. Normalerweise ist der Patient pessimistisch, und der Arzt muß ihn trösten: Der leise Schmerz im Arm ist kein Anzeichen eines Herzinfarkts, er kommt von Ihrem rührenden Versuch, es Boris Becker nachzutun, das Bauchweh verrät Ihre Leidenschaft für cholesterinhaltige Saucen, und mit den Kopfschmerzen büßen Sie für zuviel Fernsehen.

In Deutschland ist das anders. Ich spreche aus eigener Erfahrung.

Meine Haut ist empfindlich, und als sich plötzlich einmal ein Leberfleck verfärbte, sagte ich zu Fernanda: »Ich fahre nach Italien.« »Warum gehst du nicht erst mal zu dem Arzt unten im Haus? Vielleicht ist es ja gar nichts«, erwiderte meine Frau.

»Wirst schon sehen«, kündigte ich an. Um sie nicht zu beunruhigen, bestellte ich heimlich Tickets. Der Arzt untersuchte mich sorgfältig und gab mir die Adresse eines Facharztes für die histologische Untersuchung.

»Könnte es Hautkrebs sein?« fragte ich ihn.

»Sie sind zum Glück rechtzeitig gekommen.«

In Italien ließ ich dann die histologische Untersuchung machen, obwohl mein Arzt sie für überflüssig hielt. Es war nichts. Aber es hätte etwas sein können. Ohne Zweifel, und mein rheinländischer Herr Doktor hätte keinen Fehler gemacht.

Ich meine gar nicht, daß es immer verkehrt ist, wenn ein Arzt pessimistisch ist: besser eine unnötige Untersuchung zuviel, als Zeit zu verlieren, aber vielleicht wäre ein Minimum an *Savoir-faire* vonnöten. Der deutsche Arzt hatte mich noch nie gesehen. Wie konnte er wissen, wie ich auf seine Besorgnis reagieren würde?

Einer meiner Kollegen rauchte zuviel und wachte eines Tages mit einem gelähmten Bein auf. Er ließ sich ins Krankenhaus bringen. Als er auf dem Bett lag, schnappte er das Wort *amputieren* auf. Er weigerte sich, jegliche Medizin zu nehmen, rief die Botschaft an, ließ sich auf der Bahre zum Flughafen bringen und nahm das nächste Flugzeug nach Italien. Heute ist er pensioniert und spielt noch Fußball.

Der vierjährige Sohn eines Korrespondenten wachte eines Morgens mit Bauchschmerzen auf. »Machen Sie sich keine Sorgen, wir machen auf und schauen, was los ist«, schlug der Kinderarzt der besorgten Mutter vor. Sie kannte Deutschland schon gut und erschrak nicht einmal.

Ich könnte fortfahren, aber das Thema ist nicht sehr lustig. Nur noch ein letzter Rat. Gehen Sie nie, nie zu einem Zahnarzt. Jahrzehntelang funktionierte das System der Krankenversicherungen auf eine Art und Weise, daß es besser war, alle Zähne zu ziehen, als einen kranken Backenzahn zu kurieren. In Deutschland gibt es diese Tradition schon gar nicht mehr.

Ein Zahnarzt verdiene mehr als er, beschwert sich Kanzler Kohl, der weniger als 40 000 Mark monatlich bekommt, aber ein paar Ausgaben mehr als ein Zahnzieher hat.

Ich weiß genau, in welchem Zustand das Gesundheitswesen in Italien ist, und wenn ich mich jetzt über die Deutschen lustig gemacht habe, will ich das ein bißchen wettmachen. Von Ausnahmen abgesehen, betritt man ein italienisches Krankenhaus mit berechtigtem Grausen. Ich habe zwar keine direkte Erfahrung, aber die deutschen Krankenhäuser kommen mir dagegen wie Hotels vor, nicht luxuriös, aber anständig. Die Krankenschwestern lächeln, es riecht nicht unverkennbar nach Krankenhaus, und beides ist für mich ein Wunder.

Daß die Deutschen jammern, ist wohl unvermeidlich. Es war ja früher auch besser, und der Gesundheitsdienst ist nicht perfekt, aber verglichen mit unserem beneidenswert gut. Die Krankenversicherungen funktionieren; sie sind teils öffentlich, teils privat, und wir hätten diesen Kompromiß schon längst übernehmen sollen, aber wir hüten uns ja immer davor, einer lohnenswerten Versuchung zu erliegen.

Nachbars Cappuccino

In einer Werbung für gefriergetrockneten Cappuccino klopft ein blondes Geschöpf an die Tür eines Italieners, Typ lebhaft und dunkel.

»Ihr Auto steht auf meinem Platz«, fährt sie ihn an, ohne guten Tag zu sagen, und der Hausherr bittet sie auf italienisch herein. Er bereitet einen Instantcappuccino zu und überschüttet sie mit einem Wortschwall, bis sie ihn trinkt. Am Ende, als die Nachbarin durch ihn oder das Getränk gezähmt oder beinah gezähmt ist, bittet sie ihn noch einmal, sein Auto wegzustellen, und da sagt er auf deutsch: »Aber ich habe gar kein Auto.«

Was in dieser Botschaft mitschwingt, können nur Einheimische verstehen. Der Spot zeigt nicht nur, wie die italienische Sprache, auch wenn sie nicht verstanden wird oder gerade deswegen, als Musik dient, verführerisch, süß und warm wie der Cappuccino. Etwas ganz anderes steht auf dem Spiel. Das Auto auf dem Stellplatz des Nachbarn zu parken, ist eines der abscheulichsten Verbrechen im alltäglichen Leben. Und der Cappuccino ist in der Lage, sogar in einer solch schlimmen Situation Abhilfe zu schaffen.

Mir ist das auch schon passiert, nur ohne Cappuccino. Und mit einem grundlegenden Unterschied, denn es war meine junge Nachbarin (eine Deutsche), die in dem großen Garten des Hauses in Königswinter auf meinem Platz parkte. Eines Nachmittags fand ich den für mich reservierten Platz von ihrem VW belegt und stellte mich daneben, auf den Platz eines anderen. Es war sowieso alles frei. Das war der Anfang einer Kettenreaktion, vergleichbar mit dem »Dominosystem«, das bei den Amerikanern in Asien gefürchtet war.

Stunden später sah ich einen Mercedes, der meinem Alfa die Ausfahrt versperrte. Ich dachte mir nichts dabei, es war Samstag, und vor Montag wollte ich nicht wegfahren. Jemand klopfte an meine Tür. Es war nicht die Blonde vom Fernsehen. Mein neuer Nachbar fuhr mich aus heiterem Himmel an: »Sie parken immer auf meinem Platz.«

»Weil jemand auf meinem steht.«

»Aber Sie haben gar keinen Stellplatz.«

»*Doch*«, sagte ich, worauf er erstarrte. Dieses Zauberwort muß man beherrschen: es bejaht eine verneinende Frage oder Vermutung. Mit einem Ja oder Nein gibt man dem Gegner nämlich recht. Wenn man das *Doch* im Griff hat, ist es, als würde man das Ruder eines Segelschiffes instinktiv richtig benützen, das man nach rechts drückt, wenn man nach links fahren will, beziehungsweise nach Backbord und Steuerbord.

Also *doch*.

Da ich nicht weiß, wie man Cappuccino macht, und mich weigere, Instantcappuccino zu verwenden, ist die einzige bei den Deutschen brauchbare Taktik, daß man noch heftiger reagiert als sie. Dieselbe Taktik hat man mich gelehrt, um mit Haifischen fertig zu werden. Wenn sie einen anfallen, darf man nicht fliehen, sonst ist man verloren. Man muß sich ihnen entgegenstellen, dann ziehen sie sich zurück. Mit Tigerhaien habe ich keine Erfahrung gemacht, aber bei den Deutschen funktioniert es.

»Ab sofort parkt niemand mehr auf Ihrem Platz«, sagte mein Nachbar entschuldigend.

»Es ist nicht so schlimm, mir ist es egal, auf welchem Platz ich stehe.«

Ihm aber nicht, und schon lief er eifrig die Treppe hinunter. Er hielt sein Versprechen, das heißt, der jungen VW-Fahrerin wurde gekündigt. Schade, sie parkte zwar verkehrt, war aber eine hervorragende Beobachtungsquelle, eine typische Vertreterin der neuen Deutschen, die anders, aber doch auch traditionsbewußt sind.

In jener Nacht, als ich vom Erdbeben aufwachte, das alle meine Bücher aus den Regalen und ein paar Fialen vom Kölner Dom warf, rannte sie schreiend im Nachthemd auf die Treppe.

»Was ist los?« fragte sie mich blaß.

167

»Nur ein Erdbeben«, beruhigte ich sie mit der Gelassenheit eines Bewohners Süditaliens.

»Ein Erdbeben?« entrüstete sie sich. »Aber das wurde in den Nachrichten gar nicht angekündigt.«

Ihre Empörung über die mangelhafte Zuverlässigkeit der deutschen Medien war bereits größer als die Angst.

Das Verhältnis zu den Nachbarn zwischen Cappuccino und Erdbeben ist sogar für einen Magier der Diplomatie wie Hans-Dietrich Genscher eine schwierige Disziplin.

Alles ist geregelt, und jeder kennt alle Regeln. Wenn man seine Rechte nicht geltend macht, auch wenn es einem egal und nur verlorene Zeit ist, gilt man als Schwächling, als ein Land, das überfallen und annektiert werden muß. Deutschland ist friedlich, das muß ich immer wieder sagen. Der Angestellte mit Bauch und Pantoffeln jenseits der Hecke etwas weniger.

Fangen wir mit dem Garten an. Es ist verboten, das Gras wachsen zu lassen. Wenn die Wiese zur Straße hinausgeht, riskieren Sie eine Geldstrafe. Das Gesetz schreibt auch vor, was man anpflanzen darf und was nicht, um das Gesamtbild des Viertels nicht zu stören. Das ideale »Grün« ist nicht ein unordentlicher Wald, sondern praktisch ein Schachbrett aus Büschen und Blumen von gleicher Höhe und gleicher Farbe, die sich gleichmäßig präzise abwechseln.

Hinter dem Haus kann sich die Wiese ruhig zu einem Dschungel auswachsen. Zumindest theoretisch. Diesmal sind es die Nachbarn, die Sie an den Rasenmäher und den Rechen zwingen. Mein Vorgänger spielte lieber Tennis, anstatt die Wiese zu mähen, und sein Nachbar war ehemaliger Parlamentspräsident. Er gewann einen Satz nach dem anderen (in Bonn erinnert man sich noch daran) und tat, als habe er die Andeutungen seines Gegenübers nicht verstanden. Als er eines Tages von einem Interview oder einem Match heimkam, war die Wiese perfekt geschoren.

»Ich habe mir erlaubt, Ihren Rasen zu mähen«, entschuldigte sich die Tochter des bedeutenden Nachbarn, »Sie haben ja immer so viel zu tun.« Er war praktisch veranlagt, dankte ihr und machte sich daran, weiter seinen Aufschlag zu üben. Das Schieben eines Rasenmähers ist dem Ellbogen eines Tennisspielers nicht zuträglich. Nach dem gleichen Prinzip kletterte Hitler über die Hecke und ging in Paris unter dem Arc de Triomphe spazieren. Die Franzosen sind auch ein unordentliches Volk.

Diese Beobachtung scheint dem eigentlichen Prinzip dieses Buches entgegenzustehen. Aber Sie irren sich. Ein Land ist nicht immer die Summe der Verdienste und Fehler der einzelnen Menschen, die es bewohnen. Oft geschieht sogar das Gegenteil: Die anarchistischen Italiener haben einen von Bürokratie besessenen Staat geschaffen, und die Deutschen, die ihren Rasen mit patriotischem Eifer verteidigen, leben in einer friedlichen Bundesrepublik.

In Wirklichkeit fallen sie über die anderen her, um ihre Sklaven zu werden. Sie haben schon Science-fiction-Bücher darüber geschrieben, was geschehen wäre, wenn Hitler den Krieg gewonnen hätte. Irgendwann schreibe ich auch eins: Ich sehe ein Europa, in dem die Deutschen ihre Zeit damit verbringen, den Nachbarn den Rasen zu mähen, sie verlieren den Verstand, weil sie den römischen Verkehr regeln, und machen Überstunden, um die Steuern der arbeitsscheuen Engländer zu bezahlen. Natürlich würden sie etwas dafür verlangen: Tausende von Gartenzwergen *made in Germany* würden den Bois de Boulogne oder den Park der Villa Borghese bevölkern. Die Unternehmen, die sie jedes Jahr millionenfach herstellen, kannten keine Krise. Bis die hinterhältigen Polen, die nicht nur eine mörderische synthetische Droge namens »Kompott« vertreiben, die das Gehirn zerstört, aber nur ein paar Pfennige kostet, auch noch begannen, Gartenzwerge zu lumpigen Preisen anzubieten. Sie können unmöglich so billig sein, sie »kreieren« sie nicht, sie kopieren nur unsere, lautet der Protest. Die Deutschen waren aufgerufen, die nationale Produktion nicht im Stich zu lassen.

Die Gartenzwerge erzählen die Geschichte der Menschen, die in den Häusern wohnen. Jedes Jahr kommt eine neue Generation Zwerge auf die Welt, die *up to date* und modisch ist. Da sind Zwerg Gorbatschow und Zwerg Jelzin, auch der kriegerische Schirinowski und Schneewittchen, die aussieht wie Marilyn Monroe oder Romy Schneider, und sogar Madonna in Mieder und Netzstrümpfen. Es gibt Zwerg Kohl und Zwerg Schmidt mit Pfeife und Prinz-Heinrich-Mütze. Zwerg Clinton mit Saxophon, umgeben von Beatleszwergen – das kann nur der als Widerspruch empfinden, der nicht versteht, warum man nicht ein Andenken an die Jugendlieben bewahren soll, auch nachdem man einen Kredit bekommen hat, um ein Haus mit Garten zu kaufen. Und Gartenzwerge.

In einem Urteil wurde festgestellt, daß Gartenzwerge im Fall der Säumigkeit des Eigentümers nicht pfändbar sind. Sie gelten als unabdingbar für das Überleben des Säumigen, wie Bett, Kühlschrank und TV. *Bild* brachte auf der ersten Seite die Geschichte eines Mannes, der gegen seinen Nachbarn klagte, weil dieser den gemeinsamen Garten mit Gartenzwergen übersät hatte. Er behauptete, die Invasion störe sein Gefühl für Ästhetik. Er gewann die Klage, erregte aber die Empörung von Millionen Landsleuten, die ihn furchtbar beschimpften. Glücklicherweise bringt *Bild* nie die vollständigen Namen der Urheber von Gemetzeln und ähnlich grausamen Taten.

Nachbarschaftsklagen sind, dank der Rechtsschutzpolicen, ein Segen für Versicherungen und Rechtsanwälte. Man macht sich keine Vorstellung davon, weswegen geklagt wird. Die Richter müssen die Dezibel von Paaren messen, während sie sich lieben, und die Zentimeter, die zwischen dem Grill im Garten und dem nächsten Fenster liegen (der Abstand ist gesetzlich festgelegt, aber ich kenne ihn nicht, ich könnte niemals ein Feuer unter dem Rost machen und habe immer hartnäckig vermieden, Gartenbesitzer zu werden). Welche Tiere darf man halten und welche nicht? Ich glaube, alle: In Berlin gibt es mindestens fünfhundert Leute, die sich mit Boas und Hornvipern vergnügen, anstatt Goldfische zu züchten. Und was dürfen Kinder? Ich glaube, nichts: nur leise atmen.

Es gibt einen Zapfenstreich für Dusche und Waschmaschine. Viele dieser Bestimmungen sind logisch und durchaus angebracht, andere wurden für illegal erklärt. Aber viele Deutsche ignorieren das und führen sie im Mietvertrag auf. Beim herrschenden Wohnungsmangel gibt es Leute, die jede Verpflichtung unterschreiben. Aber es ist nicht nur die Not: Viele sind überzeugt, daß der Hauseigentümer recht hat, denn sie würden es genauso machen. Also gehorchen sie.

Kürzlich hat ein italienischer Journalist in Bonn ein möbliertes Appartement gemietet und sich der Bedingung der Eigentümerin, einer alten Frau, gefügt, keinesfalls Besuch zu empfangen und nicht zu Hause zu arbeiten (die Schreibmaschine stört). Er gehorchte. Als Ehefrau und Tochter ihn besuchten, schickte er sie in ein Hotel in der Nähe. Ich lieh ihm das Handbuch über die Psychologie der Tigerhaie, aber er glaubte mir nicht. Jetzt ist er nach Italien zurückgekehrt.

Mir ist ein Spion in den Briefkasten gefallen

Der deutsche Nationalsport ist nicht das Geldverdienen oder der Krieg, wie jemand vermuten könnte, der ein Opfer von Vorurteilen ist. Nein, die Deutschen widmen sich von klein auf der Spionage. In Großbritannien ist sie eine literarische Kunstform. Schriftsteller wie Somerset Maugham und Graham Greene waren Spione für »Vaterland und Königin« oder den König, und nicht zu vergessen Ian Fleming, den »Vater« von James Bond. Für die Sowjets war jeder Journalist ein Spion, und das Spionieren gehörte für sie zum Beruf wie die Schreibmaschine oder der Computer. Wer für die Zeitungen Lügen schreibt, tarnt nach Meinung Moskaus nur seine wahre Tätigkeit. Bei uns ist Spionieren eine Schande. Eine Tugend ist gegebenenfalls etwas ganz anderes, nämlich das Gesetz des Schweigens. Für die Deutschen aber ist Spionieren eine gesellschaftliche Pflicht.

Sobald man außerhalb der Markierung parkt, ruft der bereitwillige Nachbar, der einen vom Fenster aus überwacht, sofort die Polizei an. Bei uns würden die Polizeibeamten verärgert den Hörer hinknallen, hier kommen sie allen Ernstes. Ein Viertel der Steuerermittlungen, habe ich gelesen, werden auf Anzeigen von Bürgern hin in die Wege geleitet. Dabei handelt es sich nicht um Racheakte, wie man bei uns ganz richtig vermuten würde. Die Deutschen verständigen das Finanzamt, weil die Bürgerpflicht sie treibt.

Der Hang zum Schnüffeln verrät einiges über den Volkscharakter. Vor Jahren enthüllte der *Stern*, daß die Telefone der ausländischen Korrespondenten von den Geheimdiensten überwacht werden, von welchem, weiß ich nicht mehr. In Deutschland gibt es ja drei verschiedene.

Jede Volksgruppe ausländischer Journalisten ist einem Referenten des Bundespressamtes zugeteilt. Der Unglückliche, der für uns Italiener und die Franzosen zuständig war, war ein freundlicher Mensch. Ein Kollege, der ihn nach der Enthüllung bei einem Empfang traf, fragte ihn spöttisch: »Ihr Schlingel hört also meine Telefongespräche ab?«

»Ihr dürft nicht alles glauben, was in der Zeitung steht«, dementierte er taktlos.

»Aber ihr hört doch Paternostros Telefon ab.«

Paternostro war auch Bonner Korrespondent und ist in der kleinen Stadt am Rhein eine legendäre Gestalt. Er hatte einst die erste Pizzeria eröffnet, die es immer noch gibt, er versuchte es mit Kunstausstellungen und verkaufte seine Bilder sogar an Franz Josef Strauß. Er galt als typischer Italiener, launisch, vielseitig, sprühend und unberechenbar. Die Frauen, erzählt die Legende, himmelten ihn an, obwohl er nicht die Figur eines Rossano Brazzi hat und nie hatte. Eben der Typ, der auch den BND-Leuten verdächtig vorkommen mußte, die bei Maughams Romanen steckengeblieben waren.

»Paternostro? Aber … der telefoniert doch täglich mit der sowjetischen Botschaft.« Plötzlich begriff unser Referent, daß er sich verraten hatte, er wurde dunkelrot und entfernte sich. Wahrscheinlich sind Paternostros Gespräche mit einer Botschaftssekretärin von unwiderstehlichem slawischem Zauber immer noch in irgendeinem Archiv verwahrt.

Alle Briefe und Pakete, die in der Ära der Teilung in den Osten geschickt wurden, wurden in ein unverdächtiges Haus in Hamburg umgeleitet und vom Verfassungsschutz kontrolliert.

Es gibt keinen Bürger, dessen Daten nicht in irgendeiner Datei registriert sind, in der Verkehrssünderkartei in Flensburg, bei den Banken, bei der Krankenkasse und so weiter. Bei der letzten Volkszählung gab es einen Aufstand, weil eine Unmenge überflüssiger und »verfänglicher« Daten verlangt wurden, von der Zahl der Zimmer bis zu den Haushaltsgeräten. Die Formulare waren anonym, aber es wäre nicht schwierig gewesen, zur Identifizierung des Bürgers den Weg zurückzuverfolgen. Ich habe auch meinen Zettel ausgefüllt, das heißt, ein freundliches Mädchen kam zu mir nach Hause, eine Studentin, die sich ein paar Mark verdienen wollte, und stellte mir die Fragen. Na ja, ich würde schon gern wissen, wie viele italienische Doktoren der Rechte in jener Zeit in Königswinter wohnten, und es beunruhigt mich nicht, wenn der Große Bruder erfährt, daß ich ein Radio habe.

Trotz der Versprechen, die Privatsphäre zu respektieren, wurde schon vor zwanzig Jahren eine Baader-Meinhof-Terroristin identifiziert und festgenommen, weil sie in einer Dorfapotheke ein seltenes Medikament verlangte, das sie brauchte.

Bei einem Abendessen mit Freunden unterhielt ich mich einmal mit einem Headhunter. Er klagte, daß er niemanden für die Datenverarbeitung bei der Deutschen Bank finden könne.

»Wir hatten ja schon jemanden, aber er ist leider Mitglied der DKP.«

»Das kann Ihnen doch egal sein, solange er seine Arbeit gut macht«, meinte ich oberflächlich italienisch.

»Wie kann denn ein Kommunist für das Symbol des Kapitalismus schlechthin arbeiten?« wandte der Kopfjäger ein.

»Das muß er mit seinem Gewissen ausmachen«, sagte ich und begriff plötzlich, daß es ja um etwas ganz anderes ging. »Augenblick mal, woher wissen Sie denn, daß er Mitglied der kommunistischen Partei ist?«

»Möchten Sie vielleicht noch ein Lachshäppchen?« fragte er und entschwand mit dem Tablett in der Hand zu den anderen Gästen.

Er hatte es vom BND oder vom Verfassungsschutz erfahren, die die Deutsche Bank als deutsche Institution, als Säule des Staates betrachten, obwohl sie eine Privatbank ist.

Als im Sommer 1989 die großen Flüchtlingsströme aus dem Osten einsetzten, hielten mich zwei alte Nachbarinnen auf, die im Garten Rosen schnitten.

»Sie sind doch immer auf der anderen Seite, was denken Sie? Wird es so weitergehen?« fragten sie mich. Sie wollten keine Antwort, sie kannten sie schon. »Wirst schon sehen«, meinte die eine, »um sie aufzunehmen, wird man leere Wohnungen oder unbenutzte Zimmer beschlagnahmen.«

»Wenn die Polizei kommt, um nachzuschauen,« antwortete die andere, »müssen wir sagen, daß der Herr aus dem obersten Stock höchstens ein Wochenende im Monat kommt.« Zwei untadelige Damen, das kann ich Ihnen versichern, aber sie sahen den Notstand schon kommen und waren zur Zusammenarbeit bereit.

Ein anderer Kollege wurde zu Hause angerufen: »Wissen Sie eigentlich, daß Ihr Hausmädchen oft nach Bogotá telefoniert?« Das klingt ein bißchen wie der Titel des Romans von Heinrich Böll *Die verlorene Ehre der Katharina Blum*, in dem er die Hexenjagd während des Terrorismus beschreibt. Spione, die sich um die Telefonrechnung Sorgen machen.

Ich glaube nicht, daß mein Apparat jemals abgehört wurde, und ich weiß immer nicht, ob ich deswegen beruhigt sein oder mich übergangen fühlen soll. Dafür dauerte es, als ich zum zweiten Mal nach Deutschland geschickt wurde, bis zur Übergabe der Unterlagen meines Vorgängers, der bereits in den USA war, fast sechs Monate. Ich fragte bei der Verwaltung der Zeitung, für die ich arbeitete, ob es Probleme gebe. Alles in Ordnung, wurde mir versichert. Die verschiedenen Rechnungen, auch die Büromiete, wurden per Bank über das Konto meines Kollegen gezahlt, der nach Washington gegangen war.

Ich ließ mir den Schlüssel für mein Zimmer im Pressehaus geben, wo alle in- und ausländischen Journalisten untergebracht sind: Ich hatte gleich sehr viel zu tun, auch mit den tausend praktischen Problemen, mit denen man konfrontiert ist, wenn man sein Land verläßt, von der Wohnungssuche bis hin zum Umzug. Als ich eines Abends einen Artikel über den Wahlkampf fertigschrieb, klopfte es an meine Tür, eine unbekannte junge Frau kam herein und fragte mich, wer ich sei. Als sie meine Identität festgestellt hatte, fragte sie mich: »Warum holen Sie Ihre Post nicht ab?«

»Welche Post denn?«

»Sie haben sechs Säcke voll.«

Mein Vorgänger hatte ein Postfach, in das alle Korrespondenz umgeleitet wurde, die für das Büro bestimmt war. Am nächsten Morgen ging ich zur Post, wo mir ein Berg von Briefen, Zeitungen, Zeitschriften und Reklame in den Arm gedrückt wurde. Und von unbezahlten Rechnungen. Einschließlich der Miete, denn die Bank hatte die Anweisung nicht befolgt, und die Mahnungen der Allianzversicherung, der Eigentümerin des Gebäudes, wurden immer drängender. Eine Kündigung wäre katastrophal gewesen. Ich rief den Sachbearbeiter an, der Schreiben dieser Art deutlich unterschreibt und seine Durchwahlnummer angibt, wie das in Deutschland üblich ist.

Ich war versucht, ihm zu sagen, daß ich gerade erst angekommen sei, obwohl das schon einige Monate her war, nur weil das auf deutsch einfacher gewesen wäre. Aber dann erzählte ich ihm die Geschichte mit dem Postfach, der Frau in meinem Büro, den sechs Säcken und so weiter.

»Machen Sie sich keine Sorgen«, sagte er beruhigend, »ich weiß schon alles. Die Post hat mich benachrichtigt, zahlen Sie, wenn Sie Zeit haben.«

Welches italienische Postamt würde jemals mit einer Versicherungsgesellschaft zusammenarbeiten, die sehr mächtig, aber immerhin privat ist? Hätte ich aus purer Redefaulheit gelogen, dann hätte ich mich verdächtig gemacht. Haben die Postbeamten »zu meinem Wohle« gehandelt, weil sie eine mögliche Kündigung vermieden haben, oder haben sie meine Privatsphäre verletzt?

Ist der Sprung von meinem Postfach zur Stasi zu weit? Für mich nicht. Die Entdeckung, daß die Stasi über 5 Millionen Akten hatte, auch eine über mich (endlich), die 172 Kilometer Regale belegen, hat mich überhaupt nicht gewundert.

Es gab schließlich mehr als 80 000 Stasi-Funktionäre, denen fast eine halbe Million mehr oder weniger freiwilliger Mitarbeiter, IMs, Inoffizielle Mitarbeiter, zur Hand gingen. Von 17 Millionen Einwohnern der DDR (vor der Massenflucht) waren etwa 600 000 als Spitzel tätig, und das bedeutet, daß jede Familie mindestens einen entfernten Verwandten »im Dienst der Stasi« hatte. Wir Italiener haben schon verstanden: Ein Onkel oder ein Cousin, von mir aus dritten Grades, an den man sich bei Bedarf wenden kann, um die Lieferung des ersehnten Trabbi zu beschleunigen oder einen besseren Ferienplatz zu bekommen.

Das Schauspiel, das sich daraus ergibt, scheint das Paradies oder die Hölle eines jeden Geheimagenten zu sein. Alle bespitzelten alle, überall. Ehefrauen bespitzelten ihre Männer und umgekehrt und berichteten über sexuelle Phantasien und politische Abnormitäten, die Professoren die Studenten und die Schüler ihre Lehrer, die Gläubigen verrieten die Geistlichen, die Pfarrer die ihnen anvertrauten Schäfchen, und immer zum Wohle des Staates. Im Badezimmer, in den Umkleideräumen des Stadions, im Beichtstuhl waren Wanzen versteckt. Eine Ausgeburt des kommunistischen Systems, heißt es jetzt. Das stimmt schon, aber die Diktatur hatte begeisterte Kollaborateure gefunden.

Die Sportler, die im Westen an Wettkämpfen teilnahmen, erstatteten Bericht über das Verhalten der Kameraden, und diese berichteten ebenfalls. Und alle bespitzelten die Champions. Katharina Witt, die Königin des Eiskunstlaufs, um die Alberto Tomba von Olympiade zu Olympiade (vergeblich) wirbt, stellte beim Durchblättern ihrer Stasiakte fest, daß ihre Pirouetten auf dem Eis und die Pas de deux im Bett mit der Stoppuhr gemessen wurden, Beischlaf von 20.02 Uhr bis 20. 04. Uhr Barmherzigerweise verrät sie den Namen des Partners nicht.

Diese Autobahn von Dossiers zu prüfen und zu bewerten ist die Aufgabe mehrerer Generationen. Bis ins nächste Jahrhundert werden die Deutschen mit dem Alptraum all dessen leben müssen, was über sie enthüllt wurde. Das Schlimme daran ist nicht, daß der Mensch, den man liebte, Stalin verehrte, sondern daß man unser Rasierwasser unerträglich fand, und anstatt es uns ins Gesicht zu sagen, wurde es der Stasi berichtet und, wer weiß, sogar dem KGB.

»Ich weiß, was Sie denken«, sagte Helmut Kohl eines Tages bei einem Mittagessen mit ausländischen Korrespondenten, »daß es besser wäre, alles abzuschließen und die Schlüssel wegzuwerfen. Aber Sie wissen ja, wir sind Deutsche und gehen den Dingen auf den Grund, koste es, was es wolle.«

Es sieht aus, als sei er jetzt anderer Meinung, aber es ist zu spät. Es ist absurd, aber die abscheuliche Stasi gilt als glaubwürdig, schließlich ist sie eine deutsche Organisation. Wenn sie so diabolisch war, warum sollte sie dann nicht auch Akten über die Gegner angelegt und damit alles und jeden in Mißkredit gebracht haben, um selbst mit heiler Haut davonzukommen?

»Die Opposition haben wir selbst erfunden«, brüstet sich ein Stasi-Agent im Film *Abschied von Agnes*.

»Aber warum«, fragt bestürzt der Intellektuelle, der das Opfer ist, »werde ich denn bespitzelt? Ich zähle doch gar nicht.«

»Weil es Spaß macht, über die Geheimnisse des anderen Bescheid zu wissen, auch wenn wir ihn gar nicht kennen.«

Spionage als Selbstzweck. L'art pour l'art. Die Spione sind sozusagen Staatsbedienstete, mit all den Problemen, die gewöhnlich damit zusammenhängen, einschließlich Auslagenrechnungen. Wenn ich eine Genehmigung brauchte, um das Reich des Bösen zu besuchen, wie Ronald Reagan es nannte, mußte ich als Journalist beim Pressereferenten der polnischen Botschaft ein Sondervisum beantragen. Er war ein sehr sympathischer Funktionär, der mir immer ein paar Tassen Kaffee anbot und mich über das Leben in Italien befragte. Wem verkauft ihr Waffen? Allen, antwortete ich. Vielleicht langweilte er sich und wollte sich die Zeit vertreiben, vielleicht auch nicht. Ob er mich als IM in seine Akte eingetragen hat, um sein Gehalt zu rechtfertigen? Ich werde es nie wissen.

Wenn ich nach Ostberlin fuhr, aß ich manchmal zusammen mit einem Angestellten der Bonner Vertretung jenseits der Mauer. Er war sehr gescheit und hatte soziale Schuldgefühle, denn er war Sozialdemokrat und glaubte, zu gut zu leben. Gewissenhaft befaßte er sich mit Fragen der DDR. Wir sprachen über die Bücher, die im Osten gelesen wurden, über die Lieder, die die Jugendlichen hörten, über die Skinheads, die es im sogenannten sozialistischen Paradies bereits gab. Um solcherlei Dinge ging es. Er trug mit Vorliebe einen roten Kaschmirschal, an dem er hing wie Linus an seiner Decke.

Leider kann ich mir Gesichter und Namen nicht gut merken. Aber kürzlich glaubte ich ihn auf einem schlechten und unscharfen Photo wiederzuerkennen, das in einer Zeitung abgebildet war. Ein Angestellter der Vertretung war verhaftet worden, weil er mit Markus Wolf, dem Chef der Spionageabwehr Ost, zusammengearbeitet hatte. Er soll ihm höchst wichtige Details über die Bundesrepublik verraten haben. Ich erkannte seinen Schal, und das Herz schlug mir bis zum Hals. Vielleicht ist er zu Wolf gegangen, um seine Gewissensbisse zu lindern, unter denen er als romantischer Sozialist litt, und hat mit ihm über die Bücher geplaudert, die man im Westen liest, über Filme und Platten. Solcherlei Dinge. Ich hoffe, man hat Verständnis dafür.

Markus Wolf, der Meister der Spione, der den westlichen Geheimdiensten jahrzehntelang die härtesten Schläge versetzt hat, hält die Arbeit der Stasi für unnütz, denn wenn zuviel berichtet werde, sei das, als habe man gar keine Information. Die Stasi-Leute registrierten alle Telefongespräche, öffneten alle Briefe und verzeichneten den Klatsch vom Hinterhof; sie ertranken in einem Ozean von Daten und konnten nützliche von überflüssigen Informationen nicht mehr unterscheiden.

Wolf, ein gutaussehender Mann und Sohn eines kommunistischen Bühnenautors, der in den dreißiger Jahren nach Moskau geflohen war, soll John Le Carré, einen weiteren Kollegen von Ian Fleming, in künstlerischer und auch sonstiger Hinsicht zur Figur des »Karla« in *Der Spion, der aus der Kälte kam,* inspiriert haben. Wolf ist geschmeichelt, aber er behauptet, sein bevorzugter Spionageroman sei *Unser Mann in Havanna* von Graham Greene. In dieser Wahl steckt bissige Ironie gegen seine eigene Arbeit. Um das Studium seiner Tochter zu finanzieren, nimmt Greenes Held, ein bescheidener Vertreter, den Auftrag an, die Raketenanlagen auszuspionieren, die Chruschtschow in Kuba installiert. Er hat aber nicht den Mut, sich direkt dorthin zu begeben, und schickt seinen Auftraggebern Skizzen des Mechanismus der Staubsauger, die er den Hausfrauen von Havanna verkauft. Die Spionageexperten finden sie »schrecklich und interessant«.

Ich habe nie um meine Stasi-Akte gebeten. Inzwischen habe ich erfahren, daß die Unterlagen über die Ausländer, und nur diese, vernichtet wurden. Warum nur? Die internationalen Beziehungen sollten nicht belastet werden, wurde mir erklärt. Wer weiß, was in meinem Dossier so Schwerwiegendes stand, daß es die Welt hätte belasten können.

Man kann ja nie wissen, also bin ich sehr nett zu meiner Rosen schneidenden Nachbarin. Sie weiß immer über alles Bescheid und verständigt mich rechtzeitig, wann der Gasmann kommt, um den Zähler abzulesen, oder der Installateur, der einmal im Jahr die Heizung wartet. Ich habe ihr sogar meinen Wohnungsschlüssel und den Schlüssel für den Briefkasten gegeben, und wenn ich von einer Reise zurückkomme, liegen die Briefe und Zeitungen schön ordentlich auf meinem Schreibtisch. Nein, ich fürchte ihre Indiskretion nicht. Es kümmert mich gar nicht. Wenn Sie wüßten, wie bequem es ist, sich in Deutschland bespitzeln zu lassen!

Pasta und Brokkoli

Im Restaurant des Hotels *Elephant* in Weimar, wo Thomas Mann seine Lotte logieren läßt, als sie Goethe, ihre Jugendliebe, besucht, bot die Speisekarte einen Monat vor dem Fall der Mauer »Zwei pochierte Eier auf Risi-Bisi mit Kiwi und Ananas« an. Ich hätte gern herausgefunden, wie das Risi-Bisi seinen Weg ins Herz des »roten« Thüringen gefunden hatte, aber die bereits in Gang gekommene Revolution stand meiner Neugier im Weg. Meine Arbeit läßt mir nie Zeit für die wirklichen Probleme.

Vielleicht hat sich der Koch von einem Handbuch, einem Zeitungsausschnitt oder einer Kochstunde, die er mittels Parabolantenne dem Westfernsehen entlockte, inspirieren lassen, ohne die Küche des Veneto jemals leibhaftig geschnuppert zu haben. Vor der Vereinigung gab es in Ostberlin nur ein einziges italienisches Restaurant, das eine freundliche Dame führte beziehungsweise »erfunden« hatte; aus purer Zuneigung begeisterte sie sich für unsere Küche, sie fühlte sich ihr verbunden, obwohl sie nie in Italien gewesen und überhaupt noch nie aus der DDR herausgekommen war. Das Resultat dieser quasi verbotenen Leidenschaft war gar nicht schlecht, wenn man bedenkt, wie schwierig es war, echte Zutaten oder befriedigenden Ersatz zu besorgen.

Die Leidenschaft für das Exotische, für fremde Gerichte, war stärker als die Mauer. Mit der Freiheit gelangten neben Pornoshops, Videotheken und Kopiergeräten (die für das Regime Teufelszeug waren) Pizza und Spaghetti an die Spitze, die den Westen schon lange erobert hatten. *Broccoli* heißen auf deutsch Brokkoli, *zucchini* natürlich Zukkini, während *melanzane* Auberginen sind, wie im Französischen. Vor dreißig Jahren noch waren diese Gemüsesorten und die entsprechenden Gerichte für die Deutschen so exotisch wie Kiwis und Avocados.

Ich erinnere mich, wie verzweifelt ein tüchtiger Direktor des Instituts für Außenhandel in Hamburg war; er plagte sich mit den Sarden, die den Verkauf ihrer Artischocken ankurbeln wollten: »Man muß den Deutschen erst zeigen, wie man sie ißt.« Er hat es geschafft. Es war auch sein Verdienst, daß die Tragödie mit dem Methanolwein überstanden wurde. Es hatte Tote gegeben, und der Verkauf von Chianti und ähnlichen Weinen auf dem deutschen Markt war um 98 Prozent gesunken. Die restlichen zwei Prozent tranken potentielle Selbstmörder.

Heute wird mehr Wein als vorher verkauft, und es sind keine Strohflaschen mit anderthalb Litern mehr im Handel, sondern DOC-Weine. Das ist einer gutgeführten Imagekampagne zu verdanken und beweist auch, daß die Deutschen nicht solche hartgesottenen Zecher sind, wie es die Vorurteile wollen, an denen wir zäh kleben. Sie probierten und änderten ihre Meinung.

In Deutschland ist es heute schick, einen italienischen Rotwein anzubieten, möglichst einen, den man nicht kennt, und vor den Freunden mit der neuesten Urlaubsentdeckung anzugeben, anstatt wie sonst einen edlen, teuren, aber geläufigen französischen Wein zu öffnen.

»Für den muß man nur genug Geld haben und ins Delikatessengeschäft um die Ecke gehen«, sagte mir Otto Schily.

»Ich wette zwei Flaschen Brunello di Montalcino, daß wir gewinnen«, verkündete er live im Fernsehen bei einer Wahlveranstaltung. Er verlor, aber Schily war sich sowohl der Niederlage wie auch der Tatsache bewußt, daß das Publikum seine Botschaft verstehen würde.

Die *Süddeutsche Zeitung* fragt sich, wie man sich früher nur sättigen konnte, als Mozzarella und Basilikum noch unbekannt waren und es zum Frühstück noch keinen Cappuccino und mittags keine Frühlingsrolle gab. Es wird immer schwieriger, ein deutsches Restaurant zu finden, ein wirkliches Restaurant, keine Kneipe.

In Bonn, das nicht mehr Hauptstadt, aber immer noch Regierungssitz ist, kann man pakistanisch und libanesisch essen, vietnamesisch und chinesisch, griechisch und türkisch und natürlich italienisch, aber nur ein einziges deutsches Restaurant behauptet sich.

Laut *Focus* kann man ohne Pasta nicht mehr leben. Auch der Ritus des Abendbrotes, Schwarzbrot mit Käse und Aufschnitt, das gegen 18 Uhr eingenommen wird, bevor die Kinder ins Bett gebracht werden, hat sich geändert. Heute trauen sich die Mütter nicht mehr, ihnen die Portion Spaghetti al pomodoro, die es fertig in der Dose gibt, oder tiefgefrorene Cannelloni vorzuenthalten. Das bekommen schon die Kleinsten. Ihre größeren Geschwister würden so etwas in den Müll werfen. Sie können sich ihre Spaghetti selber kochen.

Das erste italienische Restaurant der Geschichte, wurde mir erzählt, und ich prüfe das nicht nach, soll das *Cùneo* sein (in Hamburg heißt es *Cunèo*), das 1902 ausgerechnet in St. Pauli, dem immer weniger sündhaften Hamburger Viertel, eröffnet wurde. Es befindet sich genau an der Ecke zur Herbertstraße, wo sich die Frauen zur Schau stellen. Es ist das Lieblingslokal der hanseatischen Intelligenz und der Theaterleute, die dort ihre Premieren feiern. Als ich das erste Mal dorthin mitgeschleppt werden sollte, versuchte ich mit allen Mitteln, meinem Schicksal zu entgehen. In Marrakesch habe ich Milchkamel gegessen, aber die Spaghetti à la St. Pauli schienen mir jenseits des Erträglichen. Ich hatte unrecht. Hundert Jahre sind vergangen, aber das *Cunèo* überlebt Akzente und Stätten und hat regen Zulauf.

In ganz Deutschland sind 40 Prozent der »Lokale, in die man geht«, italienische Lokale, wenn man die Pizzerien mitzählt. Es gibt 50 000 von Ausländern geführte Restaurants mit einem Umsatz von zwölf Milliarden DM. »Wir sehen uns beim Italiener an der Ecke«, ist zu einer allgemeinen Redensart geworden. An jeder Ecke gibt es einen Italiener. In meiner Straße, die kurz ist, habe ich zwei, an jeder Ecke einen, wobei der erste ein »echter Italiener« und der andere von Deutschen geführt ist.

Der Besuch einer italienischen Pizzeria hat sich zu einem diplomatischen Problem ausgewachsen. Man weiß nämlich nie, wen man vor sich hat. Nein, nein, mit der Mafia hat das nichts zu tun. Die Pizzabäcker sind so erbittert über den (meistens) ungerechtfertigten Argwohn, der ihnen entgegengebracht wird, daß man sie nur in eine Art »Fremdenlegion« einberufen und in den Süden schicken müßte, um ein für allemal das Problem der ehrenwerten Gesellschaft, der 'Ndrangheta und der Camorra aus der Welt zu schaffen. Nein, es geht darum, wie man sich an den Chef oder den Kellner wenden soll. Nicht immer kann man nach dem Aussehen gehen. So redet man einen Abend lang mit einem blonden Arier, der eins neunzig groß ist, man bestellt bei ihm eine *Pizza mit Paprika*, beschwert sich, daß es keine Kapern gibt, um beim Kaffee festzustellen, daß er gerade aus Trapani gekommen ist, wo er in der Berlitzschule einen Intensivkurs Deutsch absolviert hat. Oder man spricht gleich Italienisch miteinander, und unser Gegenüber mit Bart und Schnauzer gibt sich große Mühe, uns zu verstehen, und macht Fehler bei den Verbformen und Doppelkonsonanten.

Er ist der Sohn von Einwanderern und befindet sich auf der Grenze zwischen zwei Sprachen, im Niemandsland zwischen Italienisch und Deutsch, zwischen Pizza und Sauerkraut, und auch noch zwischen dem Dialekt der Eltern und der Gegend, in der er lebt. Falls er nicht Türke, Belgier oder Franzose ist. Oder sogar Deutscher. Immer mehr Deutsche eröffnen Pizzerien, im Namen der multikulturellen Gesellschaft und weil die Spaghetti mehr bringen und nicht verderben, wenn weniger Gäste kommen als gedacht. Sie spielen ihre Rolle sehr gut. Sie verkleiden sich als Italiener, sie werden zu Italienern, als hätten sie es bei Stanislawskij gelernt, und lassen einen im Zweifel, bis ein überflüssiger Doppelkonsonant oder ein bißchen Sahne in den Spaghetti all'amatriciana sie verrät.

Verzeihen Sie, ich bin gemein. Wie alle Neulinge befolgen sie die Regeln äußerst genau: Ein waschechter Italiener serviert die Spaghetti zerkocht, weil »die Deutschen sie so mögen«, und übergießt auch noch die Pizza mit Sahne. Der Pizzabäcker *made in Germany* präsentiert seine Tagliatelle praktisch roh, weil »man das in Italien so macht«.

»Al dente«, ruft er in Erwartung eines Kompliments.

Damit nicht genug. Inzwischen stellen sie sogar Spaghetti, Vermicelli und Maccheroni her, denn wir Italiener haben es nicht geschafft, diese mit einem nationalen Warenzeichen zu schützen (wie es die Franzosen mit ihrem Champagner und Cognac gemacht haben). Ich muß sogar zugeben, daß ihre Hartweizenspaghetti eßbar sind, obwohl ich eine berufliche Krise heraufbeschwor, als ich es wagte, dies für eine Zeitung zu schreiben, deren Chefredakteur aus Amalfi kam.

»Aber, aber, mein Sohn«, rief er mich pathetisch an, »nein, nein, du bist schon viel zu lange in Deutschland.« Ich wurde nach Paris versetzt.

Die Deutschen produzieren also Penne und Tortiglioni, Tomaten in der Dose und Olio extravergine, obwohl sie keinen einzigen Olivenbaum haben. Aber sie bäumten sich auf, als die EG allen erlaubte,

Würstel zu produzieren. Sogar den Italienern und Griechen. Wer weiß, was die da hineintun, empörten sie sich. Eine Marktuntersuchung ergab, daß viele »arische« Würstel nicht mehr als 12 Prozent Schweinefleisch, aber dafür Eichelmehl, Kichererbsenpaste und andere unglaubliche Ingredienzien enthielten. Wirklich dramatisch wurde es, als Brüssel den Deutschen verordnete, französischen oder englischen Bieren ihre Grenzen zu öffnen.

Nach dem deutschen Reinheitsgebot, das aus dem sechzehnten Jahrhundert stammt und wie ein göttliches Dogma klingt, darf Bier nur mit Quellwasser, Malz und Hopfen gebraut werden, und die gelbliche, schwärzliche oder rötliche Flüssigkeit, die in den Londoner oder Dubliner Pubs, auf der Grand' Place in Brüssel oder auf dem Montmartre gekippt wird, ist ja wohl kein Bier.

Die Sache wurde in der EG mit sehr tüchtigen Anwälten verhandelt. Es sei auch gefährlich, warnte der Hüter des unantastbaren Nationalgetränks, denn Bier, das mit Reis und nicht mit Hopfen gebraut werde, enthalte sehr viel mehr Alkohol. Die Gesundheit der Deutschen stehe auf dem Spiel, da sie durchschnittlich drei Liter Bier pro Tag tränken. Neugeborene nicht inbegriffen, fügte er hinzu.

Wer drei Liter Bier am Tag trinke, dem könne es egal sein, welche Art Bier er trinke, antwortete der britische Anwalt der Anklage und gewann.

Man kann ganz Deutschland nach kalabresischen Würsteln oder elsässischen Bieren absuchen; die Deutschen können ihren Verkauf zwar nicht verbieten, aber sie sind nicht verpflichtet, sie zu kaufen, und die Großhändler hüten sich davor, sie zu importieren.

Chauvinistische Protektionisten? So einfach ist es nicht. In Deutschland kann man an die fünfzig ausländische Biermarken probieren, vom geschätzten bitteren Pils aus Prag bis hin zum mexikanischen *Corona*, sogar italienisches Bier gibt es, das seine Liebhaber hat. Der Marktanteil der ausländischen Sorten übersteigt 6,5 Prozent. Es ist keine Frage der Nationalität, sondern des Geschmacks: ja zum Bier der Azteken, nein zum Bier aus dem Elsaß, mit dem Segen der Gemeinschaftssolidarität.

Nestlé Deutschland hat eine Marktuntersuchung von »Ethnic Food« in Auftrag gegeben, wie das Unternehmen all das nennt, was nicht deutsch ist. Aber man stieß sogleich auf eine Schwierigkeit: Spaghetti und Ravioli sind so sehr integriert, daß man sie nicht mehr als »ethnische Nahrungsmittel« bezeichnen kann, deren Umsatz sich auf jährlich fünf Milliarden Mark beläuft. Bei Schnaps denkt ein Deutscher gleich an Grappa und nicht an Korn, und Tiramisu hält er für ein deutsches Erzeugnis. Tatsächlich kann man es in großen Supermärkten fertig kaufen.

Die deutsche Küche ist vom Aussterben bedroht, und ein Abgeordneter hat vorgeschlagen, alle Pizzerien gesetzlich zu verpflichten, außer Vermicelli al pesto und Saltimbocca alla romana auch das Nationalgericht Eisbein oder Schweinebraten mit Grünkohl auf der Speisekarte anzubieten. Er landete damit in den Schlagzeilen der *Bildzeitung*, die ja für die Stimmungen des Volkes offen ist, erntete aber nur Protest. Lieber ein ruhmreiches Ende, als unter den Augen der Polizei in der Küche der Invasoren zu überleben.

Gute Esser und gute Trinker, einmal wenigstens ist der Ruf verdient. Mit 176 Litern Alkohol pro Kopf halten sie den Weltrekord und sind auch entschlossen, ihn zu verteidigen: Von der Nachkriegszeit bis heute stieg der Konsum von Bier von 36 auf 144 Liter (Neugeborene inbegriffen), von Wein von 4,7 auf 20 Liter und von Sekt von null auf fünf Liter. Drei Viertel der Erwachsenen trinken mindestens einmal in der Woche, und jeder fünfte trinkt am Arbeitsplatz, auch im Parlament. Der Grüne Joschka Fischer klagt, der Bundestag sei eine Bande von Alkoholikern; vielleicht bringt man den 2,6 »offiziellen« Alkoholikern deshalb auch Verständnis entgegen. Wenn man zu tief ins Glas schaut, ist das kein ausreichender Kündigungsgrund. Es gibt 40 000 Tote aufgrund von Unfällen (nicht nur auf der Straße), die durch Alkohol verursacht werden, und bundesweit belaufen sich die jährlichen Kosten, die durch »ein Gläschen zuviel« entstehen, auf 40 Milliarden Mark.

Ich will ja nicht behaupten, die Italiener seien Abstinenzler, aber sie trinken anders, von mir aus zu jeder Mahlzeit und an jedem Tag der Woche. Die Deutschen sind dagegen in der Lage, von Montag bis Freitag abstinent zu leben, am Wochenende aber erreichen sie ihren »Durchschnitt« in wenigen Stunden.

In Deutschland ißt man gut

In den *Buddenbrooks* widmet Thomas Mann der Aalsuppe aus fettem Aal mit Rosinen und Weintrauben, Pinienkernen, Aprikosen und anderen Dingen mehrere Seiten. Man serviert sie dem unliebsamen

Gast, der aus dem Süden, aus München, nach Lübeck kommt, um ihn in Verlegenheit zu bringen. Ich mag die Suppe nicht, aber ich empfehle sie Freunden, die zu Besuch kommen, weil ich wissen will, ob sie an dem literarischen Angelhaken anbeißen. Wer meinen Rat befolgt, hat das hanseatische *Vom Winde verweht* des jungen Thomas Mann nicht gelesen.

Aber ich mag Labskaus, das Gericht der Walfänger, auch wenn es nicht sehr einladend aussieht. Auf dem rötlichen Brei aus Kartoffeln und getrocknetem Fleisch thronen ein Bismarckhering, ein verlorenes Ei und eine riesige Gurke. Es ist vielleicht die Erinnerung an *Moby Dick*, aber ich finde es ganz köstlich, obwohl das getrocknete Fleisch, von dem Melville sich ernährte, durch Corned beef aus der Dose ersetzt wurde. Die in Sand konservierten Eier und Gurken waren für die Seeleute die einzigen mehr oder weniger frischen Nahrungsmittel, solange sie vorhielten.

Labskaus schmeckte ausgezeichnet in der Schiffergesellschaft in Lübeck, dem Restaurant der Hanse, das aus dem 16. Jahrhundert stammt und ein Nationaldenkmal ist. Diese Ehre verdient es nicht mehr, seit an den gut zwölf Meter langen Tischen unter riesigen Schiffsmodellen, die an der Decke hängen, Gerichte der *Nouvelle Cuisine* serviert werden. Diese Plage hat auch die braven Deutschen angesteckt, was bei ihnen aufgrund ihres ungerechtfertigten Minderwertigkeitskomplexes bezüglich der Landesküche noch eher entschuldbar ist als bei uns Italienern. Bocuse und Labskaus? Kapitän Ahab hätte die Fische damit gefüttert.

Es gibt noch eine nordische Köstlichkeit, die bei französischen Gästen existentielles Unwohlsein hervorruft: panierter gebackener Camembert mit Johannisbeergelee. Der Käse, meist *made in Germany* (die Deutschen sind Meister des Surrogats), hat die Form von Kugeln und verwandelt sich in eine Art Duft- oder Stinkwolke, sobald man seine goldbraune Kruste anschneidet. Von der Vorspeise zum Nachtisch: Ebenfalls eine hanseatische Spezialität ist Rote Grütze aus frischen Himbeeren und anderen Früchten des Waldes; sie sollte mit heißer Sahne gegessen werden, die aber immer häufiger durch langweiliges Vanilleeis ersetzt wird.

Die deutsche Küche ist nicht so vielfältig wie unsere, aber sie bietet im Norden, den ich besser kenne, wie im Süden gehaltvolle und einfache Gerichte. Und sie sind köstlich, was auch immer meine Landsleute davon halten. Ich weiß nicht, wer mir lieber wäre, jemand, der sich hinter zimperlichen Vorurteilen verschanzt, oder jemand, der die einheimischen Delikatessen zu kennen glaubt. Die Italiener kennen Eisbein. Ein Trupp Fernsehleute, die hier unterwegs waren, genau achtzehn Personen, wollten es in Hamburg unbedingt essen. Ich fand das Lokal, in dem man Eisbein essen konnte, aber es war gar nicht so leicht, denn in Deutschland lebt man nicht von Eisbein allein.

In Hamburg gibt es, wie das halt so ist, keine Hamburger, so wie das Gulasch in Ungarn zumindest in der italienischen Variante unbekannt ist, und Prager Schinken sucht man vergebens in der Stadt des Golems. Was dem Hamburger noch am nächsten kommt, sind die Bouletten, wohlschmeckende Frikadellen, die man kalt mit Senf ißt. Man kann sie im Bahnhof und in der Universität oder in den Hafenstraßen wie Zigaretten auch am Automaten kaufen, aber das ist eine Art Selbstmord, von der ich abrate.

Fleisch ist meistens sehr gut und nicht so teuer wie bei uns. Als ich zum ersten Mal in eine Metzgerei ging, verlangte ich, da ich Italiener bin, Filet. Der Chef hatte die Allüren eines Juweliers und empörte sich: »Sie können doch nicht einfach reinkommen und Filet verlangen, als wäre das nichts. Sie müssen es bestellen, bevor das Tier geschlachtet wird.« Mindestens zwei Wochen vorher. Trotz des anfänglichen Zusammenstoßes war er sympathisch und klärte mich über die Existenz von rund dreißig weiteren, ebenso wohlschmeckenden Stücken auf, bevor er zum Stein des Anstoßes, dem Filet, kam.

Der Schinken ist gut, natürlich geräuchert; mit Butter bestrichenes Schwarzbrot wird mit dicken Scheiben belegt und auf Holztellern serviert. Er reicht zwar nicht an Parmaschinken heran, aber versuchen Sie ihn mal, so wie Sie auch Käse bestellen sollten, der ebenfalls auf einem Holzteller gereicht wird und von dem normalerweise zwei satt werden.

In Hamburg ißt man Fisch. In den kleinen Lokalen an der Övelgönne, einer schmalen Straße entlang der Elbe, die von winzigen Häuschen gesäumt ist, einst der Traum von Kapitänen auf großer Fahrt für den Ruhestand und jetzt bei den VIPs heiß begehrt, werden riesige, in Butter gebratene Schollen serviert, die mehrere Zentimeter dick sind; als Beilage gibt es Garnelen, Speck und Kartoffelsalat. Der Heilbutt wird gekocht oder gebraten in Scheiben serviert. Dann gibt es Aal, Makrele, Lachs, alles frisch oder geräuchert und sogar roh wie der Matjes, der auf einem Zwiebel- und Apfelbett gereicht wird. Ich bin nicht sadistisch, auch wenn Sie mich dafür halten. Sie sollten diese Gerichte probieren, anstatt im Hafenrestaurant Mittelmeerfisch zu bestellen. Ich scherze nicht. Ich habe wirklich gehört, wie italienische Touristen am Nachbartisch danach fragten.

Die Beziehungen zum Ober, was beinah wie Oberst klingt, sind nicht einfach. Er ist freundlich, hat jedoch seine Prinzipien.

In einem öffentlichen Amt können Sie auf Ihr Ehrenwort hin erklären, was Sie wollen (man begeht aber eine Straftat, wenn man etwas Falsches angibt), aber gegen den Amtsschimmel in einem deutschen Restaurant haben Sie keine Chance. Nach göttlichem Ratschluß ist die Scholle mit Salzkartoffeln und das Wiener Schnitzel mit Pommes frites zu servieren. Meine Tochter, die in Hamburg den Kindergarten besuchte, aß jedoch für ihr Leben gern Scholle mit Pommes frites. Nichts zu machen. Weder Kellner oder Koch noch der Maître waren dazu zu bewegen. Ich war also gezwungen, ein paniertes Schnitzel (das, auf hanseatische Art zubereitet, nicht besonders gut ist) und eine Scholle zu bestellen und dann unter den entsetzten Blicken des Kellners die Beilagen auszutauschen. Typisch italienisches Chaos.

Ich bin durch meinen nordischen Umgang vorbelastet und nicht glaubwürdig, wenn ich der Hamburger Küche das Wort rede und nicht der bekannteren bayerischen oder schwäbischen Küche, aber ich erkenne die hohe Qualität der Kartoffelsuppe aus dem Süden an und vergesse auch nicht die Maultaschen mit verschiedenen Füllungen oder Semmelknödel und Leberknödelsuppe. Oder Bratkartoffeln, ein Gericht von komplizierter Einfachheit, Kartoffeln, Zwiebeln und Speck, die in der Pfanne geröstet, aber nicht gebraten werden. Sie sind entweder scheußlich oder vorzüglich, Zwischenstufen gibt es nicht.

Immer Kartoffeln, das ist noch so ein italienisches Vorurteil. Schon, aber Kartoffel ist nicht gleich Kartoffel, jedem Gericht seine Sorte, und das wissen auch die Hoteliers entlang der Adriaküste, wenn sie sich frühzeitig mit Kartoffeln eindecken, da ihre Gäste sie am liebsten essen.

Kartoffeln, Würstel und Kraut habe ich also für das Finale aufgehoben. Wenn de Gaulle jammerte, daß es unmöglich sei, ein Land zu einigen, daß sich mit über 240 Käsesorten brüstet, was soll Helmut Kohl dann sagen, der sich mit 875 Sorten Würstel herumplagen muß?

Die Mauer zwischen Ost und West ist gefallen, aber Deutschland bleibt durch den Weißwurstäquator geteilt, jene Grenze, die das Königreich der Weißwurst zum Norden hin markiert, wo man sie verabscheut.

Mein Herz schlug schon immer (ein bißchen) für den HSV, Uwe Seelers einstiges Hamburg, mehr als für den FC Bayern; mein Verhältnis zur Weißwurst können Sie sich also vorstellen.

Während der Buchmesse ergatterte ich eines Abends einen Tisch im *Gemalten Haus* in Sachsenhausen, dem Frankfurter Trastevere; das Lokal mit der bemalten Fassade ist ein paar hundert Jahre alt. Ich bestellte den gemischten Würstelteller für zwei Personen. Der Kellner weigerte sich, ihn Fernanda und mir zu bringen.

»Sie sind zwar zu zweit, aber Sie kommen aus Italien, das schaffen Sie nie.« Das ist deutsche Aufrichtigkeit, gepaart mit dem nationalen Widerwillen gegen Verschwendung.

Ich ließ nicht locker. »Wir wollen sie ja auch nicht essen, sondern nur anschauen.« Er war einer jener wenigen Überlebenden, die die alten Tugenden pflegten, und gehorchte, wie es sich gehört. Der Würstelteller war ein herrlicher Anblick, aber geschafft haben wir ihn nicht.

Der längste Fluch der Welt

Als ich zum ersten Mal als Korrespondent nach Deutschland kam, bat ich meinen scheidenden Vorgänger, meine Deutschkenntnisse mit jenen Wörtern zu vervollständigen, die man in keiner Schule lernt. Welche Beleidigung verwendet man zum Beispiel bei Auseinandersetzungen im Stadtverkehr?

»Um Gottes willen«, riet er mir, »überhaupt keine. Die Deutschen sind schnell gekränkt und fähig, dich vor Gericht zu bringen, wenn du sie beleidigst. Du bist ja hier nicht in Italien.« Tatsächlich sind alle gegen einen eventuellen Prozeß versichert.

Ich glaubte ihm aufs Wort, aber die Fahrkünste der Hanseaten waren noch aufreibender als die der Turiner, und ich kam aus Turin, wo man äußerst rücksichtsvoll mit dem Motor und erbarmungslos mit den anderen Verkehrsteilnehmern umgeht. Ich beschloß also, mich selbst darum zu kümmern, und suchte im Lexikon nach wirkungsvollen, aber ungefährlichen Schimpfwörtern. Ich entschied mich für *ghiro*, ein einfaches Wort mit fünf Buchstaben, zu deutsch *Siebenschläfer*, was für mich wie siebenmal Schlafmütze klang.

An der ersten Ampel, an der ich wegen der langsamen oder, je nach Blickwinkel, gewissenhaften Reflexe eines friedlichen Herrn am Steuer eines Mercedes stehenbleiben mußte, lehnte ich mich aus dem Fenster und sagte eisig zu ihm: »Sie sind ein Siebenschläfer.« Der Hamburger mit der besonnenen Reaktion blickte erstaunt drein. Dann begann er fieberhaft, unter den Sitzen etwas zu suchen. Das ist auch so ein Wesenszug der Deutschen: Sie nehmen einen immer beim Wort. Dieser hier suchte jetzt meinen Siebenschläfer in seinem Auto. Entmutigt wartete ich, bis die Ampel Grün zeigte, und fuhr weiter.

Die deutsche Sprache ist in der Tat arm an Schimpfwörtern. Der Engländer Peter Collet hat diesem Thema eine vergleichende Analyse aller europäischen Völker gewidmet. Seiner Meinung nach ist die ganze deutsche Kultur von dem Begriff *Scheiße* besessen. Die Deutschen sind an allem interessiert, was diesen Kultur- oder Analbereich betrifft; sie halten den Rekord an Euphemismen von vulgär bis poetisch für dieses Organ.

Da stößt man schnell an seine Grenzen. Die Synchronsprecher des Films *Der Exorzist* hatten Probleme, deutsche Entsprechungen für die Zoten des New Yorker Dämons zu finden, der wie die Italiener auf Schimpfwörter sexueller Natur fixiert war. *Son of a bitch* kann man auf deutsch praktisch nicht wiedergeben: Bezeichnen Sie jemanden als solchen, bedeutet das für denjenigen, daß seine Mutter Ihrer Meinung nach »wirklich« eine Hure ist oder war.

Inzwischen habe ich das, was die deutsche Sprache an Schmähwörtern zur Verfügung stellt, gelernt. Es sind wenige, aber sie sind gut. In der Rubrik »Wissenschaft« des *Spiegels* habe ich sogar den längsten Fluch der Welt entdeckt: *Himmiherrgottsakramentzefixhallelujamilextamarschscheiß glump-farregts.* Um das auszusprechen, muß man Meistertaucher sein, tief Luft holen, den Atem anhalten und sich hineinstürzen. Aber ich bezweifle, daß es für Wortgefechte im Straßenverkehr taugt: Da sind sogar die deutschen Ampeln schneller. Wie Sie feststellen können, steckt im letzten Drittel wieder mal ein *Scheiß*. Den Rest übersetze ich nicht, weil ich Beschimpfungen »von Mann zu Mann« den Flüchen vorziehe, weil ich die Sache mittlerweile wie mein Vorgänger sehe und vor allem, weil die Deutschen ihren Fahrstil geändert haben. Da sie Jahr für Jahr nach Italien kommen, haben sie sich in waghalsige und ungeduldige, schnelle und nervöse Fahrer verwandelt. Mit einem Unterschied: Die Polizei hier meint es weiterhin ernst, was sich den Umständen entsprechend auf den Fahrstil auswirkt.

Wenn sie bei uns auf Tournee sind, brechen sie los wie kleine Laudas oder von Trips (der Vergleich wechselt je nach Generation). Die Touristen genauso wie die Lastwagenfahrer am Steuer eines T.I.R. Als einer unserer Verkehrsminister vor Jahren auf die absurde Idee kam, eine Geschwindigkeitsbegrenzung auf den Autobahnen einzuführen, rebellierten die Deutschen. Wie konnten wir es wagen, die Spielregeln zu ändern, ohne sie nach ihrer Meinung zu fragen? Wir hätten sie rechtzeitig darüber ins Bild setzen müssen.

Die Bonner Regierung protestierte in Rom, und meine Freunde bei mir.

»Das kann euch doch egal sein«, erwiderte ich.

Die Möglichkeit, von Mautstelle zu Mautstelle den Trieben freien Lauf zu lassen, so verstand ich das, wurde als wesentlicher Bestandteil des Urlaubs auf der Halbinsel erachtet. Wenn sie rechtzeitig von dem neuen Verbot gewußt hätten, wären sie vielleicht woandershin gefahren.

»Fahrt trotzdem nach Rimini und fahrt, wie ihr Lust habt«, riet ich ihnen. Sie schauten mich an, als sei ich närrisch geworden.

»Die Polizei wird euch blitzen, aber die Verwarnung wird nie bei euch zu Hause in Köln oder Nürnberg ankommen. Ihr könnt noch mehr als die Italiener sicher sein, daß ihr nicht bestraft werdet.« Sie lachten und verstanden nicht, daß es mir ganz ernst war.

Das ist auch so ein Problem der Verständigung zwischen uns und den Deutschen, das schwierig zu lösen sein wird. Es ist ja allgemein bekannt, daß ein Gesetz in Italien als solches nichts oder wenig zu bedeuten hat. Es ist ein Instrument, das im Streit zwischen zwei Gegnern verwendet wird, in unserem Fall zwischen dem Autofahrer und dem Verkehrspolizisten, mit unterschiedlichem und sogar entgegengesetztem Ausgang. In jenem Sommer fuhr ich ohne Probleme und unbekümmert ob der Schilder, die eine Radarkontrolle ankündigten. Sie erinnerten mich an die Schilder an den sizilianischen Stränden, die vor einem »verminten Strand« warnten, wie mir meine Mutter erklärte, mit der ich dort in aller Ruhe badete (ich konnte damals noch nicht lesen). Niemals hatte dort jemand Minen ausgelegt, man hoffte nur, die Alliierten würden haltmachen, um das italienisch geschriebene Schild zu übersetzen, und es glaubten.

Wenn statt der Yankees die Deutschen gelandet wären, dann säßen sie wahrscheinlich heute noch auf der Strandlinie. Manchmal denke ich, eine rote Ampel hätte genügt, um Hitlers Panzer in Stalingrad zu stoppen. Aber das ist ein geschmackloser Scherz.

Kurt Tucholsky stellte schon in den 30er Jahren fest, der Deutsche fahre nicht wie andere menschliche Wesen, sondern, um recht zu haben. Wolfgang Ebert meint frei nach Clausewitz, der Verkehr in Deutschland sei die Fortsetzung des verlorenen Krieges mit anderen Mitteln ... Man fahre nicht nebeneinander, sondern gegeneinander.

Ein Laster, das VIPs und Angestellten gemeinsam ist. Boris Bekker wurde mit 164 km pro Stunde auf einer Strecke erwischt, auf der man nur 120 fahren durfte; zu seinem Glück war er in der Schweiz, und er kam mit einer Strafe von 450 Franken davon. Gregor Gysi, den Chef der PDS, hat es schlimmer getroffen: Das Radar erwischte ihn bei 150 km pro Stunde, das war fast das Doppelte der erlaubten 80, und trotz parlamentarischer Immunität zahlte er 400 DM Strafe, obendrein bekam er vier Strafpunkte und landete in der »Sünderkartei« in Flensburg, in der jährlich etwa 5,5 Millionen Verkehrssünder registriert werden.

Spät nachts lud mich ein farbiger Taxifahrer vor meinem Hotel in Bonn ab, er war müde und streifte die Stoßstange eines Mercedes, der dort parkte. Besorgt sahen wir nach: Gummi gegen Gummi, nicht der kleinste Kratzer. Ich hatte noch nicht fertiggezahlt, da stürzte auch schon die Polizei auf uns zu, die wie immer ein wacher Voyeur gerufen hatte. »Wo ist der Unfall?« herrschten sie uns an. Auf meine Erklärungen hin beugten sie sich herunter und streichelten buchstäblich die »verletzte« Stoßstange.

Auch Fußgänger müssen die Ampeln beachten, aber sie werden auf andere Weise bestraft: Sobald die Autofahrer am Horizont jemanden erblicken, der es wagt, bei Rot die Straße zu überqueren, drücken sie mit einemmal aufs Gas, als wären sie Formel-1-Fahrer, denn sie sind sicher, daß sie straffrei ausgehen, falls sie den Fußgänger überfahren.

Eines Samstagnachmittags stand ich an einer roten Ampel im menschenleeren Bonner Regierungsviertel, jenem Minibrasilien am Rhein, an das die Ministerien, der Bundestag und die Journalistenbüros angrenzen (sonntags erscheinen keine Zeitungen). Kein Auto war am Horizont der auf mindestens dreihundert Meter völlig geraden Straße auszumachen. Neben mir stand eine Mutter mit einem drei- oder vierjährigen Kind. Gegenüber, auf der anderen Straßenseite, wartete ein alter Mann. Es war Sommer, man hörte die Vögel singen, aber nicht das leiseste Brummen eines fernen Motors war zu vernehmen. Ich blieb stehen, denn ich wußte, was mich erwartete. Bei Gelb wagte ich es, es war ein langes Gelb, und ich hatte schon ein paar Meter zurückgelegt, bevor es Grün wurde. Als ich auf gleicher Höhe wie der alte Herr war, schaute er mich äußerst mißbilligend an und murmelte: »Aber doch nicht vor einem Kind.« Ich gab keine Antwort, denn dann hätte er gewußt, daß ich Ausländer bin, und sich nur noch fester in seinem Argwohn gegen jemanden, »der nicht deutsch ist«, vergraben.

Du kannst machen, was du willst, frei übersetzt, darfst aber kein schlechtes Beispiel abgeben, und wenn dieses unschuldige Kind morgen oder in zwanzig Jahren unter ein Auto kommt, dann ist es deine Schuld.

Viel später einmal, auf dem Kurfürstendamm in Berlin, den der Verkehr nach der Wiedervereinigung unerbittlich lähmte, schaute mich an einer roten Ampel eine Dame an, ich schaute sie an, sie schielte noch einmal zu mir herüber, hob den Blick zur Ampel und ging los. Ich folgte ihr, Seite an Seite gingen wir hinüber. »Wenigstens ab und zu«, sagte sie mit unverwechselbarem Berliner Akzent zu mir. Ich antwortete ihr mit einem komplizenhaften Lächeln, ohne ein Wort zu sagen. Ich wollte mit meinem Fremdlingsakzent ihre Schuldgefühle nicht vermehren und auch nicht eine eventuelle, rare Komplizin verlieren.

Schilder müssen auch dann beachtet werden, wenn sie nur symbolisch sind. Die Kaiserstraße in Bonn verläuft parallel zur Eisenbahnlinie. Wegen Bauarbeiten war eine Seite der Kreuzung gesperrt, während die andere Seite oft durch die Bahnschranken geschlossen war. Man braucht das Stoppschild also nicht zu beachten, dachte eine Kollegin und Landsmännin, denn niemand würde über eine Schranke oder ein ausgebaggertes Loch fahren. Sie wurde von den Polizisten »erwischt«, die auf der Lauer lagen, und versuchte vergeblich, sie mit ihrer mediterranen Logik zu überzeugen.

Dickköpfig, wie sie ist, fuhr sie ein paar Tage später erneut über das Stoppschild, und wieder kam es zu einem kulturellen Wettstreit zwischen den beiden Mentalitäten. Beim dritten Mal wurde ihr der Führerschein entzogen. Fragen des Prinzips sind in diesen Breiten heimtückisch, aber ich glaube, das habe ich schon erwähnt.

Die Regeln werden zwar befolgt, aber Deutschland gehört trotzdem zu den Ländern mit der höchsten Zahl an tödlichen Unfällen. Obwohl es das größte und beste Autobahnnetz Europas hat: 11 000 Kilometer werden täglich von 80 000 Lastwagen und zehn Millionen Personenautos befahren, die jährlich 15 000 Tote und eine halbe Million Verletzte fordern. Eine drückende Bilanz, die paradoxerweise vielleicht wegen des Vertrauens, das die Deutschen zur Qualität ihrer Straßen und zum Verhalten der anderen Autofahrer haben, besonders schlimm ist. Heute fahren sie unbefangener als zu den Zeiten meines Siebenschläfers, aber sie haben atavistische Gewohnheiten mit zuweilen katastrophalem Ausgang beibehalten. Sie fahren sehr gewagt auf den Autobahnen ohne Geschwindigkeitsbegrenzung und halten nicht den geringsten Abstand zu dem vor ihnen fahrenden Auto. Alle in Mercedes oder BMW, die durchschnittliche Motorleistung ist die höchste in Europa, alle mit mindestens 150 km pro Stunde, Kotflügel an Kotflügel. Es muß nur einer niesen, um schreckliche Massenkarambolagen auszulösen.

Es ist unmöglich, einen Sicherheitsabstand einzuhalten. Wenn ich hundert Meter hinter einem Auto herfahre, das genauso schnell fährt wie ich, kommt ein Ungeduldiger von hinten und treibt mich quasi mit seiner Stoßstange an (aufzublinken trauen sie sich nicht mehr, seit es verboten ist).

Überraschend häufig ereigneten sich Massenkarambolagen auf einem bestimmten Abschnitt der Strecke Nürnberg-München, der gerade erneuert worden war, er war breit, vierspurig und eben wie ein Billardtisch. Fachleute begannen ihn Meter für Meter zu untersuchen: Was war falsch gemacht worden? Die Neigung einer Kurve, die Mischung des Asphalts? Psychologen und Meteorologen, Ingenieure und sogar Wünschelrutengänger wurden um Rat gefragt. Vielleicht war der Grund ja in einer besonderen Aktivität des Erdmagnetismus zu suchen. Schließlich einigte man sich auf die Ursache: Der Fehler der Autobahn war ihre absolute Vollkommenheit; diese vermittelt ein Gefühl der Sicherheit, das einen aufs Gaspedal drücken läßt. Also erzeugt man jetzt »gewollte Fehler«. Die Strecke Hannover-Hamburg, die auf 150 Kilometern gerade verläuft und glatt wie eine Bobpiste ist, weist von Zeit zu Zeit eine genarbte Oberfläche auf. Der plötzliche Ruck hindert einen daran einzunicken. Als ich zum ersten Mal darüber fuhr, ging mir das dröhnende Rumpeln durch Mark und Bein, es war, als sei der Rote Baron auf mich herabgestürzt und habe mit einer Garbe aus seinem Maschinengewehr das Getriebe hochgehen lassen.

Ekstase im Stau

Die Deutschen fahren nicht in Urlaub. Sie emigrieren. Ein biblischer Exodus gen Süden, in den warmen mediterranen Bauch. Sonne ist ja auch ein Femininum. Sie starten in Reih und Glied, Stoßstange an Stoßstange, das Radio auf den Sender eingestellt, der wie ein quälender Kriegsbericht in regelmäßigen Abständen die Verkehrsbedingungen durchgibt. Alle bewegen sich, im gleichen Schicksal vereint, ob im Mercedes oder im Trabant, auf ihr programmiertes, unvermeidliches, ersehntes Waterloo am Kamener Kreuz zu, dem Autobahnknotenpunkt im Herzen des Ruhrgebietes zwischen Norden und Süden, Osten und Westen. Es handelt sich nicht um eine simple Kreuzung, es sieht nur so aus, denn es ist der Mahlstrom der Autobahnen; er zieht sie von Auffahrt zu Auffahrt in seinen Strudel hinein, der immer weiter, immer tiefer wird, ein unentwirrbares Knäuel bis zur absoluten Vollkommenheit, zur Ekstase im Stau. Der Stau als kantische Maxime.

Nichts bewegt sich mehr, in keine Richtung. Man schaut sich durch die Fenster an, Freundschaften werden geschlossen, am Straßenrand werden Picknicks improvisiert, man lädt die zufälligen Freunde an den Grill, als wäre es ein Opferplatz und Scheiterhaufen, und bringt der Gottheit Auto als Weihgabe die Würstel dar.

Bevor ich mich ans Steuer setze, ziehe ich den bundesweiten Ferienplan zu Rate, wie ein Skipper des Amerika-Cups, der Strömungen und Windstärke prüft.

Die Ferien im arbeitsamen Deutschland sind zahlreich und kapriziös, zu Recht von Bundesland zu Bundesland, von Fabrik zu Fabrik gestaffelt, um eine festlich gestimmte Lähmung wie die unseres Ferragosto zu vermeiden. Zuletzt macht Bayern Schluß, das im zumindest für dortige Verhältnisse heißen Süden liegt, wo die Richter den Föhn, jenen feuchten, heißen Wind, der von den Bergen kommt und Körper und Geist durcheinanderbringt, auch für den grausamsten Massenmörder als mildernden Umstand gelten lassen. Bis hinauf zur Ostsee verschiebt sich nach und nach der Ferienbeginn von Juni auf Juli.

Das ist alles nicht einfach. Es beginnt mit zwei Wochen zu Weihnachten, dann gibt es zwei weitere Wochen im Februar, die sogenannten Skiferien, auch zu Ostern sind zwei Wochen frei, und nicht zu vergessen die Pfingstferien, eine Art deutscher Ferragosto. Mit dem Wohlstand haben die Deutschen auch die Kunst erlernt, die Wochenenden zu verlängern, und kein anderes europäisches Land hat mit all den katholischen und evangelischen Festen und zivilen Gedenktagen derart viele Feiertage, nämlich achtzehn oder neunzehn In Bayern ist die Unbefleckte Empfängnis ein Feiertag, im lutherischen Preußen war es der inzwischen abgeschaffte Buß- und Bettag, und in den konfessionell gemischten Bundesländern feiern im Namen des ökumenischen Geistes aus Rücksicht auf die anderen alle alles.

Es genügt nicht, wenn Sie sich der Feriendaten des Bundeslandes vergewissern, in dem Sie leben, ebenso müssen Sie die Ferien der anderen Länder bedenken, die Sie von der Seite her bedrängen und Ihnen auf dem Weg nach Süden auflauern. Wenn ich von Bonn, das im Süden von Nordrhein-Westfalen liegt, in Richtung Rom fahre, muß ich Helmut Kohls Rheinland-Pfalz durchqueren, das hessische Frankfurt umfahren und tief in Baden-Württemberg eintauchen, bis in die Schweiz. Es sind ja alle in der Schule und bei der Arbeit. Aber da fällt die Horde über mich herein, die von Norden kommt, aus Hamburg und Schleswig-Holstein. Und wenn ich über den Brenner fahren will? Dann muß ich Berlin bedenken und die neuen Länder mit ihrem nach einem halben Jahrhundert der Mauer berechtigten Verlangen nach Ferien im Süden. Aber wie soll man sich auf Mecklenburg und Vorpommern besinnen, das weitab in Richtung Masurische Seen liegt, wenn ich am Ufer des Rheins meine Koffer packe, wo man fast die fröhlichen Klänge des Cancan am Pigalle hören kann, wenn man die Ohren spitzt und der Wind günstig steht?

Plötzlich sind die Belgier da, die man schon vergessen hatte und die einem ihre demokratische Überlegenheit beweisen wollen, denn bei ihnen konnte man sich früher ohne Führerschein ans Steuer setzen (diese Freiheit wurde von herzlosen EG-Vorschriften unterbunden), oder die Holländer, deren Wohnwagen wie dicke Fellini-Frauen daherkommen, schwankend wie die Wagen im Wilden Westen, einer hinter dem anderen, langsam und unüberwindlich und aus Angst vor einem Hinterhalt der Sioux dicht beieinander.

Sie können klug sein und vorsorgen, Sie können zwei Tage früher oder achtundvierzig Stunden später abreisen, im Morgengrauen oder nachts, nach dem Mittagessen oder bei Sonnenuntergang. Es nützt alles nichts. Früher oder später verschlingt Sie der Stau wie ein Ungeheuer. Und nicht nur am Kamener Kreuz. Heimtückisch wartet es

194

am Kölner Ring auf Sie, den Tag für Tag mehr Autos befahren, als er aufnehmen kann, nach dem Motto: Solange sich etwas bewegt, passen zwei Autos auf den Platz von einem. Es muß nur jemand einen Schluckauf haben oder einen Augenblick lang müde sein oder plötzlich an der Möglichkeit zweifeln, daß dieses kinetische Wunder sich wiederholt, und schon haben wir den Stau.

Das Ungeheuer lauert zwischen Frankfurt und Basel oder zwischen Frankfurt und Nürnberg, zwischen Kassel und Frankfurt oder zwischen Hannover und Berlin. Am meisten wird jedoch die Strecke zwischen Hof, das an der früheren Grenze zwischen den beiden Deutschland liegt, und Leipzig und Berlin gefürchtet. Wenig befahren, als Deutschland noch geteilt war, muß dieser Weg jetzt unvorbereitet den Verkehr des großen Deutschland aufnehmen, und die alten maroden Autobahnen werden nun wieder hergerichtet; dafür nimmt man an die fünfzig Baustellen in Kauf. Hier bildete sich der *Superstau*, der größte Stau aller Zeiten, 172 Kilometer festsitzender Autos. Wer ihn erlebt hat, der kann erzählen, »ich war dabei«, wie die Veteranen von Stalingrad oder El-Alamein.

»Die Deutschen lieben den Stau«, verrät mir Horst Opachowski von der Universität Hamburg. Er ist weltweit der erste (und einzige?) Professor für Freizeit und versteht etwas davon. »Sie könnten ihn vermeiden, wenn sie wollten«, erklärt er, »aber sie fühlen sich im Stau sicher, er beweist ihnen, daß sie nicht allein sind, daß sie ihresgleichen haben. Diese erzwungene Unbeweglichkeit auf der Straße – nach einem Jahr Arbeit, vor dem Urlaub – kündigt an, daß die Zeit der Freiheit, des Meeres, der Wärme begonnen hat.« Das vertraute Opachowski nicht nur mir an, und man reagierte höhnisch auf seine Behauptungen, aber er sagt die Wahrheit. Auch die Wochenzeitschrift *Neue Revue*, die eine Meinungsumfrage durchgeführt hat, gesteht, wir würden das perverse Vergnügen des Staus suchen. Elf Millionen Deutsche würden dieses Gefühl lieben, daß nichts mehr geht, daß alles vollkommen bewegungslos ist. Edith Dreher, 37, meint, ein Grund dafür sei, daß alle, ob arm oder reich, im Stau gleich seien. Das Vergnügen kostet die Gemeinschaft vierundzwanzig Millionen Mark an Benzin und eine Milliarde Mark an Steuern und führt zur Emission von fünfzehn Millionen Tonnen giftiger Abgase.

An einem Freitag zu Beginn des Sommers hatte ich die verhängnisvolle Idee, von Bonn nach Düsseldorf zu fahren. Auf dem Kölner Ring sah ich, wie die Kolonne des Exodus auf der Gegenfahrbahn immer dichter wurde: Boote und Lastzüge, Anhänger mit Motorschiffen und Wohnwagen zogen sich zu wie eine tödliche Würgschraube. Auf der Rückfahrt würde ich verloren sein. Bei der Ausfahrt Leverkusen nahm ich Reißaus, war aber sicher, daß ich mich auf den Nebenstraßen zwischen den verschiedenen Städten verfahren würde, die eine einzige blubbernde Lava sind, mit Schildern, die immer in die Stadtmitte weisen, aber Stadtmitte wovon? Köln, Bochum, Wuppertal, Dortmund, Mönchengladbach? Man kann hier mit dem Bus von Endstation zu Endstation 170 Kilometer fahren.

Ich habe mich nicht verfahren. Auf breiten, ruhigen und völlig freien Straßen fuhr ich nahe an Leverkusen und Köln vorbei und kam rechtzeitig zur Tagesschau nach Bonn zurück, die von dem »enormen Stau« auf dem Ring berichtete. Noch zweimal bin ich einem Superstau entkommen (nicht zufällig klingt das wie Supergau, die irreversible Katastrophe in einem Atomkraftwerk), als ich auf der menschenleeren Straße zwischen München und Salzburg, beziehungsweise umgekehrt, rasch vorwärtskam, während die Riesenschlange auf der Gegenfahrbahn von der Grenze bis zur bayerischen Hauptstadt gelähmt war. Fasziniert betrachtete ich sie, wie ein Spatz eine Pythonschlange immer wieder anschaut, und erntete verzweifelte und haßerfüllte Blicke, in die jedoch heimlich ein tiefes, höhnisches Gefühl der Überlegenheit gemischt war: Ich, der ich mich allein jenseits der Leitplanke befand, wußte gar nicht, was mir entging. Der Stau ist zu einem alltäglichen Phänomen geworden; für die Statistik werden auf Deutschlands Straßen in einem Jahr 35 000 Staus registriert, das sind hundert pro Tag.

Durch meinen Beruf bin auch ich einmal in einen Superstau geraten. Es war zwar nicht jener historische Stau (man kann ja nicht alles im Leben haben), aber einer aus historischen Gründen. Am Vorabend der Vereinigung wurde ich von Wartburgs und Trabanten, Mercedessen und Golfs überschwemmt. Während Verkehr, Regen und Schlamm zunahmen, versank ich im Fließsand des Staus, eingeschlossen zwischen riesigen Lastwagen, irgendwo südlich von Leipzig in jener Ebene, in der schon Napoleons Geschicke entschieden wurden.

Gedankenverloren hörte ich Radio; zwanzig Stunden Wartezeit an der Grenze zu Polen wurden gemeldet, oder vor Geisterfahrern wurde gewarnt, die verkehrt auf die Autobahn hinauffahren und Kilometer für Kilometer auf der falschen Straßenseite fahren, übergeschnappte Nachtschwärmer, Selbstmordkandidaten oder vielleicht auch Leute, die an Mutproben teilnehmen (eine deutsche Spezialität), denen durch Kühnheit oder schlechte Beschilderung Vorschub geleistet wird. Aber die Geister waren weit weg, auf fernen, leeren Autobahnen.

Von Zeit zu Zeit schoben wir uns auf einer einzigen Fahrspur vorwärts, die andere Betonspur war unter der Last der Geschichte eingesunken, am Straßenrand standen die vom Schicksal Geschlagenen, die Autos taten mit weit aufgerissenen, rauchenden Mäulern ihren endgültig letzten Atemzug oder waren gelähmt, vom letzten Tropfen Benzin abgewürgt. Ich flehte Napoleons Geist an, ich flehte Opachowski an, in Leipzig ergab ich mich und rettete damit Haut und Ehre meines Alfa, jenes kurz nach dem ruhmreichen 68er Jahr kreierten Oldtimers. Ich fand den Stau ganz und gar nicht vergnüglich. »Natürlich nicht«, erklärte mir der Hamburger Professor, »Sie waren ja dort, weil Sie arbeiten mußten, und nicht weil Sie an dem kollektiven Freizeitritus teilhaben wollten.«

Niemand auf der Welt hat soviel Freizeit wie die Deutschen und soviel Geld zur Verfügung, um etwas aus ihr zu machen. Sie geben jährlich 60 Milliarden für Urlaub aus, und diese Zahl steigt weiter, mit oder ohne Krise. Die einstigen deutschen Ameisen verzichten lieber auf jede andere Ausgabe für Haus oder Studium, Auto oder Kleidung, als daß sie das Urlaubsbudget beschränken. Man verreist immer häufiger und zu immer ferneren Zielen. Varadero, jener kubanische Strand, an dem sich in den dreißiger Jahren die erfolgreichen Gangster neben Hollywoodsternchen bräunten, hat Rimini und Riccione den Rang abgelaufen, und übers Wochenende fliegt man nach Florida.

Mein Zeitungshändler in Königswinter hat mir von seinem ersten Urlaub mit dem Fahrrad Anfang der fünfziger Jahre erzählt, als er über die Alpen und bis hinunter nach Sizilien gefahren war, wo er sein Fortbewegungsmittel verkaufte, um mit dem Zug zurückfahren zu können. Das war noch abenteuerlich. Die Leute kamen mit dem Zelt oder schliefen im Bus, der sich nachts in einen Bienenstock aus Schlafplätzen verwandelte. Sie eroberten die Pensionen an der Adriaküste, die ihren Namen änderte und zum Teutonengrill wurde. Manche blieben jahrzehntelang dem gleichen Hotelier treu, sie erbaten und bekamen dasselbe Zimmer, denselben Tisch, denselben Sonnenschirm, und die Mark stieg, die Lira sank, die Pappagalli aus der kleinen Bar wurden dick und gründeten vielleicht sogar eine Familie mit einer Walküre, die gebändigt wurde oder selbst auf eine

Eroberung aus war, da forscht man besser nicht nach, und sich aus Liebe von einer Wagner-Kriegerin in eine mediterrane Köchin verwandelte.

Heute hat Siegfried einen anderen Geschmack, er liebt exotische, jedenfalls billigere und weniger verschmutzte Strände als die des *Mare Nostrum.* »Der Urlaub des Jahres zweitausend«, meint unser Professor Opachowski mit einem Blick in die Zukunft, »wird mehrmals im Jahr stattfinden, er wird kurz und nervös, flüchtig und umfassend sein, alles muß stattfinden, Strand und Museum, Oper und Bergwanderung, alles organisiert, geplant, den Bedürfnissen des Urlaubers angepaßt, und er wird sich nicht um Reservierungen, Zufälle oder Streiks kümmern müssen.«

Kommen die Deutschen? Jedes Frühjahr erreicht mich diese Frage aus Italien, es ist, als suche man den Horizont nach den Schwärmen der Zugvögel ab, die den Wechsel der Jahreszeiten ankündigen. Wer weiß? Wenn sie kommen, dann ist das sicher nicht unser Verdienst. Die verblühten und ein bißchen zerzausten Pappagalli dopen sich zum Wohl des Vaterlandes mit Gerovital, und die Hotelbesitzer am Teutonengrill schreiben zu Weihnachten und Ostern Postkarten an Kunden und Freunde in Bochum oder Bremen.

Zuerst kamen die Individualisten zu uns, Goethe und mein Zeitungshändler, dann die Familien, die Zerstreuung in Sicherheit suchten. Mit dem Wechsel der Generationen lassen die organisierten Reisen jetzt San Marino aus und fliegen nach Feuerland, und es müßten die Zeiten derer wiederkommen, die die Lebenskunst *all'italiana* lieben und damit dem Slogan unserer Ferien folgen. Aber die Individualisten aus Deutschland wünschen sich effiziente Anarchie, und wir haben nur chaotische Organisation zu bieten.

Die *Bildzeitung* fragte letzten Sommer, warum Mallorca nicht einfach annektiert werde. Ein scherzhafter, aber nicht unsinniger Vorschlag. Die Baleareninsel und ihre kleineren Schwestern Ibiza und Menorca »gehören« de facto bereits den Deutschen, und die Deutsche Mark gilt dort genauso oder mehr noch als die Peseta. Die Charterflugzeuge, die im Minutentakt landen, führen die deutsche Flagge, deutsch sind die Hotelsilos, die die Küsten verschandeln, in den Restaurants werden Würstel mit Sauerkraut und Eisbein angeboten, deutsch sind die Gesellschaften, die Autos vermieten, die Surf- und Segelschulen, deutsch sind die Diskotheken und die Drogendealer.

Die Vereinigten Staaten haben dem Zaren Alaska abgekauft; warum sollte Bonn die Balearen nicht in das siebzehnte Bundesland verwandeln können? Von Moskau hat es ja schon Ostdeutschland gekauft, jetzt wartet es darauf, Kaliningrad, Königsberg, die Geburtsstadt von Immanuel Kant, zu einem günstigen Preis zu erstehen. Und warum sollte man nicht auch die De-facto-Situation regeln, daß der Gardasee und weite Teile der Toskana, von der Deutschen Mark friedlich »besetzt«, bereits erobert sind?

Sie geben zwar Geld aus, aber sparsam sind sie dennoch. Ein Ticket nach Miami kostet weniger als eines nach Neapel, und die Reisebüros haben nicht solche Wucherpreise wie bei uns. Aus unerfindlichen Gründen kostete vor der letzten Entwertung der Lira (vielleicht auch nachher) ein Flug von Rom nach Frankfurt und von da nach Malta halb soviel wie direkt auf die nahegelegene Insel. Und zwar in derselben Jahreszeit, zu denselben Bedingungen, mit demselben Hotel, wie ein Computer der Europäischen Gemeinschaft festgestellt hat. Als ich darüber schrieb, erwartete ich eine Lawine entrüsteter Dementis unserer Agenturen. Aber sie schwiegen verschämt.

Die Deutschen stehen auch den Last-Minute-Nervenkrieg durch. Wenn man keine speziellen Wünsche hat, sondern nur irgendwohin ans Meer oder in die Berge möchte, begibt man sich mit Bergstiefeln oder Badehose an den Flughafen und nimmt einfach das nächstbeste Flugzeug, das noch einen Platz frei hat, Hotel inklusive; das kostet uns bis zu einem Fünftel des Preises, den unser weitblickender Mitreisender gezahlt hat, denn er hat seine Reise zu Weihnachten gebucht.

Am wohlsten fühlen sich die Deutschen jedoch, wenn sie in der Verschwendung Geld sparen. Diese Zikaden, die auf Mallorca oder in Santa Cruz verrückt spielen, sind im Grunde ihres Herzens Ameisen geblieben. Sie ergötzen sich an einem ununterdrückbaren Schuldgefühl. Zur Beruhigung ihrer Gewissensbisse genügt es, wenn sie nur die Illusion haben, zu sparen. Auch wer für ein paar Millionen pro Tag eine luxuriöse Kreuzfahrt auf der *Sea Cloud*, der Segeljacht der Milliardäre, und eine spartanische Kabine gebucht hat, findet die Ankündigung tröstlich, daß das Mineralwasser in Anbetracht der Jahreszeit gratis ist.

Für ein Skonto nimmt man auch einen Krieg in Kauf. Den Warnungen des Bonner Außenministers zum Trotz machten 50 000 in Slowenien Urlaub, angelockt von Preisen, die aus naheliegenden Gründen »lumpig« waren. Sie gingen dem Konflikt in die Falle.

Wir haben es während der biblischen Algenplage in der Adria verkehrt gemacht. Während im Fernsehen die Bilder der widerlichen Brühe gezeigt wurden, hörte man aus Italien, daß auch in der Ostsee Algen sind und die Seehunde in der Nordsee an Pestiziden sterben, und Gianni De Michelis empfahl den deutschen Gästen, die Nacht in der Diskothek und den Tag im Bett zu verbringen, allein oder in Gesellschaft. Die Folge war eine Flut von Absagen für das folgende Jahr, in dem das Meer bakteriologisch sauberer war als Evian-Wasser.

Man hätte nur versprechen müssen, für jeden Tag mit Algen einen Nachlaß auf das Hotel zu gewähren, das erste Getränk in der Diskothek gratis zu servieren oder eine Eintrittskarte ins Schwimmbad zum halben Preis abzugeben, die Deutschen wären in Scharen angereist, voller Hoffnung, aus den Tiefen monströse Algen emporsteigen zu sehen. Es ist das Prinzip der Regenversicherung, die kein Urlauber jemals abzuschließen vergißt – hoffnungsvoll nimmt er seinen Regenmantel mit nach Acapulco.

Die deutschen Agenturen sind nicht nur weniger geldgierig als die Reiseveranstalter in anderen europäischen Ländern, sie sind vor dem Gesetz auch verantwortlich für das, was sie anstellen.

Kaum haben die Deutschen mit ihren Koffern das Haus verlassen, stürzen sie sich in die Schlacht, das Notizbuch in der Hand, den Photoapparat gezückt, um eventuelle Mängel zu dokumentieren. Die Millionen Touristen verlassen das große Deutschland in der Hoffnung, daß alles schlechtgehen möge und sie das erlangen, was der heimliche Wunsch des Urlaubers ist, nämlich die totale Rückerstattung. Vielmehr den ganzen bezahlten Betrag plus ein Extra für physische und moralische Schäden. Progressive Richter haben festgestellt, daß es ein Recht auf Urlaub gibt. Und auch die Pflicht dazu, denn der Arbeitnehmer muß hinterher in bester Form wieder in der Fabrik oder im Büro erscheinen. Daraus folgt, daß der »Schuldige«, der Hotelier oder die Reiseagentur, in Extremfällen nicht nur die für den Urlaub gezahlte Summe erstatten, sondern den Kunden auch für die fehlende, ihm aber zustehende Erholung entschädigen muß. Darauf hat auch die Gattin ein Recht, selbst wenn sie nicht arbeitet und ihr zu Hause ein Dutzend Diener zur Hand geht.

Es ist keine geringe Schlacht. Man braucht eine schnelle Reaktion, starke Nerven, Unverfrorenheit und das Know-how von Perry Mason. Die Erstattung ist nicht der Gutherzigkeit eines Richters überlassen, sondern erfolgt nach einer Tabelle, die Fall für Fall ausführlich darlegt, mit erschwerenden und mildernden Umständen. Besteht der Strand nicht aus goldenem Sand, sondern aus schmerzhaften Kieseln? Dann hat man das Recht auf zehn Prozent zurück. Das Zimmer hat keinen Blick aufs Meer? 15 Prozent. Lag das Hotel nicht im Herzen einer Oase des Friedens, sondern am Rand einer Baustelle in Betrieb? 30 Prozent. Natürlich muß der Schaden durch Verschulden oder Nachlässigkeit verursacht sein: Erstattung ja, wenn das Schwimmbad dreckig ist, aber keinen Pfennig, wenn die Algen das Mittelmeer überfluten.

Raubt das Geräusch der Wellen, die Odysseus in der Ägäis lockten, dem Bankangestellten aus Bochum den Schlaf? Keine müde Mark. Und wenn im Badezimmer die Kakerlaken herumturnen? Kommt drauf an. Bis zu acht Exemplaren pro Quadratmeter sind in einem südlichen Land als natürliches Ereignis zu akzeptieren, wie der Kasuistik zu entnehmen ist. Wer ein Faible fürs Exotische hat, soll auch dafür bezahlen. Zehn Cucarachas sind allerdings auch in Zapatas Heimat zuviel.

Wir finden das *Fräulein*, das sich beschwert, weil die Pappagalli es nicht in Ruhe gelassen haben, und die enttäuschte Freundin, die entschädigt werden will, weil es im Umkreis von zehn Meilen nicht einen *Latin lover* gab. Jemand wollte sein Geld zurück, weil das einheimische Essen seinen Darm durcheinanderbrachte, der an Butter, nicht aber an Olio extravergine gewöhnt war.

Falls es keinen Zwischenfall gibt, kann man diesen auch herbeiführen. Zwei Pärchen verbrachten ihren Urlaub immer schon gemeinsam. Eine unerschütterliche Freundschaft? Nicht nur. Abwechselnd gaben sie sich alle Mühe, im Schwimmbad oder in der Hotelhalle Rabatz zu veranstalten, und dann forderten die Freunde Schadenersatz wegen fehlender Erholung, den sie zu Hause selbstverständlich unter sich aufteilten.

Man kann auch Kapital aus seinem Schicksal schlagen. Ein Invalide ohne Beine bat um ein Hotel mit Aufzug, aber als er in Mamaia an »Ceaucescus Riviera« ankam, fand er keinen solchen vor. Sämtliche Kosten wurden ihm erstattet. Im folgenden Jahr brachte er dieselbe berechtigte Bitte vor und buchte dasselbe Hotel. So machte er vier oder fünf Jahre lang kostenlos Urlaub, bis ihm, wie auch dem lautstarken Quartett, der Computer auf die Schliche kam.

Um sich die Horde anspruchsvoller und streitsüchtiger Kunden vom Hals zu halten (jährlich 300 000 Beschwerden, 30 000 Klagen), haben die großen Touristikunternehmen ein Dossier angelegt, um das die Stasi sie beneidet hätte.

Die Mauer war eine Diebstahlversicherung

Die Deutsche Bank legt jedem meiner Scheckhefte freundlicherweise ein mehrfarbiges Bildchen bei, um mich vor dem Diebstahl von Euroschecks und Kreditkarten zu warnen. Das häufigste Bild zeigt einen Handtaschenräuber auf seinem Mofa vor dem Schiefen Turm von Pisa. Achtung, Urlaub ist gefährlich! Nie war die Gefahr, bestohlen zu werden, für die deutschen Urlauber so groß wie heute.

Daheim bei sich. Alle zweieinhalb Minuten wird in eine Wohnung eingebrochen, das sind über zweihunderttausend Einbrüche im Jahr, zehnmal mehr als noch in den sechziger Jahren. Damals wurde fast jeder zweite Dieb gefaßt, heute ist es einer von sieben, und die Versicherungen mußten zwei Milliarden Mark Entschädigung zahlen.

Vor dem Fall der Mauer wurden in Berlin jedes Jahr vierhundert Autos gestohlen. Heute ist es eines alle vier Minuten, und dieser Durchschnitt gilt für ganz Deutschland. Es sind meistens Nobelkarossen, Mercedes, Porsche, BMW, die schon nach ein paar Stunden die nahe Grenze zu Polen passiert haben und auf Nimmerwiedersehen verschwinden. Die Ausländer sind daran schuld, heißt es, wenn die Kriminalität seit dem Schicksalsjahr 1989 jährlich um 20 Prozent steigt. Die Mauer schützte das rote Paradies vor dem imperialistischen und militaristischen Westen, und den Geldbeutel der anständigen Kapitalisten auch. Die offenen Grenzen sind ein Segen für die Hersteller von Diebstahlsicherungen (die bald obligatorisch wurden, sonst zahlen die Versicherungen nicht) und Alarmanlagen.

Das ist also alles der Mauer zuzuschreiben? Es sieht so aus, als hätten auch die Hiesigen lange Finger oder zumindest die Phantasie von schlechten Gesellen. Nach Angaben der Versicherungen ist mindestens einer von fünf Einbruchsdiebstählen suspekt, von den Opfern vorgetäuscht, die es mit der Bewertung des erlittenen Schadens übertreiben. Will man ein heruntergekommenes Auto loswerden, muß man nur nach Warschau fahren, es dort stehen lassen und Anzeige erstatten. Die Rechnung wird zu Hause beglichen. Die Versicherungen können sich die Geschmacksverirrung der Autodiebe, die aus

Mitteleuropa einfallen, nicht anders erklären: Ihr bevorzugtes Modell scheint die erste Golf-Serie zu sein. Eine Dame hat über die Stränge geschlagen: Sie war in Geldschwierigkeiten, verkaufte einem neureichen Polen ihren nagelneuen Mercedes zu einem lumpigen Preis und erstattete Anzeige wegen Diebstahls. Zu ihrem Pech hatte sie es mit einem ehrlichen Käufer zu tun, denn der Warschauer Autofahrer bat um eine Kopie des Fahrzeugbriefes, um eine ordentliche Versicherung abzuschließen, und der Schwindel flog auf.

Im Urlaub entpuppen sich die Deutschen als gesundheitlich erstaunlich zartbesaitet. Die Enkelchen der deutschen Ritter werden in den abgelegensten Gegenden von seltenen (und kostspieligen) Krankheiten befallen. Wenn sie zurückkommen, legen sie ihrer Krankenversicherung gesalzene Rechnungen von Kliniken in Bangkok oder Tegucigalpa vor, bei denen die einzige klare Sache die zu erstattende Summe ist. Die Kliniken stellen sich oft als städtischer Hundezwinger oder Hafenbordell heraus.

Das Wochenmagazin *Focus* hält Stehlen für den Nationalsport. 1993 wurden in den Supermärkten täglich zweitausend »zerstreute« Kunden erwischt, wenn man die Feiertage nicht rechnet, genau 603 097, aber auf einen festgenommenen Dieb kommen zehn, die entwischen können. Und es sind nicht nur Ausländer. Alle klauen, Frauen und Männer, Alte und Kinder, Arme und Reiche, für eine Gesamtsumme von 3,6 Milliarden Mark bei einem Umsatz von 800 Milliarden.

Tatsächlich verschwindet jedes Jahr soviel Ware, wie in hundert große Kaufhäuser passen würde, doppelt soviel wie noch vor zehn Jahren.

Die Tricks der Kunden werden immer raffinierter: Sie füllen Mineralwasserflaschen mit Wodka und Gin und gießen Parfum in die Fläschchen der Babys, die wie Komplizen mit auf Raubzug genommen werden. Sehr findige und geduldige Leute sammeln die weggeworfenen Kassenbons, entschlüsseln, während sie die Runde ein zweites Mal machen, die einzelnen Posten und kaufen genau die gleichen Dinge noch einmal, dazu eine Tube Zahnpasta oder eine kleine Büchse, behaupten, diese »vergessen« zu haben, und gehen ungestört durch die Kontrolle.

Die Kunden klauen, und die Supermärkte führen Privatdetektive wie aus »Quella sporca dozzina« ins Feld. Laut *Spiegel* sind viele dieser Kontrolleure Gauner und werden wohl in ihrer Eigenschaft als Experten engagiert. Sie benehmen sich nicht sehr gesittet und gehen oft zu weit. Gänzlich unbescholtene Herren, die einen Schrittmacher tragen, lösen das Alarmsystem aus, werden bis auf die Straße hinaus verfolgt und wie Gangster abgefangen, Mütter, die Eis schleckende Kinder auf dem Arm tragen, werden mit der Waffe in der Hand festgehalten. Ansporn für die Diebesjagd ist das »Kopfgeld«, im allgemeinen 50 DM pro Dieb, wenn man ihn auf frischer Tat ertappt, und ein bestimmter Prozentsatz des Warenwertes. Derartiger Eifer führte zu einem richterlichen Urteil, das den Privatdetektiven verbietet, die Handtaschen »verdächtiger« Kundinnen zu öffnen.

Bleibt nur die Frage, wie man einen 60-Zoll-Fernseher oder einen Außenbordmotor in der Tasche verstecken kann. Es sieht so aus, als sei einer von fünf Diebstählen von Angestellten und einer von zehn von Lieferanten vorgetäuscht.

Das Leben ist ein Walzer

Die Deutschen vergnügen sich nicht allein. Jeder zweite gehört einem Club an, viele sind Mitglieder eines Vereins. Das ganze Jahr über treffen sie Menschen, die demselben Hobby nachgehen, und nehmen an Ausflügen teil, die ihr Zirkel organisiert hat, um an einem anderen fernen oder nahen Ort Leute zu treffen, die denselben Geschmack haben, denselben Leidenschaften frönen, und das von der Schulzeit bis ins Rentenalter.

Man hat nur die Qual der Wahl zwischen mehr als 200 000 Vereinen. Nicht nur ein Sport oder eine Sucht wie Pfeilschießen oder das Sammeln von Briefmarken oder Bierdeckeln kann vereinen, sondern auch eine körperliche Besonderheit. In Langerbruck bei Pfaffenhofen unweit von München versammeln sich im Gasthof Fröhlich jeden Donnerstagabend »Deutschlands Großnasen«. Gottfried Reichardt, geboren am 5. März 1961 und Präsident des ersten »Nasenclubs« der Welt, erläutert die Aufnahmebedingungen: Die Nase muß mindestens sechs Zentimeter lang und vier Zentimeter breit sein. Ehrenmitglieder sind der frühere Torwart der Nationalmannschaft Sepp Maier und der Führer der sozialdemokratischen Linken, Oskar Lafontaine, der sich hübschen Mädchen mit der Frage zu nähern pflegt, ob sie das alte Sprichwort »Wie die Nase des Mannes, so sein Johannes« kennen. Die Nase eines Mannes ist also genausolang wie sein anderes Anhängsel, der Johannes, der im Englischen John heißt. Wer das literarisch belegt haben will, der möge in *Lady Chatterley's Lover* blättern. Unser Oskar ist in der Politik vielleicht progressiv, was die alte Volksweisheit anbelangt, ist er konservativ. In beiden Fällen kommt ihm das gelegen.

Dann gibt es noch den KLM, nicht zu verwechseln mit der Luftverkehrsgesellschaft, den Klub Langer Menschen. Ihm gehören 3 500 Mitglieder an, die mindestens eins neunzig groß sind, und das ist gar nicht mal so viel, denn inzwischen sind die Deutschen durchschnittlich eins zweiundachtzig groß. Der Club der Tätowierten hat seinen Sitz natürlich in St. Pauli, Hamburgs Sündenviertel, wo es jede Menge Studios gibt, die auf Sirenen, Anker und durchbohrte Herzen spezialisiert sind. Am 29. Februar 1968 wurde in München auch der Club der Clubgegner aus der Taufe gehoben, der um die hundert Mitglieder zählt.

In den Vereinen verbringt man seine Freizeit, sie sind aber auch ein Machtinstrument, wie Tennis-, Golf- oder Bridgespieler wissen. Aber in Deutschland sollte man, anstatt nach dem Tennisschläger zu greifen, vielleicht besser lernen, mit dem Rechen umzugehen. Die Schrebergärtner, die die von der Gemeinde verpachteten, wenige Quadratmeter kleinen Parzellen am Stadtrand bewirtschaften, bilden eine Clique, die stärker ist als die Freimaurer und der Ku-Klux-Klan.

Sie halten zusammen und sind doch Rivalen, Seite an Seite widmen sie jede freie Stunde ihren Miniaturgütern und verwandeln die Geräteschuppen in Karikaturen von Ranches oder viktorianischen Schlössern, indem sie sie mit Veranden, Balkönchen, Schornsteinen und Gardinen ausstatten. Man berät sich miteinander über Kresse und Erbsen, die Ausbildung der Kinder, das Verhältnis zum Chef, und kämpft derweil, betäubt vom Dröhnen der Züge und dem quälenden Lärm der Autobahnen, gegen den Rauch aus den umliegenden Kaminen. Man feiert zusammen Hochzeit und Abschied, Beförderung und Taufe und emigriert im Urlaub selbstverständlich en gros, um gemeinsam genau dasselbe zu erleben. Und man begibt sich nicht mindestens einmal im Leben nach Mekka oder zum Heiligen Jahr in den Petersdom, sondern pilgert pflichtgemäß zur IGA, der gigantischen Gartenausstellung in Hamburg, oder zu der entsprechenden in Stuttgart. Ich weiß nicht, welche besser ist, und halte mich da lieber raus.

Eine weitere Legion sind die leidenschaftlichen Tänzer. Die Engländer besuchen von klein auf Tanzschulen, um langsamen Walzer, Onestep und Foxtrott zu lernen und am Samstagabend in den Tanzlokalen aufzutreten. In Italien treffen sich die Liebhaber des Gesellschaftstanzes in den Tanzpalästen der Poebene. In Deutschland ist Tanzen etwas zwischen heiligem Ritus und olympischer Disziplin, aber das sind ja vielleicht auch Synomyme. Es gibt nicht weniger als 1 700 Tanzclubs mit 200 000 Mitgliedern, die ihre Auftritte äußerst ernst nehmen: Man tanzt nicht, um zu flirten, sondern um der Ehre des Vereins willen.

Während des langen Winters trifft man sich zum Üben, täglich vier Stunden, doppeltes Pensum am Wochenende, wie die Oberligaspieler. Ein ernsthaft getanzter Wiener Walzer entspreche einem 3000-Meter-Lauf, wird erklärt. Man muß wohl nicht erwähnen, daß das Tanzen in Mannschaften bevorzugt wird: Acht Paare in identischen Kostümen und wahrscheinlich von identischem Körperbau, von gleicher Größe, gleicher Haarfarbe bei Männern und Frauen, gleichem Schnitt, gleichem Make-up drehen sich mit Bewegungen übers Parkett, die auf die Hundertstelsekunde gemessen werden. Die Düsseldorfer Mannschaft, Weltmeister im Formationstanz, gab 40 000 DM für die Kostüme, ebensoviel für Reisen und 20 000 DM für das Tonband mit der Musik aus, die den Auftritt begleitet. An die Tänzer geht kein Pfennig für ihre Tourneen, sie sind wahrscheinlich die letzten wahren Amateure der Welt.

Bitte habt uns lieb, aber schimpft über uns

Die Deutschen sind auf Komplimente aus, aber sie trauen nur jemandem, der über sie schimpft (vielleicht hätte ich besser daran getan, nicht gegen den Strom zu schwimmen).

Ein typisches Beispiel ist ein Buch, das Anfang 1994 herauskam, das x-te Buch über Deutschland: *Der Deutsche an sich – Einem Phantom auf der Spur*, eine von Vera und Ansgar Nünning herausgegebene Anthologie. Mit masochistischer Beharrlichkeit haben sie alle möglichen Texte zusammengetragen, in denen sie schlechtgemacht werden: Dazu gehören die bereits erwähnten Zitate Nietzsches und Kants, ein Brief von Albert Camus an einen deutschen Freund (er stammt aus dem Jahr 1944 und ist daher in seiner Kritik verständlich) und Gedichte meines geliebten Heine, die schon so oft zitiert wurden, daß sie inzwischen geflügelte Worte sind: »Denk' ich an Deutschland in der Nacht, dann bin ich um den Schlaf gebracht ...« Auch David Marsh, ehemaliger Korrespondent der *Financial Times* in Bonn, der die Beschimpfung der Deutschen in ein verlegerisches Geschäft verwandelt hat, und der Spanier Heleno Sana, der seit Jahrzehnten bei den Deutschen im Exil lebt und über sie herzieht, sind dabei.

Marsh ist ein hervorragender Journalist und verfügt über eine Fähigkeit, die ihm Erfolg garantiert: Er schreibt auf brillante Art und Weise das, was die Leute erwarten. Gewandt schildert er Episoden, die er während seines Aufenthalts in Bonn erlebt hat: Die Verkäuferin in einer Bäckerei weigert sich, die Brötchen umzutauschen, die er fünf Minuten vorher gekauft hat, weil es gesetzlich verboten ist, nicht abgepackte verkaufte Lebensmittel wieder zurückzunehmen; der Busfahrer läßt Passagiere nur an den dafür vorgesehenen Haltestellen ein- und aussteigen; ein Taxifahrer läßt sich nicht zum Hupen bewegen, um einen Freund von Marsh aufmerksam zu machen, weil er sich nicht eine Strafe von 20 DM einhandeln will.

Nun, die Verkäuferin hat recht. Und das Gesetz ebenfalls. Warum soll ich Brötchen kaufen, die Freund David schon befingert hat? Und versuchen Sie mal in Paris, einen Busfahrer zu bitten, dort zu halten, wo es Ihnen paßt. Ein römischer Busfahrer würde es auch im dichtesten Verkehr tun, aber nur für einen Bekannten oder ein hübsches Mädchen. Und waren die Londoner Pubs nicht berühmt dafür, daß sie ihren Bierausschank pünktlich beendeten? So verlangte es ein Gesetz von 1913, mit dem vermieden werden sollte, daß die Arbeiter der Rüstungsfabriken zu spät zur Arbeit kamen.

Ein anderer Kollege, Luc Rosenzweig, Korrespondent von *Le Monde*, der Deutschland im allgemeinen nicht mit Samthandschuhen anfaßt, erzählte mir auch eine Geschichte: er lag in Bonn mit Fieber im Bett, rief ein Funktaxi und bat den Fahrer, für ihn und seinen Sohn Pizza zu holen, ohne Sardellen und schön durchgebacken. Nach zwanzig Minuten erschien der Taxifahrer mit der Pizza ohne Sardellen, Trinkgeld lehnte er ab.

Auf seine Weise hat Marsh schon recht, und auch ich habe über die Starrheit der Deutschen geschrieben, er aber legt einen anderen Gedanken nahe, nämlich daß die Gesetzestreue jenes Taxifahrers alte Wurzeln habe. Man gehorcht blind der Straßenverkehrsordnung und landet mit dem Taxi in Auschwitz. Vielleicht war der Taxifahrer ja schlechter Laune, oder Marsh war ihm einfach unsympathisch.

Und Heleno Sana, der in seinem dem vereinigten Deutschland gewidmeten Buch *Das Vierte Reich* aufzeigt, daß an allem auf der Welt die Deutschen schuld sind? Zu Francos Zeiten war er nach Deutschland ins Exil gegangen, ist aber zwanzig Jahre nach dem Abgang des Caudillo immer noch da.

Er und Marsh folgen eigentlich Hemingways altem Grundsatz: Ein Politiker muß immer optimistisch, ein Journalist immer pessimistisch sein. Wenn man schreibt, daß es keinen Krieg geben wird, und man täuscht sich, werden die Kollegen und Leser einem das ein Leben lang vorhalten. Wenn man das Gegenteil schreibt, wirft einem niemand vor, daß der Frieden anhält. Wir haben kein Viertes Reich? Nun gut, dann kommt es eben morgen oder übermorgen. Früher oder später kommt es bestimmt.

Sana und die anderen Autoren des Buches wie der Japaner Kazuo Kani, der Inder Prodosh Aich, der Franzose Bernard Nuss, der aus Ungarn stammende George Mikes bieten uns eine Ansammlung von Gemeinplätzen. Die Deutschen sind präzise bis zur Grausamkeit und ordnungssüchtig, dulden keine Kritik und sind auch noch von unermüdlichem Arbeitstrieb besessen. In München würden sie bis Mitternacht arbeiten, ohne Atem zu schöpfen, meint Mikes. Während des Oktoberfestes vielleicht, wenn sie damit beschäftigt sind, in zwei Wochen mit dem Durst von Touristen und Einheimischen alles Geld zu verdienen, das sie für den Rest des Jahres brauchen, wie die venezianischen Gondolieri im Sommer.

Sie kamen mit ihren Vorurteilen nach Deutschland, sie sind ein Leben lang geblieben und änderten ihre Meinung auch nicht, wenn sie ganz offensichtlich nicht bestätigt wurde. Abgesehen von Julia Wosnessenskaja, die die Deutschen wie auch die Italiener vielleicht ein bißchen stur, aber freundlich findet, und der Jüdin Vera Elyashiv, Berichterstatterin im Eichmann-Prozeß, die viele Bedenken überwand, nach Deutschland kam und entdeckte, daß die Deutschen nicht groß, blond und blauäugig sind und gar nicht freundlich, wie Julia Wosnessenskaja findet, und daß außer der maßlosen Leidenschaft fürs Biertrinken nichts dem Klischee entspricht. Was mich in einem Verdacht bestärkt, den ich schon lange hege: Frauen sind bessere Journalisten als Männer.

Deutsche Geschichten

Nachrichten sind nicht für alle gleich. Man erwartet von jedem Land etwas, das von vornherein klar ist, das sich der Klischeevorstellung »anpaßt«, die wir von ihm haben, und sich in diesem Circulus vitiosus verfestigt. Dem Korrespondenten in Frankreich fällt es (dank unserer Provinzialität) nicht schwer, Kulturreportagen und Verbrechergeschichten sozusagen aus dem »tiefsten Frankreich« mit Simenons Segen unter die Leute zu bringen. Aus London sind, abgesehen von den Geschichten über die königliche Familie, merkwürdige Anekdoten beliebt, die uns bestätigen, wie kauzig die Briten sind.

Was aus Deutschland garantiert gut ankommt, sind Artikel über die Bundesbank, der man die Verantwortung für alle unsere Sünden auf dem Gebiet der Ökonomie und des Finanzwesens in die Schuhe schieben kann, und Berichte über die Ausschreitungen der Skinheads. Will man in die Schlagzeilen kommen, dann muß man nur schreiben, der neue Hitler stehe vor den Toren und irgendein zufälliger Brand sei »wahrscheinlich« von den Glatzköpfen gelegt.

Doch Deutschland kann mit jeder Menge Verbrechergeschichten aufwarten, die dem Vater von Maigret das Wasser im Munde zusammenlaufen lassen würden, nur finden sie leider nicht im aussprechbaren Grenoble, sondern in Mönchengladbach statt, und das ist ein Zungenbrecher. Kulturnachrichten steht die Sprache im Weg. Die Namen Böll und Grass, wie Nolte auch, fallen glücklicherweise nicht schwer, aber weh dem, der einen neuen ins Spiel bringt. Ich erinnere mich noch, wie ich für das Feuilleton über den damals unbekannten Fassbinder schreiben wollte. Die Zeitung, für die ich arbeitete, reagierte skeptisch, als wollte ich für irgendeinen Verwandten unverdiente Reklame machen.

»Wozu?« erkundigte sich der Filmkritiker. Ich erklärte es ihm.

»Nie von ihm gehört«, wandte er ein.

»Eben«, beharrte ich.

»Warum machst du nicht ein Interview mit Grass?« Drei Monate später las ich in einer Fachzeitschrift einen Artikel von ihm über Fassbinder, den er inzwischen entdeckt hatte. In Mailand, versteht sich. Die deutsche Kultur ist schick, aber nicht populär. Man spricht lieber nicht allzuviel darüber.

Und diese schönen Geschichten, die voller Leidenschaft und Geheimnis stecken? Man kann sie leichter schreiben als erklären, aber sie haben keinen Markt. Was ist mit der Mutter, die im Gerichtssaal den Vergewaltiger und Mörder ihrer kleinen Tochter erschießt? Von dem Ereignis wird ohne Enthusiasmus berichtet. Wäre es eine Französin gewesen, dann wäre sie von den Wochenblättern und Talk-Shows hofiert worden. Und die schöne Anwältin, die sich in ihren Mandanten, den Killer von St. Pauli, verliebt und den Revolver ins Gefängnis schmuggelt, mit dem der Mann erst seine Frau und den Staatsanwalt und dann sich selbst tötet? Natürlich kann man darüber schreiben, wenn man alles in fünfzig Zeilen unterbringt. Das ist ein »amerikanisches«, kein »deutsches« Ereignis. Wie kann man nur? Wenn die rothaarige Anwältin ihre Kanzlei statt in Hamburg in San Francisco gehabt hätte, wäre sie zur Vorlage eines oskarreifen Hollywoodfilms geworden.

Und all die verschrobenen und kauzigen Gestalten? Die deutschen Zeitungen sind voll davon, aber in Italien sind sie kaum bekannt.

Dagobert, der seinen Namen von Onkel Dagobert hat, drohte, große Kaufhäuser in die Luft zu jagen, und forderte Lösegeld in Millionenhöhe. Mit kompliziert-phantasievollen Methoden zur Übergabe des Lösegeldes, wie es sie sonst nur in Comics gibt, zum Beispiel auf einem ferngesteuerten Minizug, hielt er jahrelang die Polizei in Schach, dabei wollte er gar kein Geld, sondern nur mit den Behörden sein Spiel treiben, das war sein eigentlicher Gewinn (seine Festnahme kostete an die dreißig Millionen).

Oder der Amateurarchäologe, der sein Leben lang mit der Suche nach dem Gold der Nibelungen beschäftigt und überzeugt ist, die Stelle auf dem Grund des Rheins gefunden zu haben, an der der legendäre Schatz liegt?

Oder der Flötist aus Münster, der die sechs verschollenen Sonaten von Haydn komponiert und sogar Koryphäen wie den Amerikaner Landon täuscht? Als der Schwindel herauskommt, bedankt sich das »Opfer« bei ihm für die große Freude, die er ihm mit seinen Fälschungen doch bereitet hat. Wenn er so gut ist, mein Gott, warum komponiert dieser Winfried Michel dann nicht unter seinem eigenen Namen? Vor Haydn hatte er zwanzig Werke für Flöte und Basso continuo unter dem Namen von Giovanni Paolo Simonetti, Komponist des 18. Jahrhunderts aus dem Veneto, veröffentlicht. Simonetti hieß die Eisdiele gegenüber seinem Haus, als Michel in Den Haag studierte. Was war nur in ihn gefahren?

Nein, die Deutschen sind ganz und gar nicht so berechenbar und normal, respektvoll und langweilig, wie wir sie gern hätten. Vielleicht ist dem Fälscher Kujau gerade dank dieses Vorurteils der üble Schwindel mit den Tagebüchern Hitlers gelungen. Er verquickte seine Magenschmerzen mit den Kriegsgeschehnissen auf eine so groteske und spöttische Art und Weise, daß auch der naivste Historiker Argwohn hätte schöpfen müssen (abgesehen davon weiß man, daß Hitler weder Zeit noch Lust hatte, ein Tagebuch zu führen). Der »raffinierte« Betrug war so frech, daß Kujau bei den gotischen Buchstaben des Umschlags anstelle des großen H für Hitler ein F verwendete. Können die Fachleute denn gotische Schrift nicht lesen?

Aber wir dürfen nicht ungerecht sein. Sie waren nur nicht auf der Hut. Von einem Deutschen hatten sie einen solchen Schwindel einfach nicht erwartet. Wenn ein Italiener die Tagebücher »gefunden« hätte, dann hätten sie erst einmal monatelang skeptisch alle erdenklichen Untersuchungen vorgenommen, bevor sie sich zu einem schlichten »Vielleicht« hätten durchringen können. In Hamburg wurden sie sogleich gedruckt, und alle Welt kaufte sie blindlings. Warum sollte man sich vor den Deutschen auch in acht nehmen? Auf antik macht man in Neapel, das weiß man doch.

Fußgängerzone

Die deutschen Städte wurden im Krieg dem Erdboden gleichgemacht. Was geblieben ist, haben Architekten und Städteplaner zerstört. Würde man mit geschlossenen Augen ins Zentrum einer deutschen Stadt geführt, wüßte man nicht, wo man ist, wenn man nicht die Nummernschilder der Autos anschaut. Aber die sind aus dem »Herzen der Stadt« verbannt, denn es ist in eine Fußgängerzone verwandelt.

Man geht folgendermaßen vor: Die alten Häuser, die jedes für sich kein Kunstwerk sind, gemeinsam aber eine gewisse Atmosphäre schaffen können, werden abgerissen; man baut postmoderne Konstruktionen mit großen gläsernen Arkaden; man stellt Laternen auf, die entfernt an Fin de siècle erinnern, aber computermäßig geliftet sind und in Lübeck oder Mainz genau gleich aussehen; zur Vermeidung motorisierter Invasionen stehen überall riesige, scharfkantige Blumentöpfe herum, in denen wahlweise, auf jeden Fall aber nach Farbe und Höhe geordnet, entweder Tulpen oder Nelken untergebracht sind. Mitten hinein setzt man ein großes Kaufhaus, das die Bevölkerung mit seiner Fassade bestimmt nicht enttäuschen wird. Unter dem Geschäft befindet sich natürlich eine Tiefgarage, die sich in eine gnadenlose Falle verwandeln kann, wenn sie nämlich das Auto nach Ladenschluß bis zum nächsten Morgen nicht mehr herausrückt, unter Umständen von Samstag um 13 Uhr bis Montag. Darum herum liegen, scheinbar verstreut, doch stets gleich, wo auch immer man sich befindet, eine Pizzeria, eine Eisdiele, ein Türke mit seiner Döner-Kebab-Drehsäule, ein Fast-food-Restaurant, ein Posterladen.

Ich zog nach Königswinter, weil es ein ruhiges Dorf war, zwei Häuserreihen entlang dem Rhein, zwei Straßen, eine in der Mitte wie die *Mainstreet* in den Ortschaften des Wilden Westens (es heißt ja auch Hauptstraße) und eine am Fluß entlang. In sechs Jahren wurde das Pflaster der einen und der anderen Straße sechsmal aufgerissen. Die Hauptstraße wurde zur Hälfte geschlossen, ein wahrer Sioux-Hinterhalt für den Durchgangsverkehr. Ein Dutzend Laternen wurden aufgestellt, die praktisch gleich, aber doch unterschiedlich waren, um diejenige auszuwählen, die »am besten paßte«; man entschied sich für das von der Ostsee bis zur Schweiz am weitesten verbreitete Modell. Beete wurden angelegt, kleine Pfosten aufgestellt und Einbahnstraßen eingerichtet, so daß ich zwar von zu Hause fort-, aber nicht mehr dorthin zurückkam. Vielleicht war das eine diskrete Aufforderung zum Umzug, aber ich kam ihr nicht nach. Ich war gezwungen, »gegen den Strom« nach Hause zurückzukehren, zwischen zwei Reihen Passanten, die mich beschimpften und mir mit der Faust drohten.

Wie soll man sich da wundern, wenn jemand verrückt wird? Manfred Titzinger ist ein Meister des Stadtslaloms, eines neuen Nationalsports, der in den Fußgängerzonen entstanden ist. Dort trifft man sich am liebsten an Ausverkaufstagen, wenn das Gedränge alptraumartig ist; die Herausforderung besteht darin, so schnell wie möglich von einem Ende der Fußgängerzone zum anderen zu gehen. Man darf dabei nicht rennen, ein Fuß bleibt immer am Boden, und man muß versuchen, keinen einzigen Fußgänger zu streifen. Jede Berührung bringt eine »Sperre« von zehn Sekunden mit sich.

Herrn Titzingers Rekord beim Überqueren des Stachus in München beträgt vier Minuten: »Gefährlich sind die Straßenmusiker, weil die Leute unvermutet stehenbleiben«, erklärt er. Diesen Sport kann man auch paarweise ausüben, und er ist nicht ohne Gefahr: Er verletzte sich, als er gegen einen Kinderwagen stieß, der plötzlich aus dem Meer von Beinen auftauchte. Der Stadtslalom könnte zu einer olympischen Disziplin werden, aber erst muß noch geklärt werden, ob er in die Sommer- oder in die Winterspiele einzuordnen ist.

Voyeure

Die Rheinufer haben keine Deiche, und fast jeden Winter tritt der große Fluß über die Ufer. In Königswinter wohnte ich direkt am Wasser, am rechten Ufer, gegenüber dem Haus von Demetrio Volcic. Er ging unter, ich aber nicht, und schließlich fand ich den Grund für mein Privileg heraus. Aufgrund der Erdumdrehung werden in unserer Hemisphäre die linken Ufer schneller »verbraucht« als die rechten, und in Australien ist es umgekehrt. Das sieht kaum jemand ein, aber wissenschaftlich ist es korrekt. Wenn zu den starken Regenfällen das Wasser der Schneeschmelze hinzukommt, dann werden alle naß, ob rechts oder links. Mit deutscher Gründlichkeit verkündete an der Straßenbahnhaltestelle vor meinem Haus ein Schild: Haltestelle bei Überflutung nicht in Betrieb. Bevor ich mich entschloß, das Schild zu photographieren, wurde es entfernt.

In einem Winter hörte der Rhein nicht auf zu steigen, und in Köln wurden die beweglichen Schottwände aus Eisen montiert, um die alte Stadt zu schützen; auf diese Weise wurden die Ufer um zehn Meter über das normale Niveau erhöht. Sieben Meter, acht Meter, neun Meter, der große Fluß stieg, und Tausende von *Schaulustigen*, Katastrophenvoyeure, strömten nach Köln. Neuneinhalb Meter, neun sechzig, neun siebzig, neun achtzig, alle Videokameras und Photoapparate waren gezückt, um die Katastrophe zu verewigen. Neun fünfundneunzig, neun sechsundneunzig, neun siebenundneunzig, aber wie in einem zweitklassigen Drehbuch entschloß sich der Rhein zwei Zentimeter vor dem Hochwasser, langsam wieder zu sinken.

Die Schaulustigen verloren nicht den Mut. Sie machten sich daran, die Bolzen aus den Schottwänden zu ziehen. Sie waren von so weit her gekommen, da hatten sie ein Recht auf das Spektakel. Die Polizei stoppte sie gerade noch rechtzeitig. Vor Weihnachten 1993 benahm sich der Fluß besser: Der Wasserspiegel stieg um mehr als dreizehn Meter, Köln und die anderen Städte am Rhein wurden überschwemmt. Die Schaulustigen schwärmten in Kanus und Schlauchbooten, sogar auf improvisierten Flößen in die Straßen der Altstadt aus und blockierten die Rettungsdienste. Die Flotte der Voyeure zog sich erst zurück, als die Behörden drohten, die Boote zu beschlagnahmen. In Zukunft riskieren sie eine Strafe von 10 000 DM.

Verboten

In Deutschland, so heißt es, ist alles, was nicht ausdrücklich erlaubt ist, *verboten*. In Italien ist, wie man weiß, vorsichtshalber alles verboten, aber nicht für alle. Wer Beziehungen hat, kommt ungeschoren davon. Ein Verbot wird anscheinend erlassen, weil es Vergnügen bereitet, es zu umgehen. Ein Deutscher jedoch würde sich gedemütigt fühlen, wenn man ihm anböte, »in seinem Fall eine Ausnahme zu machen«, als ob er gesellschaftlich benachteiligt wäre und man ihm Mitleid und Erbarmen entgegenbringen müßte. Bei uns sind Kontrollen sporadisch und unzuverlässig, und anstatt den Schuldigen auszumachen, besteht ihr Zweck eher darin, den zu belohnen, der das Verbot, weil er arrogant oder privilegiert ist, nicht achtet.

Die Altstadt ist für den Individualverkehr gesperrt, und Fahrspuren für öffentliche Verkehrsmittel dienen dazu, daß jemand (also praktisch jeder) hineinfahren kann. Als ich einmal mit dem Zug von Mailand nach Rom fuhr, kam ich abends mit großer Verspätung an. Am Taxistand hatte sich eine Schlange von zweihundert Metern gebildet, also sprang ich auf den letzten Bus auf, der gerade abfuhr, aber ich hatte keine Fahrkarte und auch keine Möglichkeit, eine zu kaufen, denn die Kioske waren zu. Der Kontrolleur kam, sogar zwei. Niemand hatte eine Fahrkarte. Ich erklärte meine Gründe, woraufhin die beiden den vollbesetzten Bus räumen ließen und ich weiterfahren durfte. Vielleicht weil ich der einzige mit Jackett und Krawatte war. Nie habe ich mich so gedemütigt gefühlt. An jenem Abend entdeckte ich das Geheimnis der deutschen Psychologie.

Hier wird wenig kontrolliert, weil es nicht einmal den Schimmer eines Verdachtes gibt, daß jemand sich über ein Verbot hinwegsetzen könnte, grundlos, nur um des Vergnügens willen, es zu übertreten.

In den letzten Tagen der DDR bildeten meine Kollegin Vanna Vannuccini und ich ein perfektes Duo. Von Berlin aus zogen wir jeden Tag kreuz und quer durch das »rote« Deutschland. Wenn man die Hauptstadt verließ, passierte man die Grenze über zwei verschiedene Ausfahrten: Eine war für Transitfahrer, deren Ziel die ferne Bundesrepublik war; sie durften die Autobahn nicht verlassen und nur auf besonders ausgewiesenen Parkplätzen halten. Die andere war für Leute, die zu einem Ort innerhalb der DDR wollten.

Wer von uns am Lenkrad saß, steuerte gleich, ohne sich mit dem Beifahrer abzusprechen, auf die kürzere Schlange zu, und wir hatten auch schon die Antwort auf die Frage des Vopos parat: Ob wir nach Leipzig oder Nürnberg, Magdeburg oder Hannover, Schwerin oder Hamburg führen? Probleme gab es erst bei der Rückkehr, denn man mußte auf dem gleichen Weg zurückkommen, auf dem man herausgefahren war. Aber wer erinnerte sich in diesen bewegten Tagen schon daran? Die schrecklichen Vopos glaubten unseren absurden Erklärungen am Ende doch immer, weil es unwahrscheinlich war, daß wir aus nichtigem Anlaß logen.

Eines Tages fuhr Vanna mit einem Kollegen los, der gerade aus Paris gekommen war, und spielte das übliche Spielchen. Bei der Rückkehr schnappte der Gefährte, der kein Deutsch sprach, nur das Wort *Visum* auf, das er auf der Stelle aus der Tasche zog. Es war ein Visum, das er nicht haben durfte, wenn er auf der Transitstrecke fuhr. Der Vopo wurde blaß, wie mir Vanna erzählte, nahm die Hand vom Gurt und schob die Hand des Passagiers, der ihm das Visum reichte, sanft zurück: »Das habe ich nicht gesehen.« Er ließ sie weiterfahren. An diesem Tag begriffen wir, daß die DDR nicht mehr existierte.

Vampire mögen keinen Magenbitter

Die Nationaltugend Wahrheit ist in der Werbung gesetzlich geschützt. Ein Slogan muß beweisbar sein: »Wer Bier trinkt, wird hundert Jahre alt« ist zum Beispiel ein illegales Versprechen. Vor Jahren lancierte Fernet Branca zur Eroberung des deutschen Marktes, auf dem es mehr als genug in Deutschland hergestellte Magenbitter gibt, eine Werbekampagne, die sich als siegreich erwies: »Fernet Branca hilft gegen Vampire.« Um zu beweisen, daß das nicht stimmt, müßte Dracula vor Gericht zitiert werden.

Werbung und Kleinanzeigen sind eine Geheimwaffe, um in die Tiefe einer Volksseele zu blicken. Bei uns verherrlichen die Spots Schönheit, Eleganz und Exklusivität. In Deutschland versprechen sie, daß diese Küche hält, bis man in Rente geht, daß jenes Waschmittel weißer wäscht, aber auch ökologisch ist, und vor allem wäscht es schneller und spart deshalb Wasser und Energie. Haltbarkeit, Verläßlichkeit und Sparsamkeit sind die von deutschen Werbefachleuten am häufigsten verwendeten Worte. Man betreibt keine Effekthascherei, sondern achtet auf Solidität.

Man sagt, das Fernsehen habe den Anstoß zur friedlichen Revolution von 1989 gegeben. Die Ostdeutschen konnten ungestört Westkanäle sehen. Die Stasi, die Geheimpolizei, sorgte sich um Bettgeflüster, nicht aber um die Parabolantennen auf den Häusern von Weimar oder Leipzig (vielleicht weil auch die Geheimagenten dem Zauber von Dallas nicht widerstehen konnten). Die meistgesehenen Serien waren die Werbespots. Man ging davon aus, daß nicht gelogen wird, und machte zwischen Nachrichten, Fernsehfilm und Werbung keinen Unterschied.

Nach dem Fall der Mauer lebte ich drei Tage lang bei einer typischen Familie, Vater, Mutter, Sohn und Töchterchen, die in den Westen geflohen war. Der Vater, der bei Carl Zeiss Jena gearbeitet hatte, dem führenden Industrieunternehmen im gesamten Ostblock, war ein »Zauberer« im Bereich der elektrischen Haushaltsgeräte und hatte sofort bei Siemens Arbeit gefunden, in der Abteilung, die defekte Geräte mit Garantie untersucht. Ich fragte ihn, was ihn an dem neuen Leben am meisten störe.

»Wenn mein Chef zu mir sagt, daß ich einen Kühlschrank oder einen Fernseher mit ein paar Kratzern wegwerfen soll, weil die Reparatur mehr kostet, als die Geräte zu ersetzen. Dabei funktionieren sie doch ...« Das Konsumdenken, das ihn angezogen hatte, verletzte jetzt seine Würde als Arbeiter. Und seinem zehnjährigen Sohn wurde klar, daß er »wirklich im Westen« war, als er vor einem Geschäft mit Fernsehgeräten stand und merkte, daß ihn die Kamera im Schaufenster aufnahm und in alle Geräten »übertrug«, die zum Verkauf standen.

Die Enttäuschung nach der ersten Begeisterung hat die Konsumenten, die ehemaligen Untertanen im roten Paradies, mißtrauisch gemacht. In jedem Slogan sehen sie einen Betrug, und es müssen Werbekampagnen ersonnen werden, in denen die Mauer aufrecht erhalten bleibt, auch weil der Markt für einige Produkte interessant ist, für Autos zum Beispiel, die im Westen in einer Krise stecken, oder für Zigaretten, denn es ist nicht mehr in, sich damit wie Jean Gabin zur Schau zu stellen.

216

Nacktheit mögen sie nicht, sie verstehen nicht, was ein hübsches Mädchen mit einem Motor zu tun hat, und vor allem reagieren sie empfindlich auf Wortspiele. Sie fühlen sich auf den Arm genommen. Die in Italien nicht verbotene Reklame für eine Zigarettenmarke, die »Test the West« empfahl, mußte eiligst zurückgezogen werden. Das Werbeplakat zeigte eine Domina im schwarzen Ledermieder, mit Peitsche und Bleistiftabsätzen, die einen zufriedenen masochistischen Konsumenten verführte. Das war nicht nach ihrem Geschmack.

Die fetten Kühe der 80er Jahre haben das Verhalten der Westdeutschen (zum Teil) verändert. Europas Ameisen entdeckten die Laster der italienischen Zikaden, von Hamburg bis München entstanden Luxusboutiquen, ein ähnlicher Boom wie bei den Pornoshops nach der sexuellen Befreiung von 68. Luxus ist wie Sex als Sünde »abgeschafft«. Aber im einen wie im anderen Fall war die Veränderung oberflächlicher, als die Soziologen behaupteten, das Pornovideo führt zu Gewöhnungsimpotenz und durch die Vereinigungskrise war man gezwungen, den Gürtel (aus Krokodilleder) enger zu schnallen.

Man kehrte zu dem gesunden, sparsamen Konsumverhalten der guten alten Zeiten zurück. Zu Weihnachten wird in Deutschland auf jedem Dorf- und Stadtplatz ein *Weihnachtsmarkt* errichtet, genauso wie auf der Piazza Navona in Rom. Mundgeblasene Glaskugeln für den Baum und echte Bäume werden verkauft, Spielzeug aus Holz und Blech, das den Büchern meiner Kindheit entsprungen scheint (ich gebe ja zu, daß das eine oder andere *made in Hongkong* ist), Spieldosen, deren Melodien sich miteinander vermischen, *Stille Nacht, Jingle Bells, White Christmas*, genauso verschlingen sich die Düfte der Imbißbuden ineinander, Würstel aller Art, Bratkartoffeln mit Speck und Zwiebeln, Zuckerwatte und Kartoffelpuffer, wie man sie sonst nirgends findet. Eine scheußliche Mischung? Ich finde nicht. Kinder können Wurst und Karamel durchaus miteinander vereinbaren. Zu Weihnachten beweisen die Deutschen, daß sie die Geheimnisse der Kindheit nicht vergessen haben. Bei uns ist es ein Ritus des Konsums, hier hat das Fest seinen vertrauten familiären Rahmen behalten. Konsum findet zwar statt, aber nicht über eine bestimmte Grenze hinaus. Der Soziologe Scherhorn meint, nur 20 Prozent würden ihren gesellschaftlichen Status mit dem Konsum verbinden und sich von der Werbung verführen lassen.

In keinem Schaufenster liegen zu Ostern solche Tyrannosaurus-

Rex-Eier, wie sie in unseren Konditoreien verkauft werden. Die Schokoladeneier sind selten größer als gewöhnliche Hühnereier, und die Überraschungen sind symbolischer Art. Aber es gibt überall Eier, und sie werden Ihnen auch dort angeboten, wo Sie es am wenigsten erwarten würden. Ich meine echte Eier, die derjenige, der sie Ihnen schenkt, eigenhändig bemalt hat, raffiniert oder naiv, Art déco oder einfach bunt. Der Zeitungshändler überreicht sie Ihnen und die Stewardeß bei der Lufthansa, Sie finden sie im Hotelzimmer, und man serviert sie Ihnen nach dem Essen.

Tschechow und die Sandalen Kohls

Als Anton Tschechow 1904 Berlin besuchte, stellte er einen schrecklichen Mangel an Geschmack fest. Nirgendwo sonst ziehe man sich so geschmacklos an, und er habe keine einzige schöne Frau gesehen, und keine, die sich nicht irgendeinen unsinnigen Streifen aufgenäht hätte ... Aber in Berlin lebe man gut, das Essen sei schmackhaft, und nicht alles sei teuer, die Pferde seien satt, die Hunde auch, auf den Straßen herrsche Ordnung und Sauberkeit. Nur garnierten die Damen sich auf schreckliche Art und Weise, und die Männer genauso ...

Der Autor der *Drei Schwestern* ist offensichtlich erstaunt und empört.

Dieses Urteil muß sie frustriert haben, denn heute tun Männer und Frauen, aber mehr die Männer als die Frauen, alles, um es zu widerlegen. Die Italiener kennen sie nur auf Reisen, wenn sie in Shorts und Unterhemd oder mit nacktem Oberkörper unterwegs sind, die Füße in Sandalen, die außer ihnen niemand auf der Welt mehr tragen würde, und die halben Waden von Socken geziert.

Bei sich zu Hause würden sie sich das nie trauen. Nur die Sandalen, die auch der Kanzler mag, tragen sie.

Die Schuhfabrik eines kleinen Dorfes in der Nähe von Köln, die Kohls Schuhwerk beleidigend fand, lud ihn ein, um ihm ein Paar ihrer Kreation zu schenken. Liebenswürdig nahm er an. Ich verstand den Unterschied zwischen beanstandeten Sandalen und geschenkten Sandalen nicht. Aber ich bin kein Experte. Die Deutschen jedenfalls schwärmen für italienische Schuhe, während wir englisches Schuhwerk schätzen. Meine Frau behauptet, die Schuhe, die wir ihnen verkaufen, seien viel teurer als bei uns und würden »extra« hergestellt, mit eingedeutschten Änderungen, die es einer Italienerin unmöglich machen, sie zu kaufen.

Der Verkaufsleiter einer bekannten französischen Prêt-à-porter-Firma hingegen vertraute mir an, die Preise seien annehmbarer als in Paris, weil die Kleidung weniger akkurat verarbeitet und das eine oder andere Material nicht ganz so hochwertig sei: »Das merken die Deutschen sowieso nicht, sie achten nur auf den Preis«, meinte er mit deutlicher Verachtung. Aber ich finde, daß sie seit Tschechows Zeiten Fortschritte gemacht haben. Nur diese Streifen oder Borten lieben die Frauen und Fräuleins immer noch: Ein Stück aus schwarz-weißem Hahnentritt hat immer eine schwarze oder rote, wenn nicht gar violette Samtborte. Die Aufschläge eines grünen Jacketts sind gelb oder rot, und sogar Abendkleider sind mit goldenen und/oder silbernen Paillettenstreifen eingefaßt.

Aber auch die phantasievollste Dame wird noch vom provinziell-sten Fußballspieler übertrumpft. Es ist eine harte Prüfung, bei einem Spiel zuzuschauen. Die klassischen Streifen sind inzwischen prak-tisch überall verdrängt, außer von den klassischen Hemden von Mi-lan oder Inter. In Deutschland wurden sie kapriziösen Computern zur Aufbereitung überlassen, die sie zu einer Art vielfarbigem Mix-getränk zerschnipselt haben, in dem das Mannschaftsemblem im Zickzackmuster, mit Flecken und verwischten Farben erscheint. Auch das Trikot der Nationalmannschaft wurde nicht verschont. Was ist aus dem schlichten weißen Hemd mit schwarzer Hose gewor-den? Es ist von den Landesfarben Schwarz-Rot-Gold überschwemmt, aber diese sind wie ein mexikanischer Poncho oder eine elisabetha-nische Halskrause herausgeputzt und verwandeln die elf Meister in lauter sportlichen Flamenco tanzende Lola Montez.

Bevor Roman Herzog sich in den Reichstag begab, wo er zum siebenten Bundespräsidenten der deutschen Republik gewählt werden sollte, frühstückte er gemütlich in seinem Zimmer in einem der teu-ersten Berliner Hotels. Das Frühstück war reichlich, und etwas Honig tropfte auf seine gepunktete Krawatte. Er glaubte, eine andere Kra-watte anziehen zu müssen, aber seine Frau beruhigte ihn und meinte, sie versüße ihm doch die Angelegenheit. Herzog gehorchte.

Ein Bundespräsident, der sich nicht um einen Fleck auf der Kra-watte kümmert, nicht einmal dann, wenn er ein Rendezvous mit der Geschichte hat, müßte auf die Deutschen eigentlich beruhigend wirken, die immer so ängstlich darauf bedacht sind, daß alles in Ordnung scheint, und wenn es sich nur um Äußerlichkeiten handelt.

Deutschland hatte grüne Augen

Das große Deutschland ist mit eisigen grünen Augen geboren. Wie eine Nibelungengöttin zauberte die Sprinterin Katrin Krabbe ihre Gegnerinnen auf der Startlinie fest. Laut *Bildzeitung* war die Königin der Leichtathletik die einzige, die Ossis und Wessis vereinen konnte. Aber das währte nicht lang. Katrin Krabbe, die im Spätsommer 1990 in Split zum letzten Mal im blauen Trikot der DDR gelaufen war, wenige Wochen vor der Wiedervereinigung, wagte zu sagen, daß ihr Herz für die Flagge mit Hammer und Zirkel schlage, die jenseits der Mauer wehte, und daß ihre Heimat der Osten bleibe. Da wurde mit einemmal festgestellt, daß ihre Schnelligkeit ein Ergebnis marxistischer Manipulationen chemischer Natur war, und Katrin Krabbe wurde disqualifiziert, obgleich ihre Schuld nie völlig zweifelsfrei erwiesen wurde.

Mehr als die Pülverchen fürchteten die Kollegen aus dem Westen die Gefährdung ihrer Plätze in der Mannschaft. So waren die Meister gezwungen zu emigrieren, und dank der von uns engagierten Zauberin des Schlittens haben wir den Deutschen bei der letzten Olympiade die Goldmedaillen entrissen.

Von uns? Die Fernsehkommentatoren unterscheiden sorgfältig zwischen Italienern und Südtirolern, man muß aber wirklich sagen, daß sie uns gegenüber mehr als Sympathie zeigen. Begeistert applaudieren sie unseren Langstreckenläufern und den Ferraris (Berger ist Österreicher, nicht Deutscher) und erkennen die Überlegenheit von Juve, Inter, Milan oder Parma an, wenn sie zum Siegen kommen. Trapattoni ist für sie der beste, eben »deutsche« Trainer der Welt, und sie konnten ihn locken.

Die Sprecher haben nur ein Laster: Wenn sie über ein Turnier berichten, dann beginnen sie mit dem Ergebnis ihres Landes. Die deutschen Florettfechterinnen haben sich an vierter Stelle placiert, und man wartet eine halbe Stunde, bis man erfährt, wer denn nun gewonnen hat, und manchmal erfährt man es nie.

Eine läßliche Sünde. Die Deutschen sind übrigens nicht nur Mattscheibensportler. Sie schauen schon (mehr Tennis als Fußball), sind aber auch selbst aktiv. Die Wanderer marschieren vierzig Kilometer durch den Schwarzwald, womöglich auf Heideggers Spuren, um Schweiß und Philosophie miteinander zu verbinden, und fahren wie die Wilden Rad. Die Radler sind wirklich eine Plage, die letzten Erben der deutschen Ritter: Leidenschaftlich stürzen sie sich in die Fußgängerzonen, wobei sie den Passanten ausweichen wie Tomba den Slalomstecken, und zerschmettern trotzig an Autos, nur um nicht auf ihre Vorfahrt verzichten zu müssen.

Es ist die einzige »sportliche« Überheblichkeit, die ich an den Deutschen feststellen kann. Während wir immer verkünden, die besten Fußballer der Welt zu sein, und von einem zweiten Platz enttäuscht sind, sind sie dankbar für das, was kommt, und erkennen die Überlegenheit des jeweiligen Gegners an. Kaiser Franz (Beckenbauer ist übrigens einer der wenigen Namen, die unsere Reporter korrekt aussprechen können) hat eine Autobiographie mit dem lapidaren Titel *Ich* geschrieben, der bayerische Selbstironie verrät.

Als Exlibero ist er allergisch gegen Torwarte. Schumacher und Uli Stein haben ihm mit ihren Erinnerungen, in denen sie von Doping (in den Clubs) und wilden Nächten der Nationalmannschaft berichten, einigen Kummer bereitet. Der Kaiser ist ein Charmeur und Gentleman: man tut's, aber man spricht nicht darüber.

Wir glauben immer, die Deutschen würden, vom Himmel gesponsert, stets mit der Aufschrift *Gott mit uns* in Schlachtfelder und Fußballplätze einmarschieren. Verglichen mit der amerikanischen Feststellung *In God we trust* verrät dieses *Gott mit uns* jedoch einen tiefen Zweifel, als würde der liebe Gott erst durch den grünen Dollar Rechtskraft erlangen. *Gott mit uns* ist mehr eine flehende Bitte als eine Aussage.

Man erkennt bereitwillig an, wenn der liebe Gott zu unseren Gunsten pfeift. Das überraschende 3:2 bei der Weltmeisterschaft von 1954 (wir wurden damals von den Schweizer Hausherren besiegt) gegen den Favoriten Ungarn ist ein historischer Moment der Wiedergeburt Deutschlands. Wie Bartalis Sieg bei der Tour de France Italien angeblich vor dem Bürgerkrieg rettete, so gab dieses dritte Tor, das Helmut Rahn geschossen hatte, den niedergeschlagenen Deutschen ihr Vertrauen zurück. Es ist vierzig Jahre später noch nicht vergessen, Fassbinder gedenkt des schicksalhaften Augenblicks in seinem Film *Die Ehe der Maria Braun*, und alle geben zu, daß eigentlich Puskas' Wunderteam den Sieg verdient hätte. Welcher Engländer, und

wir halten die Engländer für Meister des Fair play, hat jemals zugegeben, daß die Deutschen 1966 wegen eines Tores nicht Weltmeister wurden, das nur der russische Schiedsrichter gesehen hatte?
Ach, dieser Ball auf der Linie ... Gott hat's gegeben und Gott hat's
genommen, sagte Luther, und Franz sagt das auch, denn *der Ball ist
rund*; für dieses Sprichwort nimmt man das Copyright genauso in
Anspruch wie für das Wiener Schnitzel.

Doktor, Doktor ... Strafstoß

Ich kann mich nicht an seinen Namen erinnern, aber vor Jahren
spielte ein Torwart mit richtigem Doktortitel in der Bundesliga. Und
der Fernsehkommentator vergaß das auch nicht: »Ah, Doktor Maier
wehrt einen Eckball ab!« Und wenn Maier, der nicht Maier hieß,
der Ball entfuhr und ins Netz ging, hieß es: »Ah, Doktor Maier, so
nicht, so nicht, Doktor ...« Nur ich als Ausländer fand das etwas ei-
genartig. Ein Doktor ist immer ein Doktor, was er auch tut. Doktor
Jack the Ripper, oder sogar Doktor Doktor, wenn er zweimal promoviert hat. Wir Italiener sind alle Doktoren, die Deutschen weniger, aber dafür intensiver. Ihr Titel entspricht nicht dem unseren, es
ist ein Mittelding zwischen italienischem Doktortitel und Dozentur,
und die Doktorarbeiten, die veröffentlicht werden müssen, sind wirklich eine Forschungsarbeit. Die Universitäten verleihen jährlich nicht
mehr als 17 000 der ersehnten Titel.

Ich bin auch Doktor, ein Doktor der Rechtswissenschaften, aber
weil das nichts mit dem Beruf zu tun hat, den ich ausübe, vergesse
ich es. Das ist gar nicht gut. Man würde mich besser behandeln, aber
ich geniere mich und finde es auch ein bißchen lächerlich.

Meine Wohnung in Hamburg war von meiner Zeitung gemietet,
und verschiedene Korrespondenten wohnten darin. Der erste war
Reiter, hatte einen Schnurrbart und war ein Doktor Doktor. Der
zweite war klein und glatzköpfig, hatte eine Brille und sah aus wie
ein Professor. Der Hausherr, der im Stockwerk darunter wohnte, ge-
stand ihm nur einen Doktor zu. Ich lief in Jeans und Pullover herum
und war nur ein Herr, verbunden mit einem jedesmal neuen Laut,
von dem ich annahm, daß es sich um meinen Nachnamen handelte.
Bis ich in Urlaub ging und ihm meinen Schlüssel für den Briefkasten
anvertraute. So entdeckte er meinen Titel. Betrübt empfing er mich

mit den Worten: »Herr Doktor, warum haben Sie mir nie gesagt, daß Sie ein Doktor sind, Herr Doktor?« und sprach meinen Namen perfekt aus.

Bei uns braucht man nur mit einer Krawatte herumzustolzieren, um an den Titel zu kommen. Die Deutschen nehmen das viel ernster: Wenn sie den Titel nicht mit dem Studium erlangt haben, versuchen sie ihn zu kaufen und gehen dabei Schwindlern auf den Leim. Ein Doktor der Bibelwissenschaften kostet 199 DM, für einen etwas ernsthafteren der Universität Quito in Peru muß man 40 000 DM hinlegen, und der von einer Universität in Florida verliehene Titel, der auch in Deutschland gilt, kommt auf 70 000 DM. Doktor Miami Vice.

Die Deutschen sind pünktlich

Ich warte im Bonner Bahnhof auf den Intercity »Bertha von Suttner«, mit dem ich in Frankfurt direkt unter dem Flughafen ankomme. Es ist eisig kalt, was für Januar auch normal ist. Nicht normal ist jedoch die Ansage, die jetzt aus dem Lautsprecher zu hören ist: »Der Intercity »Wolfgang Mozart« von Dortmund nach München hat fünf Minuten Verspätung.«

Ein paar Minuten vergehen, und Mozart ist immer noch nicht da. »Auch der Intercity ›Richard Wagner‹, der von Bremen kommt und nach Stuttgart fährt, hat eine Verspätung ...« Kurze Pause. »... von sieben Minuten«, verkündet der Lautsprecher. »Mozart« kommt, und »Wagner« müßte ihm auf den Fersen folgen. Wieder krächzt der Lautsprecher. Aber nein, die Lautsprecher in deutschen Bahnhöfen krächzen nicht, sie raunen. »Der Intercity ›von Ludendorff‹ hat fünfzehn Minuten Verspätung.« Die Ankündigung ist kurz und bündig. Die Stimme klingt angespannt, aber das bilde ich mir vielleicht ein. Während ich mich zu erinnern versuche, weswegen »Ludendorff« einen nach ihm benannten Intercity verdient haben soll, ertönt wieder die Stimme, panisch jetzt: »Der Intercity ›Wiener Blut‹ hat zwanzig Minuten Verspätung.« Eine Reihe von Kommandos folgt, wie auf einem Flugzeugträger, der einen Angriff japanischer Kamikazeflieger erwartet: Wer auf »Wagner« warte, möge sich vom zweiten zum dritten Gleis begeben, wer auf »Ludendorff« hofft, der verliere nicht den Mut, suche sich in Koblenz aber einen anderen Anschluß,

»Ernst Moritz« ist schon weg, nehmen Sie »Franz Schubert« bis Mainz und steigen Sie dort in »Gebrüder Grimm« … »Wiener Blut« wird Sie auf jeden Fall rechtzeitig zum Rendezvous mit »Heinrich Heine« nach Frankfurt bringen, und von dort geht es nach Basel. Er hat nämlich auch Verspätung. Es folgen lauter Namen und Zeitangaben, ein Gewirr von Anschlüssen. Für einen Intercity gelten Nobelpreiskriterien: Siegreich sind die ernsthaften Autoren. Wenn man sich in einem deutschen Bahnhof zurechtfinden will, braucht man weniger einen Fahrplan, als eine Anthologie, musikalische Bildung und eine schnelle Reaktion.

Wieder eine Ankündigung. Betrifft sie die berühmte Pazifistin Frau von Suttner? Nein, jetzt klingt die Stimme leicht boshaft: »Der Intercity ›Friedrich Schiller‹ nach Frankfurt und Nürnberg hat zweiundzwanzig Minuten Verspätung …« Pause. »Aber er war schon an der holländischen Grenze vierundzwanzig Minuten zu spät.« Schiller kommt aus Amsterdam. Die Ehre ist gerettet, das verschneite Deutschland hat 120 Sekunden aufgeholt. Ich werde zu spät am Frankfurter Flughafen ankommen.

Zum Glück habe ich keine Koffer, aber wenn ich welche hätte, könnte ich sie auf einen Wagen packen, der am Bahnsteig auf mich wartet, und, von Rolltreppe zu Rolltreppe, vom Tiefparterre bis in die Abfahrtshalle und zum Check-in gelangen.

Deutschland und Italien sind so verschieden, wie die Gepäckwagen im Flughafen von Rom und die im Frankfurter Flughafen oder jedem anderen deutschen oder italienischen Flughafen verschieden sind. Die Wagen der Ewigen Stadt sind natürlich golden, und die deutschen sind »nur« aus Stahl, und sie sind so verschieden wie ein italienischer Kleinwagen und ein Mercedes alten Stils. Die Räder unserer Wagen klemmen, sie weigern sich, geradeaus zu fahren, und sind für Rolltreppen natürlich nicht geeignet. Die soliden rechteckigen deutschen Wagen fahren vorwärts, sie sind, wie im Dreißigjährigen Krieg der Karren von Mutter Courage, dafür da, einen Dienst zu tun, und nicht fürs Vergnügen. Man kommt mit dem Zug unter dem Flughafen an und schiebt den Wagen drei Stockwerke nach oben bis zum Check-in. Diese Idee scheint mir weder genial noch besonders kostspielig, aber warum ist denn bei uns kein Designer darauf gekommen? Oder ist ein Gepäckwagen komplizierter als ein Ferrari?

»Ihr Flug ist bereits abgefertigt«, erfahre ich von dem Mann hinter dem Schalter. Das ist in jedem Flughafen ein Todesurteil.

»Ich komme aus Bonn«, erwidere ich. Er zuckt die Schultern, denn auch die Deutschen haben gelernt, mit dem Körper zu sprechen, aber sie gebrauchen ihre Hände noch wie jemand, der eine Fremdsprache im Labor gelernt hat.

»Wissen Sie, daß Bertha von Suttner fünfundzwanzig Minuten Verspätung hatte?«

Der uniformierte Mann schweigt, kommt hinter dem Schalter hervor, nimmt mich am Arm und zieht mich zum Ausgang, er ruft einen Bus allein für mich herbei, krächzt in ein Telefon, er krächzt, er raunt nicht, das Flugzeug wartet auf mich.

»Weil er kein Gepäck hat«, lügt er. Nein, es ist Berthas Verdienst.

Als ich in meiner Zeitung schrieb, daß die deutschen Züge auch Verspätung haben »können«, fragte mich ein deutscher Leser, der in Italien lebte, gekränkt, wie ich es wagen könne, die Bundesbahn zu kritisieren, wo doch die italienischen Züge »nie« pünktlich seien. Er übertrieb, und ich versuchte, es ihm zu erklären: Es stört mich nicht, daß die Züge in Deutschland nicht mehr so pünktlich sind. Es beruhigt mich.

Die Deutschen sind nicht mehr pünktlich, aber von den anderen erwarten sie es schon. Im Juni 1972 verkündeten die Baader-Meinhof-Terroristen, nach denen im ganzen Land gefahndet wurde, sie würden im Zentrum von Stuttgart drei mit Dynamit beladene Autos hochgehen lassen. Punkt zwölf. Ich fuhr nach Stuttgart. Man hatte die Autos, nach denen tagelang fieberhaft gesucht worden war, nicht gefunden. Ich ließ mich an einem strategisch günstigen Platz nieder: in der Bar des Hotel Zeppelin am Bahnhofsplatz, der damals eine einzige Baustelle für die U-Bahn war. Unter uns war der Verkehr wie immer, und die Bürgersteige waren voller Menschen. Etwa zehn Minuten vor zwölf begannen sie sich zu leeren. Um fünf vor zwölf saßen wir noch zu viert in der Bar: ich, zwei Kollegen und der Barkeeper aus Neapel. Alles skeptische Italiener. Der Platz unter uns lag vollkommen verlassen da.

Wir warteten auf die Explosion, die nicht stattfand. Zehn Minuten nach zwölf kehrten alle an ihre Plätze zurück, und die Menschen bevölkerten Straßen und Geschäfte. Niemandem kam in den Sinn, daß die Leute von Baader-Meinhof bewußt lügen würden, was die Uhrzeit anbelangte. Sie waren teuflische Terroristen, aber immerhin deutsche Terroristen. Also pünktlich.

Unter dem Galgen oder: am Galgen lachen

Die Deutschen haben keinen Sinn für Humor. Noch so ein Gemeinplatz. Sie haben Humor, er ist nur anders als der unsere. Auf beiden Seiten gibt es oft gefährliche Mißverständnisse. Ich habe gelernt, mich zu bremsen, und zwar sofort, denn ich merkte, daß sie meine unsinnigen Bemerkungen wörtlich nahmen: Es gibt keine bessere Möglichkeit, als verrückt oder minderbemittelt oder als beides zu gelten.

»Wo kommen Sie her?« werde ich dann gefragt.

»Ich bin Sizilianer.«

»Und Sie sind nicht von der Mafia?« Sie finden den Witz gut, ich nicht.

»Ich habe mich beworben, wurde aber abgewiesen«, antwortete ich einmal, und sie schauten mich scheel an. Vielleicht dachten sie wirklich, die Mafia sei eine Art sizilianischer Rotary Club und ich könne nicht einmal die Bedingungen erfüllen, um in den Club aufgenommen zu werden.

Auch ein Freund, ein Literaturagent, stellte mir diese Frage, und diesmal gab ich eine andere Antwort. »Einem sizilianischen Gentleman stellt man diese Frage nicht«, erklärte ich ihm lächelnd. Das erzählt er seit Jahren allen seinen Kunden, die sich darüber kaputtlachen. Aber er zählt nicht, er ist kein Deutscher. Er kommt aus Österreich.

Die Engländer haben *black humour*. Die Deutschen haben schwarzen Humor, der auch schwarz, aber anders ist. Er hat einen Hang zum Makabren, er gerät sogar mitten hinein und wird zum Galgenhumor. Es ist der Witz, den man am Galgen macht. Die Nazis hatten über den Eingang zum KZ Auschwitz geschrieben: *Arbeit macht frei*, aber sie verdienen es nicht, als humorvoll bezeichnet zu werden. Galgenhumor bezieht sich auf den eigenen Galgen, nicht auf den der anderen.

In Paris wohnte ich nicht weit vom Cimetière Montmartre, und manchmal besuchte ich das Grab meines Lieblingsdichters Heinrich Heine. Es ist ein einfaches Grab. Ich war nicht der einzige, denn immer lagen Blumen auf seinem Grabstein, in den eines seiner Gedichte eingraviert war: »Wo werde ich einst begraben sein? Vor den Pyramiden unter Wüstensand …, unter dem ewigen Schnee der Alpen, am Ufer des Meeres …« (ich zitiere aus dem Gedächtnis). Ein

Freund, den ich auf meinen Pilgergang mitgenommen hatte, ließ sich die Zeilen übersetzen und brach in Lachen aus: »Da hat er allerdings falsch geraten!« Ich erklärte ihm, daß mein Heinrich sehr humorvoll war. Seit Jahren war er krank ans Bett gefesselt, und als er das Gedicht schrieb, wußte er genau, wohin es ihn verschlagen würde.

Aber was Goethe betrifft, da bin ich mir nicht so sicher. Der Autor des *Faust* schenkte seinem kleinen Sohn eine Miniaturguillotine. Warum? Vielleicht ergötzte er sich daran, mit dem Spielzeug kleine Soldaten zu enthaupten, während Europa dem napoleonischen Fieber zur Beute fiel, so wie heutige Eltern sich mit der elektrischen Eisenbahn und den Videospielen ihrer Sprößlinge vergnügen. Wollte er seinen Sohn erziehen oder machte er sich über die Französische Revolution lustig?

Der Ungar George Mikes ist der Meinung, die Engländer hätten den Mut, unlogisch zu sein, unlogisch wie das Leben, unlogisch wie Gott. Ihr Mangel an Humor habe die Deutschen dazu geführt, zwei Kriege zu führen. In den Tausenden von Seiten, die Thomas Mann geschrieben habe, finde sich nicht eine Zeile, die in anderen Ländern als witzig gelten könne. Er irrt, auch wenn Thomas Mann einen ganz und gar anderen Sinn für Humor hat als Molnár. Seine Tagebücher zum Beispiel stecken voll von schwarzem Humor, man muß sich nur die Mühe machen, sie zu lesen.

Im Exil in Pacific Palisades arbeitet er, während der Krieg weitergeht, am *Doktor Faustus*, schreibt aber auch genauestens alle Ereignisse, auch die kleinsten Details, auf: Artikel, die ihn interessieren, Tischgespräche, Schwierigkeiten des Romans. Und dann, hineingeschoben zwischen Friseurbesuch, Spaziergang am Pazifik mit dem Hündchen und beharrlich genaue Anmerkungen über seine Darmfunktionen, erscheinen plötzlich die Worte: Dresden bombardiert, Tausende von Toten.

Unsensibel, heißt es, die eisige Distanz des Genies. Aber Thomas Mann blufft gleich zweimal. Das heißt, er warnt uns, daß er blufft, und er blufft tatsächlich. Als Nobelpreisträger weiß er ganz genau, daß diese seine Tagebücher veröffentlicht werden, und doch tut er so, als sei das Gegenteil der Fall, als handle es sich um Anmerkungen über seine Arbeit, die nicht für die Veröffentlichung bestimmt sind.

Diese eigentlich sehr persönlichen Aufzeichnungen oder die Banalitäten über den Hund oder die Frische der Austern dienen als Alibi, um harten, erbarmungslosen Urteilen über diese oder jene Person die Kraft der Wahrheit zu verleihen; Mann möchte, daß sie bekannt werden, verbirgt sie aber hinter seinen privaten Bemerkungen. Durch die Bomben der Alliierten und die Atombombe auf Nagasaki gewinnen sie einen ganz besonderen Ton der Wahrheit.

Leser oder Glücksspieler

Unsere Zeitungen sind fernsehbesessen. In manchen Redaktionen, höre ich, wartet man die Abendnachrichten ab, um dann die Titelseite zu gestalten. Die wichtigste Meldung vom Fernsehschirm muß am nächsten Morgen in den Tageszeitungen an erster Stelle erscheinen, die auf diese Weise bis zum Abend auf ein Ereignis des vorherigen Tages festgenagelt sind.

Schon vor einem Vierteljahrhundert war immer ein Journalist der Springer-Gruppe damit beauftragt, die Nachrichten auf Video aufzunehmen. Wurde eine Meldung besonders hervorgehoben, verwarf man sie nach Möglichkeit, es sei denn, sie bot überraschende Details, die ihrem Sinn eine andere Wendung gaben oder ihre Bedeutung erhöhten. »Schau mal an«, meinten meine italienischen Kollegen dazu, als ich ihnen davon erzählte, »die haben ganz recht.« Und schalten weiterhin den Fernseher ein.

Eine andere fixe Idee meiner Zunft ist die populäre Zeitung, und als Beispiel wird immer die *Bildzeitung* angeführt, die entweder gepriesen oder verteufelt wird, manch einer kommt vielleicht auch auf Heinrich Böll und seine *Verlorene Ehre der Katharina Blum* zu sprechen. Ob man sie mag oder nicht, *Bild* gehört zu den am besten aufgemachten Zeitungen, und populär bedeutet in Deutschland etwas anderes als bei uns, denn die Titelseite bringt zwar ein Photo des Sternchens, das gerade am Himmel steht (häufig eine Italienerin), aber auch die Börsenkurse, den Klatsch über die Stars, aber eben nicht nur: In wenigen Zeilen werden die kompliziertesten Probleme aus Politik und Wirtschaft dargelegt. Um sich verständlich zu machen, muß man auch den Mut haben, Position zu beziehen.

Man kann keine Meldung bringen, ohne sie zu manipulieren, und schon zu Beginn meiner Laufbahn predigte mir mein damaliger Chef unermüdlich, man müsse eine Meinung deutlich machen, ohne auf ein einziges Adjektiv zurückzugreifen, mit der simplen, schroffen

Montage von Tatsachen. Eine unerreichte Meisterleistung bot *Bild* meiner Ansicht nach während des Wahlkampfes im Herbst 1972. Auf der Titelseite brachte das Blatt einen achtspaltigen Artikel, wenig mehr als zwanzig Zeilen, über eine Banalität aus Amerika: Was der Liebe zwischen Ehegatten am meisten schade, sei Geldmangel, behauptete ein Psychologe. Darunter ein ebenso kurzer Absatz über die Lebenshaltungskosten: Kartoffeln sind um 25 Prozent teurer geworden, Zwiebeln um 32 Prozent, Brot um 15 Prozent (ich zitiere aus dem Gedächtnis). Weiter unten, noch knapper, die Zusammenfassung einer Rede von Franz Josef Strauß: Wenn in Deutschland die Preise steigen, dann sind die Sozialdemokraten daran schuld. Es stand zwar nicht geschrieben, aber die Botschaft, die zu den deutschen Hausfrauen und ihren Ehemännern gelangte, war folgende: Wenn es in der Liebe nicht klappt, liegt die Schuld bei Willy Brandt.

Bild verkauft 4,5 Millionen Exemplare und wird von zehn Millionen Deutschen gelesen, auch von Wählern jener Partei, die einst Brandts Partei war; die sogenannten »seriösen« Zeitungen haben eine kleinere Auflage als unsere größten Zeitungen. *Die Welt*, ebenfalls aus Springers Stall, schafft knapp über 200 000 Stück, und die *Frankfurter Allgemeine* oder *die Süddeutsche Zeitung* kommen nie über 700 000, und sie klagen nicht.

Sie verzichten auf die allerletzten Meldungen aus Fernsehen und Radio, und behandeln dann, auch mit zwei Tagen Verspätung, ein Thema dafür eingehend, manchmal über eine ganze Seite. Der Leser entscheidet selbst, ob er den Artikel überspringen oder lesen will, aber wenn er ihn liest, wird er gründlich informiert. Nachrichten über Verbrechen oder Sportmeldungen sind sehr kurz gefaßt, nur *Bild* widmet diesen Themen Seite um Seite und ist in der Tat die einzige Tageszeitung, die auch Sportzeitung ist, wir dagegen haben drei. Dies erklärt auch ihre Millionenauflage, dazu kommt natürlich, daß sie sehr preisgünstig ist (sie kostet ein Drittel ihrer seriösen Schwestern) und man sie überall kaufen kann, in der Bar, an der Tankstelle und am Zeitungsautomaten der Bushaltestelle.

Keinem Herausgeber einer Tageszeitung würde es in den Sinn kommen, den Verkauf mit Skandalmeldungen oder mit reißerischen Überschriften zu steigern oder die Kessler-Zwillinge um ihre Meinung hinsichtlich der Börsenentwicklung zu fragen, obwohl ich den Verdacht habe, daß die Schwestern mehr von Ökonomie verstehen als so manche unserer ausgebildeten Kommentatoren.

Ich fragte Joachim Fest, damals einer der sechs Herausgeber der *Frankfurter Allgemeinen* (sie gehört zu einer Stiftung und ist daher weltweit ein Unikum), ob er nie daran gedacht habe, einen Preis zur Verkaufssteigerung auszuschreiben, wie es bei uns einige Zeitungen machen.

»Ich will Leser, keine Glücksspieler«, antwortete er.

Das Gericht verbot *Bild* wegen unlauteren Wettbewerbs, mit Bingo-Methoden den Absatz zu steigern. Ein starker Verlag könnte einen bescheideneren und fähigeren Konkurrenten an die Wand drücken, indem er Champagner und Kaviar anbietet. Auch die Prämien für ein Abonnement sind bescheiden.

Fahrräder und Kassettenrecorder, Wecker und Uhren gehen nur an denjenigen, der einen neuen Abonnenten wirbt, und nicht an den, der das Abonnement unterschreibt. Es ist durchaus möglich, den Absatz zu steigern, ohne den Bogen zu weit zu spannen. Sogar die Werbefachleute kümmern sich um die Zahl, aber auch um die Art der Leser.

Eine Zeitschrift wie *Der Spiegel* ist Teil der Geschichte der Bundesrepublik und hat zum Erfolg oder Mißerfolg so manchen Politikers beigetragen.

Die Leser schenken der Zeitung, die sie informiert, Vertrauen, und vergessen es ihr nicht, wenn sie einen Fehler macht. *Stern* verlor wegen der falschen Hitler-Tagebücher eine halbe Million Leser und konnte diesen Verlust auch nicht wieder ganz aufholen. Doch ein Journalist genießt kein übermäßig hohes gesellschaftliches Ansehen, jedenfalls nicht in dem Maße wie bei uns. Er gilt als Handwerker, von dem sorgfältige Arbeit erwartet wird. Zuverlässigkeit und Professionalität werden vorausgesetzt. Ein Fehler ist die Ausnahme, Unaufrichtigkeit eine Todsünde.

Trotz des Rufes, der *Bild* vorauseilt, verletzen die Zeitungen die Privatsphäre der Politiker für gewöhnlich nicht. Beate Wedekind, die Herausgeberin der *Bunten*, soll ihren Posten wegen Indiskretionen über Helmut Kohl verloren haben, aber das ist eine Ausnahme, sowohl was den Klatsch als auch was die Reaktion des Opfers angeht.

Günther Wille, einst hervorragender, energischer Chef von Springer, hat vielleicht dazu beigetragen, daß *Bild* den Ton etwas dämpfte, nachdem er selbst einmal Gegenstand einer makabren Indiskretion geworden war. Zu Weihnachten verkündete die Münchner *Abend-*

zeitung, Wille habe nur noch einen Monat zu leben. Im darauffolgenden Juni traf er sich, von der Krankheit mager geworden, aber scheinbar ganz vital, mit einigen Journalisten zum Essen und lachte über sich selbst: Es war ihm gelungen, dem Konkurrenten eins auszuwischen. Im Herbst starb er.

Pessimisten

»Helfen Sie mir, Herr Derrick!« schluchzt in einer Folge der zwanzigjährigen deutschen Serie ein Student ins Telefon, und Derrick rettet den jungen Mann natürlich, der sich in Autoschiebereien nach Osteuropa hatte verwickeln lassen.

Im vereinigten Deutschland scheint nur Derrick Wunder vollbringen zu können. Aber auch er, Horst Tappert, der siebzigjährige Schauspieler, der als verständnisvoller Münchner Polizist in 104 Ländern berühmt wurde, ist müde.

Sobald es gehe, wolle er in seinem Haus am Gardasee leben. Deutschland werde immer weniger menschlich, und er sei pessimistisch, was die Zukunft betrifft, erklärte er. Tappert stellt auch fest, daß seine Landsleute sich verändert hätten: sie seien reizbar, unkorrekt und faul geworden. Die legendären deutschen Tugenden seien verschwunden, es kämen neue Fehler oder die alten verschärft zum Vorschein: Unduldsamkeit und Arroganz.

Derrick findet Italien mit seinen Schmiergeldaffären also besser als Helmut Kohls Bundesrepublik? Das findet manch einer zum Lachen. Aber nicht in Deutschland. Immer mehr Deutsche (20 Prozent, um genau zu sein) äußern als Wunsch fürs Neue Jahr, auswandern zu können. Tatsächlich gehen jährlich 100 000 fort. Vor dem Fall der Mauer waren es knapp 60 000. Bevorzugtes Ziel, noch vor Frankreich, ist Spanien und ausgerechnet Italien.

Ein Soziologe würde Derrick vielleicht nie zitieren, aber mit dem Kriminalkommissar einverstanden ist sein Landsmann Patrick Süskind, mit seinem *Parfum* der erfolgreichste Autor der letzten zwanzig Jahre, der es vorzieht, in Paris in einer (eleganten) Dachwohnung zu leben: Seine kleine, sichere, tröstliche Bundesrepublik werde nicht mehr dieselbe sein wie vorher, hatte er im Wiedervereinigungsjubel geahnt.

Ganz besondere Beziehungen

Die bilateralen Beziehungen zwischen Italien und Deutschland sind, was die Geschlechter betrifft, einfach und trügerisch – aufgrund eines Mißverständnisses. Sie spielen sich in dem Niemandsland der sommerlichen Strände ab, vor allem auf dem Abschnitt zwischen Chioggia und den Marken, dem Teutonengrill. Das ist nicht Deutschland und nicht Italien. Eine Strandlinie, die von einem einfallenden Heer besetzt wird, dessen Ankunft man Jahr um Jahr mit ökonomischem und erotischem Bangen erwartet und das keinen Drang verspürt, über diesen Brückenkopf hinaus vorzurücken.

Der Teutonengrill ist, was den Sex angeht, ein Dünkirchen, es ist schwierig, Sieger und Besiegte als solche auszumachen. Es ist sogar unmöglich. Ein jeder betrachtet sich zu Recht als Triumphator. Abgesehen von den wenigen an beiden Fronten, die sich überhaupt kein Gefecht geliefert haben. Das Mißverständnis ist also programmiert.

Die Italiener, die die Strände besetzen, betrachten die deutschen Frauen als leichte Beute und verstehen nicht, daß eigentlich sie das gejagte Wild sind. In den Augen der Touristinnen aus dem Norden sind die Eingeborenen der Halbinsel aufdringliche, eingebildete Playboys, halt Pappagalli (das ist auch so ein Wort, das in die deutsche Sprache Eingang gefunden hat, wie »ciao«, »Libero«, »Catenaccio«, »Cappuccino« und ein paar andere). Das mag wohl stimmen, doch für den Rest des Jahres sieht in der jeweiligen Heimat, auch an der verlassenen Adria, die alltägliche Wahrheit anders aus.

Das Urteil über die *latin lovers*, sie seien ganz Feuer und Leidenschaft, scheinen die Italienerinnen nicht zu teilen, die sie die restlichen elf Monate ertragen müssen. Und wenn die deutschen Frauen wieder daheim sind, sind sie ganz anders, sie weisen jede Annäherung eventueller Pappagalli kalt ab, die sich zu einem winterlichen Auswärtsspiel im Norden haben hinreißen lassen.

Vor vielen Jahren erregte die erste Sex-live-Show Aufsehen, im *Salambô*, dem legendären Lokal an der Großen Freiheit, der zügellosesten Straße von St. Pauli, das der Franzose René Durand führte. Das deutsche Gesetz verbietet den Sexualakt auf der Bühne, aber im Klima nach 68 drückten die hanseatischen Behörden ein Auge zu. Die Presse berichtete darüber, was Johnny der Ire und seine Partnerin und Landsmännin boten. Ich sollte darüber schreiben.

An dem Abend, als ich ins *Salambô* ging, wurde nichts aus der

Nummer. Johnny hatte eine Krise. Besser gesagt hatte Peppino, der Kalabrese, der mit einer blondgelockten Perücke auftrat, eine Krise, aber nicht, weil er sich übernommen hatte, obwohl er die Nummer fünfmal täglich machte, wie er mir versicherte. Ich sprach hinter den Kulissen mit ihm, und er zwang mich zu einer improvisierten psychoanalytischen Sitzung. Das Mädchen weigerte sich aufzutreten, seit sie festgestellt hatte, daß ihr Partner sich verliebt hatte: mit Johnny ja, nicht aber mit Peppino. *Professional is professional*, aber wie sagt man das auf kalabresisch?

Als Facharbeiter war er nach Deutschland gekommen, hatte aber dank seines Durchhaltevermögens und seiner Gabe, im rechten Augenblick das Richtige zu tun, bald diese andere Spezialisierung entdeckt. Peppino hielt sich noch ein anderes Mädchen, das den typischen Beruf von St. Pauli ausübte. »Ich wollte sie überreden, die Nummer mit mir auf der Bühne zu machen, aber sie weigerte sich«, sagte er mir. Diese schüchternen Anwandlungen einer »Professionellen« konnte er überhaupt nicht verstehen: warum an jedem beliebigen Ort, nicht aber auf den ruhmvollen Brettern einer Bühne? Die dritte Frau, Peppinos eigentliche Verlobte, war in ihrem Dorf am Tyrrhenischen Meer geblieben und wartete treu auf ihn. Aber wir sollten ihn nicht verurteilen. Er benahm sich wie Luigi Pirandello, der, nach Bonn an die Universität gekommen, sich von der blonden Tochter des Hotelbesitzers hätscheln ließ; sie brachte ihm fünfmal täglich etwas zu essen und versüßte ihm das Exil. Aber der undankbare Mensch schrieb jammernd nach Hause, es fehle ihm die Sonne, genau wie ein Gastarbeiter. Er verließ Bonn, kehrte nach Agrigent zurück und heiratete seine Verlobte, mit der er für den Rest des Lebens unglücklich war. Hätte er den Assistentenposten in Bonn angenommen und die blonde Rheinländerin geheiratet, dann wäre er wahrscheinlich dick und rund geworden und hätte statt seiner eisigen Dramen womöglich Liebesromane geschrieben.

Ich sah Johnny nicht wieder und weiß nicht, wie er seine Liebesschizophrenie gelöst hat (mein Artikel diente als Vorlage zu einem Film, ohne daß man sich bei mir bedankt hätte), aber seine und Pirandellos Probleme sind unter den Italienern weit verbreitet, die sich in Gefühlsdingen in Deutschland nicht zurechtfinden. Seit Johnnys Debüt haben sich die Zeiten geändert, und seit es Computersex gibt, tun sich die Sexshows schwer, aber die Probleme bleiben.

Wie soll man jemandem klarmachen, daß sich zu der scheinbaren

Freizügigkeit in Vierteln wie St. Pauli die Moralvorstellungen der ganzen übrigen Stadt gesellen? Daß der Sex in ein Ghetto verbannt wird, in dem alles erlaubt ist, weil jenseits der Straße oder des Platzes alles verboten ist? Daß man Gefahr läuft, festgenommen zu werden, wenn man eine Passantin belästigt, die vielleicht gerade ihren Auftritt in einem Lokal wie dem *Salambô* beendet hat? *Professional is professional.*

Von Mißverständnis zu Mißverständnis habe ich den Eindruck, daß meine Landsleute den deutschen »Rivalen« eher unterschätzen. Ich fahre nicht nach Rimini, und vielleicht sind sie unter dem Sonnenschirm nicht so ganz bei der Sache, aber bei Heimspielen sind sie respektable, ich würde sogar sagen gefährliche Gegner. Ich weiß, daß ich mich dem Spott meiner Landsleute aussetze, aber das nehme ich aus Liebe zur Wahrheit auf mich.

Der deutsche Mann ist phantasievoll und romantisch und weiß, wie man mit Frauen redet. Wenn es sein muß, auf lateinisch. Ich habe eine Bekannte, die in Venedig der »Liebe ihres Lebens« auf der Straße begegnet ist. Er, ein Student aus dem Norden, machte sich wie ein Pappagallo (zu deutsch Papagei) an sie heran. Er pfiff ihr jedoch nicht hinterher, sondern wandte sich mit schüchtern Worten an sie: »O tu, pulcherrima puella.« Sogar der Vokativ war richtig. Gewonnen.

Der Deutsche hat seinen Stil gezwungenermaßen veredelt, denn für jeden Junggesellen zwischen fünfundzwanzig und dreißig kommt nur ein halbes Fräulein in Frage. Seine Schmeicheleien mögen altmodisch sein, aber einer, bestimmt mehr als einer, wird das gefallen. Italiener auf Reisen, frischt euren Ovid auf!

Wieviel Mehrwertsteuer zahlt ein Mädchenhändler?

Es muß doch ein Motiv historischer, gesellschaftlicher oder ethnologischer Natur geben, mit dem sich die sexuellen Vorlieben eines Volkes erklären ließen. Ich glaube nicht an Verallgemeinerungen, aber wenn die amerikanische Ausgabe des *Playboy* Models mit üppigem Busen bevorzugt, dann wird man wohl Marktforschung betrieben haben, und es scheint auch, als verbrauchten die Engländer, vielleicht weil sie im College so streng erzogen wurden, im Schlafzimmer mehr Leder als Seide.

Warum sind die Italiener so verrückt nach den brasilianischen Transvestiten mit den wunderschönen Beinen und dem unmißverständlich männlichen Adamsapfel, die unsere Straßen bevölkern, die Deutschen hingegen (10 000 pro Jahr) machen »Lustreisen« zu den Sexmärkten des Fernen Ostens auf der Suche nach nicht einmal zehnjährigen Mädchen? Ein Flugticket »alles inbegriffen«, und das Gesetz über die Verführung Minderjähriger ist umgangen, ein Wort in der Sprache der Cariocas, und die verlogene Fassade des italienischen Supermachos bricht auf? Das könnte Thema einer Doktorarbeit sein, aber ich bezweifle, daß die Antworten erschöpfend wären.

Der einzige, der das Thema teilweise erforscht hat, ist der Journalist Peter Wolf, Autor des Buches *Traumfrau*. Unter falschem Namen gründete der 33jährige Wolf eine Firma für den Import von Ehefrauen und bat um eine Steuernummer für seine Tätigkeit, die er als *Mädchen- und Frauenhandel* angab.

Die Antwort des Finanzamtes Hachenburg im Westerwald kam prompt: 700 DM für das erste Quartal 1989, 950 DM für das zweite, und der Computer akzeptierte und registrierte die Qualifikation des Herrn Wolf und seiner »Hot Pants« getauften Firma: Sklavinnenhandel heißt das in der Amtssprache. »Ich erhielt Angebote von bis zu 10 000 DM«, erzählt Wolf, der mit seinem Buch viel weniger verdient und sich den ewigen Haß des Finanzamtes zugezogen hat, das auf der Suche nach immer neuen Einkünften nicht so sehr auf Feinheiten achtet.

In Frankfurt wurde eine »Internationale« der Professionellen aus ganz Europa organisiert (an einem geheimen Ort, um sich krankhaft Neugierige vom Hals zu halten). Die EG-Gesetzgebung ist noch nicht einheitlich (in Brüssel kümmert man sich um andere Dinge), und was in einem Land erlaubt ist, ist im Nachbarland strafbar. Aber die Deutschen haben andere Sorgen: Sie wollen Krankenversicherung und Rente.

»Dann müßten Sie aber Steuern zahlen«, erwiderte ich der Sprecherin des Kongresses; sie sprach unter falschem Namen von einem Apparat aus, dessen Nummer der Presse mitgeteilt worden war.

»Das tun wir!« Streng hielt sie mir meine Unwissenheit vor.

»Und wie werden die Einkünfte ermittelt?«

Wie bei jeder anderen Tätigkeit auch, erklärte sie. Der Steuerbeamte kommt und »taxiert« den Arbeitsplatz, die Qualität der Adresse und das Arbeitsgerät. Ein Strumpfgürtel von La Perla ist für ihren Steuersatz ebenso bedrohlich wie der Jaguar für den Freiberufler.

»Er taxiert auch uns«, beendete die Pressereferentin das Gespräch. Beschämend. Für den deutschen Fiskus.

Postillon d'amour

Als ich in Hamburg wohnte, hatte meine Zeitung ein Büro bei einem großen Verlagshaus gemietet. Ich war der einzige italienische Ansprechpartner für fünftausend Hanseaten und war immer angespannt, wenn jemand an meine Tür klopfte. Die Männer baten mich um politische Erklärungen.

»Herr Kollege«, hoben sie an, »worin unterscheidet sich der italienische Ministro del Tesoro vom Ministro del Bilancio?« Das könnte ich nicht mal auf italienisch erklären.

Oder: »Warum hat die Regierungspartei bei der Vertrauensfrage gegen sich selbst gestimmt?« Ich zitierte Machiavelli, und sie zogen zufrieden wieder ab. Da war meine Aufgabe als *Postillon d'amour* schon schwieriger.

Nach dem Urlaub kehrten Sekretärinnen und Redakteurinnen, Archivarinnen und Putzfrauen, Kantinenköchinnen und Photographinnen zurück. Und die *latin lovers*, meine Landsleute, begannen Postkarten und Briefe zu schreiben. Ich wurde gebeten, sie zu übersetzen. Es waren von Adjektiven triefende Liebeserklärungen. Ich ahnte Fallen und Lügen zwischen Superlativen und Kommas, zwischen Erinnerungen an adriatische Vollmondnächte und geschändeter Syntax.

Ihnen habe ich es zu verdanken, daß meine Deutschkenntnisse wuchsen, allerdings anhand von Wörtern, die ich nie brauchen konnte. Ich habe immer noch Gewissensbisse. Bis zu welchem Punkt kann ein Übersetzer neutral bleiben? Die Antworten aus dem Norden waren poetischer und naiver. Und in gleichem Maße gefährlich. Auf der einen wie der anderen Seite wurden sie wörtlich genommen. Durfte ich, mit dem Alibi der wortgetreuen Übersetzung, zu fatalen Fehlern beitragen?

Ich übersetzte nicht sehr getreu, manchmal auch ganz und gar ungetreu, ich gebe es zu. Ich glaube, ich habe Tragödien vermieden, wie ein Übersetzer, der eine Kriegserklärung in ein Zeugnis liebevollen Respekts verwandelt. Nicht immer gelang es mir.

»*Vieni*«, schrieb ein Romeo aus Bari.

»Ich komme morgen«, bat sie mich zu übersetzen, obwohl sie Mann und Kinder hatte.

»Fahren Sie nicht.« beschwor ich sie.

»Er bittet mich zu kommen.«

»Das ist so eine Redensart.«

»*Vieni* heißt komm.« Sie ließ nicht locker, schließlich lernte sie Italienisch mit Kassetten.

»Ja und nein«, log ich. »Es ist wie *how do you do* im Englischen. In Wirklichkeit interessiert uns die Gesundheit des anderen überhaupt nicht. Ich hätte Dich gern hier, das ist so eine Floskel beim Briefeschreiben.«

»Und was würde er sagen, wenn er mich wirklich bitten würde, zu ihm zu kommen?« wollte sie wissen. Ihre Stimme klang traurig.

»*Vieni subito*«, improvisierte ich.

»Komm sofort«, übersetzte sie. Ich nickte, und sie diktierte mir ihre Antwort: sie umarme ihn, wie die Sonne – *il sole* – ihren Geliebten umarmt …

»Der Mond«, schlug ich vor.

Sie beharrte auf der Sonne.

Die Sonne, die einen Mann umarmt – in unseren Ohren geht das nicht: Die Sonne wird im Italienischen *il sole*, ein Maskulinum. *La luna* – der Mond – ist weiblich.

»Sie umarmen ihn wie la luna …«

Er antwortete: »*Vieni subito.*« Sie reiste ab. Auch der Romeo hatte Frau und Kinder. Ich hätte es doch besser bei der Sonne belassen sollen.

Am Ende dieser Anleitung beschleichen mich Zweifel, sie ist ein langer Liebesbrief, der voller Bedenken und Irrtümer steckt, voller historischer und sprachlicher Mißverständnisse. Der *Postillon d'amour* ist der einzige Botschafter, dem nicht unbedingt freies Geleit garantiert ist.